忧患

—

边事、党争
与北宋政治

—

林鹄　著

上海人民出版社

献给二民

目 录

第三编　变法撕裂了大宋政坛：脱缰的元祐更化

余　论　党争与历史书写

推荐序一

　　闻知林鹄兄新著《忧患：边事、党争与北宋政治》即将问世，不胜欣喜。数年前相识，我已年至垂暮，鹄兄则正当盛年。此后会面通信，内容不出学术。他重在辽宋，然思维活跃，精力过人，甚且涉猎于清史。我则拘守明清之际，不敢越雷池一步。交流中常是他指出我文章中的罅漏，我则惟有静听。从专业角度而言，我完全没资格作为本书的推荐人。

　　而但凡搞中国古代史，都无法回避中国多民族国家形成这一主题。不论是辽宋，还是明清，皆为其组成部分或发展阶段，我们自然关注对方的研究和见解。鹄兄曾于《南望》一书序言指出，契丹统治者基本倾向在于内地，其断语斩截精当，我深为佩服。对待史学研究的态度和路数，我们也甚为相投，都认为中国古代政治史研究亟当加强，而精审史料、考证史实，乃是立论之基础。从他对我所引用的清代史料的质疑和诘驳，他小试牛刀的清史论文中对史料的辨析，其精细敏锐，令我自叹不如。至于他本行辽宋史料的运用，其严谨熟练，自不待我赘言。本书第八章《司马光制造汉武帝？》对风行一时的"制造"说，从史源学上加以澄清，就是最好的证明。

第二章《惊悸：庆历增币与宋夏和议》初稿我有幸先睹，宋辽西夏关系错综复杂，互相影响，鸽兄却游刃有余，故能将此问题发掘至几无遗义。

北宋可谓士大夫之天下，其政治文化向为海内外学者研究热点，但关于皇权专制的内容却未受到应有的重视。鸽兄本书将北宋政治焦点归结为应对北方辽夏之威胁，以及由此引起的内部改革与党争，并以为其成败取决于政治领袖人物的"德"与"量"。视角新颖，路径清晰，层层深入，娓娓道来，对我有很大的启示和吸引力。在古代皇权专制王朝中，士大夫能否产生优秀的政治领袖，进而言之，多民族国家进程的顺利与曲折，莫不与政治制度密切相关。鸽兄视野开阔，思维缜密，不但传统史学功底好，且能融合西方现代史学的观念，我寄有厚望焉。且忝颜以此作为推荐。

姚念慈

2022 年 3 月 1 日

推荐序二

林鹄先生的《忧患：边事、党争与北宋政治》一书，堪称一部别开生面的北宋政治史。该书对北宋政治史上一系列重大问题，如天书封祀、庆历增币、王安石罢相、神宗开边、元祐更化等，做出了新的阐释，在许多方面突破了既有研究对于北宋政治之认识。尤其是将庆历增币视为北宋政治史的分水岭，揭示其引发的连锁性历史变化，甚是新人耳目。该书的论述，建立在对旧有史学观念反思的基础之上，注重人物性格、心态对政策决断及政治立场的影响，强调政治氛围和风气对于时人政治选择的作用，并透过政治过程，深入分析政治言论背后潜在的动机问题，阐释出多种偶然事件之间的关联及其呈现的具体结果和可能性。既有理论深度，又具开阔视野，且颇见人文情怀，故能对北宋历史上看是习见之史事抉其隐赜，另辟新说。全书文字直叙、考证与辩驳并行，质朴生动，趣味横生，是一部学术性和可读性兼善的上乘之作。

曹家齐

2022 年 3 月 24 日

导　言

一、外患引发内忧

公元 1005 年初，宋辽两国缔结了澶渊之盟。这是北宋政治史上划时代的事件，此后两国间的和平维系了一百多年。澶渊盟誓的诞生，是宋辽在军事上形成均势的结果。而一纸盟约居然产生了长达一百余年的效力，一般认为也是宋辽均势长期延续的反映。

两个大国在军事上的均势维持了一百多年，这不奇怪。但这一百余年居然都在和平中度过，不仅在中国历史上，就算在世界历史上，即便不是绝无仅有，至少也极为罕见。更常见的均势状态，是打打停停，停停打打。

那么，这是因为宋辽之间的平衡出乎寻常地稳定，局面出乎寻常地清晰，以致任何尝试改变的冒险念头都被理性扼杀于摇篮了吗？或者说，这一超稳定结构具备了让任何危险的破坏因素都在萌芽阶段窒息而死的能力？这样的假说当然有可能成立，但其必要条件之一（还不是充分条件）是当事人都是严格意义的经济学理性人。

克劳塞维茨曾在《战争论》中指出：

虽然人的理智总是喜欢追求明确和肯定，可是人的感情却往往向往不肯定。人的感情不愿跟随理智走那条哲学探索和逻辑推论的狭窄小道……它宁愿和想象力一起逗留在偶然性和幸运的王国里。在这里，它不受贫乏的必然性的束缚，而沉溺在无穷无尽的可能性中。在可能性的鼓舞下，勇气就如虎添翼，像一个勇敢的游泳者投入激流一样，毅然投入冒险和危险中。[1]

而历史也无数次告诉我们，从来不缺乏挑战理性的冒险者。而且，历史充满了种种意外。

西夏的崛起就是一个几乎打破平衡的意外。虽然经过激烈的震荡，澶渊体制最终大体回归原状，但北宋中后期历史却被深刻改变了。

还得从宋人对澶渊之盟的看法说起。

盟约缔结多年后，有一种说法开始在北宋士大夫中间流传：盟誓发生前，因为契丹大军南下，宋真宗惊慌失措，一度在奸臣王钦若、陈尧叟的蛊惑下，准备逃离汴梁，幸亏被大臣寇准阻止。后来，王钦若一计不成，又生一计，在真宗面前宣扬澶渊之盟是辽军兵临城下，逼迫宋朝不得不签订的屈辱条约，以此抹杀寇准的功绩，对其加以诋毁。这一说法暗示，从一开始，澶渊盟誓就给北宋君臣带来了浓重的心理阴影。

---

[1] 克劳塞维茨：《战争论》，中国人民解放军军事科学院译，北京：解放军出版社，2005年，第23—24页。

忧患：边事、党争与北宋政治

不过，这并不可信。笔者曾于《南望》一书中指出，从盟约的缔结过程和内容来看，它对宋人而言，谈不上屈辱。[1]本书第一章《狂欢》在此基础上进一步说明，北宋朝野上下对澶渊之盟非常满意，认为安史之乱引发的混乱局面，经历了二百五十多年，至此才真正终结，可以和开元之治媲美的盛世已经到来。于是在这样的氛围中，有了那场举国病狂、旷日持久的庆典——"天书封祀"闹剧。

而第二章《惊悸》讨论的，就是宋人的太平幻梦如何在三十余年后凄惨地破灭。澶渊之盟后，迷信一纸盟约的宋人不再关心国防，武备废弛，这让真宗的儿子仁宗饱尝苦果。当时仅据西北蕞尔一隅的党项人发动叛乱，宣布独立，建立夏国，史称西夏。堂堂大宋居然屡战屡败，束手无策。

这时，真正让宋人胆战心惊，从盛世美梦中猛醒的事出现了——辽朝背信弃义，落井下石，突然重新提出本已通过澶渊盟誓解决的领土问题，迫使宋朝增加岁币。这还不是最糟糕的。宰相吕夷简等人自作聪明，做出了一个令人匪夷所思的决定——请求辽朝出面，"说服"西夏重新臣服宋朝，新增岁币的一半名义上就是给辽朝的辛苦费。吕夷简们大概认为，西夏崛起对契丹王朝也是威胁，压制西夏对契丹本身也有利，更何况宋方还给钱，何乐而不为？而对宋朝而言，增加岁币势不可免，能通过新增岁币让辽朝替宋方解决大问题，钱也就不算白花。

殊不知，大宋此举等于向大辽示弱，等于主动放弃了澶渊之盟建立的平等体制，承认辽朝的唯一大国地位。所以，宋廷中的有识

---

[1] 林鹄：《南望：辽前期政治史》，北京：生活·读书·新知三联书店，2018 年，第 244—287 页。

之士忧心忡忡——如果西夏真在辽朝压迫下向宋方低头，到那时，宋朝该如何面对大辽极有可能提出的种种非分要求？

此时辽朝在位的，同样是澶渊盟约签订者（辽圣宗）的儿子。兴宗皇帝非常清楚地认识到了宋人给予他的历史机遇，因而雄心万丈。如果他是一个理性的政治家，就应该阳奉阴违，暗地里适度鼓励西夏国主李元昊，让他跟宋朝纠缠不休，从而不断获得渔利的机会。

历史的吊诡在于，宋人拱手送上的胜利来得太过容易，兴宗得意忘形，野心极度膨胀，竟然心存侥幸，希望西夏能放弃自身的利益诉求，服服帖帖听辽朝的话，满足宋方的要求。在他看来，只要西夏足够配合，契丹就可以向宋人明确宣示自己的超凡实力，突破澶渊平等体制，凌驾于宋朝之上，成为无可争议、一言九鼎的霸主。

可惜李元昊不识好歹，不能牺牲自我利益以成就兴宗的大国美梦。于是，辽兴宗亲统大军讨伐西夏，甚至在元昊臣服后仍贸然进兵，结果大败而归，颜面扫地。辽朝不仅输掉了辽夏战争，也输掉了增币以来暴涨的对宋优势。从西夏叛宋、庆历增币到辽夏战争，虽然险象环生，如履薄冰，但最终宋人发现，经过一番激烈的震荡，宋辽关系终于还是有惊无险地大体回归澶渊体制。

这跌宕起伏、扣人心弦的一幕历史剧，长期以来并没有得到学界足够的重视。因为澶渊体制最终保存了下来。以往的认识大多跳过了蕴含多种发展可能、复杂多变的宋辽夏三方博弈过程，仅从结局逆推，夸大了澶渊之盟的效力，简单地将澶渊体制的维系判定为宋辽两国均势长期延续的必然结果。事实上，想象中的超稳定结构并不存在，百年和平只是宋辽双方政策制定者有时正确、有时错误的决策导致的偶然结果。

仁宗庆历年间的这番纠葛虽然无疾而终，却给宋人留下了深刻、持久的心理创伤。澶渊之盟后举国欢欣鼓舞、讴歌天下太平的气氛荡然无存，取而代之的是刻骨的危机感——有识之士终于明白，金钱买来的和平并不可靠。

后来宋神宗赵顼不顾元老重臣集体反对，一心一意支持王安石变法，根本目的就是通过富国强兵解除辽朝的威胁。对赵顼而言，契丹是他心头永远的浓重阴影——阴影产生的源头，正是庆历增币。而这场大变革，完全改变了北宋历史，从此愈演愈烈的党争占据了政治舞台的中心位置，成了宋朝最可怕的内忧，直到女真南下，汴梁陷落，北宋灭亡。党争以外患始，又以外患终。

第三章到第五章构成一组，聚焦于宋神宗和熙宁变法的主角王安石。众所周知，王安石个性极其鲜明，在他身边，年轻的君主多少显得有些平凡。而实际上，赵顼甚至比王安石更为与众不同。

第三章《师臣尊严》以王安石两度罢相为切入点，探讨他和神宗令人费解的关系。王安石难以接受不同意见，这是学界习知的事实。但以往学者们主要关注他和反对派的交锋，对他在赵顼面前的表现相对没有那么重视。其实最能说明王安石性格的，是他在皇帝面前没有丝毫收敛。神宗在大政方针上，一向支持王安石，即便如此，王安石还是屡屡咄咄逼人地就一些技术性问题向犹疑的皇帝发难。更让人惊讶的是，神宗从来没有因此改变对王安石的信任和尊重。

王安石是神宗终生敬仰的对象，但毕竟赵顼是君，荆公是臣，我们不可能指望神宗像耶稣的信徒那样，对他顶礼膜拜，彻底否定个人意志，放弃所有个人主张。在世俗的尊师重道层面上，就一个君主能够屈尊的程度而言，赵顼可以说几乎做到了极致。

但让人困惑的是，熙宁末年神宗突然罢免王安石，彻底将他逐出了政治舞台，尽管此后十年，赵顼始终对在野的荆公尊崇有加。唯一的可能解释，就是他们在宋辽边界纠纷上的重大分歧——王安石主张强硬，神宗主张退让，这是现有史料能明确提供的熙宁年间两人唯一一处无可争议的重大分歧。难道这一似乎并不牵涉治国原则的外交分歧，就让赵顼彻底放弃了他曾如此信任、如此依赖的"师臣"？

要解答这一谜题，我们得先检讨神宗的对夏策略，这是第四章《先夏后辽》的内容。

前面提到，宋仁宗时辽夏爆发大战。虽然契丹大败，但获胜的西夏不可能承担同时和两个大国交战的风险，于是与宋朝媾和，接受了形式上的藩属地位。此后宋夏时战时和，西夏始终是大宋腰间的一根硬刺。在宋人的设想中，外患的解决，第一步是平定西夏，然后全力对付辽朝。

神宗即位后，在王安石的坚定支持下，发动了以征服西夏为最终目标的开边战争。但战争的直接对象，并非西夏，而是宋夏的共同邻国吐蕃政权唃厮啰。赵顼希望以此开辟对夏西部战场，给予西夏致命一击。战争的结果，宋军的确从吐蕃人手中夺取了大片地区，从此北宋疆域多了个熙河路。但另一方面，成功开边并没有让神宗满意，因为这依然无法提供一举征服西夏的捷径。于是，耗费大宋无数人力物力取得的成果，某种程度上被赵顼置之脑后，成了可有可无的点缀。

神宗的新构想，是出动五路大军讨伐西夏，意图毕其功于一役，彻底解决西夏问题。可迎接他的却是惨败。赵顼在这场亲自策划的大战役中表现出的近乎无知的轻敌和狂躁，让人瞠目结舌。更难以理解的是，近二十万大军的损失也没能唤醒神宗，他依然沉浸在迅速荡平西夏的美梦中。仅仅一年后，始终盲目乐观的赵顼迎来了又一场悲剧——陕北永乐城的全军覆没。即便如此，他依然没有醒悟。不能不叹服神宗的坚毅，他丝毫没有动摇一战灭夏的信念，直到临死前仍在策划异想天开的冒险行动。

这个在西夏面前自大到丧失理智的神宗，对辽朝的表现同样出人意料，不过，这回是丧失理智的怯懦。第五章《创巨痛深》详细分析了熙宁年间宋辽发生边界纠纷时，王安石、宋神宗以及元老重臣韩琦等人的意见。当契丹蛮横无理地在河东提出领土要求时，王安石坚决主张不能退让，因此和赵顼有了多年来第一次真正的重大分歧。于是神宗向包括韩琦、富弼和文彦博这些反变法派领袖在内的已退休的元老求助，但没有任何人赞成让步。结果，王安石彻底出局，永远离开了政治舞台，赵顼一意孤行，割让了数百里土地。

这令人非常困惑。也许有人会说，这是宋朝以往和辽朝的遭遇史造成的心理创伤在起作用。的确，庆历增币给宋人带来了强烈而持久的危机感。但危机感不等于懦弱。否则，我们该如何理解所有重臣——相互间敌意深入骨髓的变法派和反对者——极其罕见地走到一起，在此事上发出了另一个完全不同的声音？只有赵顼一人，诡异地和素以柔弱著称的仁宗如出一辙，表现出了对契丹刻骨铭心的恐惧。

神宗的确是个不寻常的君主。年轻的他在党争问题上表现出来的成熟手腕，远远胜过比他大二十七岁的王安石。但这位被视为两宋历史上赵匡胤之外最有雄心、最有魄力、最有才干的君主，在内心深处，可能是个色厉内荏之人。

他对西夏不可理喻的自大、牢不可破的幻觉，恐怕是一种心理病态。他与王安石之间长期尊卑关系的倒转，恐怕也是一种心理病态。这是位极度自大，但在内心深处，隐藏着会在强人（包括真正的强者王安石，和并没有想象中强大的契丹）面前瑟瑟发抖的自卑的君主。也许，极度自大恰恰是极度自卑的另一面。

我们都知道，性格决定命运。对历史上的大人物而言，性格决定的不只是个人命运，还包括国家的命运。[1]

元丰八年（1085）三月，神宗英年早逝，变法陷入了危机。年幼的儿子哲宗赵煦继位，改元元祐，而神宗的生母高太后以祖母的身份垂帘听政，控制朝局。偏偏高太后是变法的反对者，于是新法被全盘否定，反对派全面复出。尽管熙宁时期新旧两党斗争很激烈，

---

[1]　五、六两章的末尾，还就政治言论的释读，提出了一些不成熟的看法。研究政治人物的政治观点，我们面对的往往不是系统性的理论著作，而是他们在现实问题的讨论中发表的言论。这些政治言论是我们理解各时代大政方针、朝局变迁等的重要依据，但其释读并不容易。在政治言论中，经常会出现"先夏后辽"（先解决西夏问题，再解决辽朝问题）之类的原则性意见。但这些观点的真正内涵究竟是什么，不仅需要对相关言论字斟句酌、细密爬梳，还需要对这些言论所发生的具体场合有清楚的认识，才能有较准确的把握。很多时候，政治言论有非常具体的针对对象，不能抽离具体情境，泛化为一般原则。

而且，同一人物在不同场合发表的言论，可能存在表面上的矛盾。但如果反复推敲对比，我们或许会发现，其内在逻辑实则一以贯之。恰恰是这些表面的矛盾，彰显出政治言论的复杂性与深度。

政治言论释读的困难，还不仅限于此。政治人物的任务，往往是在具体问题上说服君主、同僚，或者驳倒对手，而不是全面系统、逻辑严密、教科书一般地阐述自己的抽象主张。率真地直抒胸臆，实事求是，未必有好的效果。政治家都很重视语言艺术，于是有了种种论辩之术、修辞之法的产生和运用。这如同将其真实想法，裹上了层层迷雾。甚至有时，为了驳倒或压制对手，政治人物可能会提出一些事实上本人并不认同的理由，为其观点辩护。

语言是一门艺术，对语言的解读也是如此。

但在神宗的审慎掌控下，没有发展到人身迫害。而元祐政治则开了人身迫害的先例。八年后太后去世，哲宗亲政，朝局再度彻底翻转，新党卷土重来，变本加厉，报复旧党。党争从此陷入了不断加码的恶性循环，给北宋的灭亡敲响了丧钟。归根结底，元祐是党争恶化的转折点。

晚近方诚峰刊布大作《北宋晚期的政治体制与政治文化》（下称"方著"），对元祐政治做出了全新的解释。方著展现出了罕见的理论素养与思辨能力，是近年来少见的佳构。其对北宋晚期政治的整体把握，以及由此为切入点对中国古代政治运行机制的宏观思考，建立在细密的环环相扣的微观研究基础上。书中的精彩见解，比比皆是。如前言指出，传统研究"最大的偏狭，乃是将'政治史'简化为权力斗争史或利益争夺史"。对于"元祐诸党，到底是真的存在于现实政治中，还是主要存于议论之间"这一问题，方著给出的答案是："恰是某些政治观念、政治诉求导致了元祐时期诸多'党'名目的出现。"因此，"研究北宋中期以后的政治，'名'有时候比'实'更为重要，价值观、权威比现实利益是更贴切的入手点"。[1] 凡此种种，允为卓识。

另一方面，可想而知，思辨程度越高，越容易引起争议，这是历史事实的复杂性决定的，也是思辨触及这一内在复杂性的必然结果。笔者拜读方著，收获很大。在叹服作者高人一等的思辨能力的同时，对书中一些具体观点，也不免有些不同意见。

方著对元祐政治的探讨，一个核心问题是：元祐政治为何在哲

---

[1]　方诚峰：《北宋晚期的政治体制与政治文化》，北京：北京大学出版社，2015年，前言第1页，正文第60、81页。

宗亲政后被否定？书中将元祐政治的失败，从两个层面做了剖析。从士大夫的角度看，推动哲宗改变政治路线的主要是那些在北宋中期儒学复兴运动熏陶下成长，亲身经历了神宗时期的变法，拥有理想主义情怀的言官（御史和谏官，合称台谏）。元祐初年旧党党魁司马光的政治设计，重在通过容纳多元来维持平衡，他对恢复"先王之政"缺乏热情，只希望能避免本朝的衰落，当时的政治氛围又崇尚"安静"，这极大地压制了言官们的理想主义情怀。这股转入地下的潜流终于在哲宗亲政后找到了突破口，喷涌而出，将元祐政治成果冲刷得一干二净。至于哲宗本人对元祐政治的极度反感，则被归结为以程颐为代表的士大夫理想的内在缺陷。程颐们只是试图用冷冰冰的教条来规训皇帝，将哲宗"非人格化"，"化约为一个政治符号"。[1]

第六章《司马光的责任？》是就司马光的政治设计，和方著商榷。笔者以为，司马光没有主张多元，也并非对先王之政缺乏热情，他的政治理念不能被理解为对理想主义的背弃。

第七章《不负责的责任人》则试图以高太后与台谏为中心，勾勒一条理解元祐政治的新线索。以往对元祐政治生态恶化的解释，大多强调司马光的激进。但司马光的影响力可能被夸大了，真正对元祐政治造成致命伤害的，是沉寂多年后重新崛起的言官。

宋代以前，御史台负责监察百官，谏官则主要针对皇帝本人的过失，进行劝谏。宋代台谏合一，职能混同，从皇上到百官，都可以监督、批评，统称言官。言官一般品级不高，但在仁宗朝，伴随着士大夫政治的确立，他们往往能控制舆论，站在道德的制高点，

---

[1]　方诚峰：《北宋晚期的政治体制与政治文化》，第127、128页。

发挥举足轻重的作用。不过，到了强势的王安石（熙宁）和宋神宗（元丰）时代，[1]台谏的影响一落千丈。

神宗去世，在批判新法、打倒新党的浪潮中，政治舞台的灯光又一次聚焦到强势崛起的言官身上。但这些以空谈为职业、以舆论为后盾的新进"少年"，释放出了极大的引导舆论从而影响决策的破坏性能量。在新法被全面否定后，他们依然推动政治车轮滚滚向前，无情碾压已经下台的政治对手，甚至不惜为此倾轧旧党同志，使元祐政治走向失控。

而真正能制约狂飙突进的台谏势力的唯一力量高太后，却因为对权力的极度敏感和不自信，未能给予宰执中的持重者以足够支持，[2]被言官裹挟，使党争不断扩大、内卷化。随着党争蔓延，小人大有"用武之地"，元祐后期的言路充斥着善于察言观色的投机分子。

同样因为贪恋权势，太后还犯下了另一个更加不可饶恕的错误——紧握权力，不愿还政哲宗，直到死神降临，才不得不撒手。这使元祐年间的哲宗经历了极大的心理创伤，因此对元祐政治恨之入骨。

当高氏不情愿地告别宝座，哲宗终于迎来了亲政的一天，那些被元祐政治培养起来的嗅觉灵敏的台谏，马上闻到了升官的味道。他们摇身一变，纷纷与元祐决裂，成了维护新法的斗士，为哲宗否

---

[1]　笔者将熙宁称为王安石时代，元丰则为宋神宗时代。

[2]　所谓宰执，即宰相和执政，后者包括副宰相和主管军事的枢密使、副使。就北宋前期而言，宰相是同中书门下平章事，副宰相是参知政事。神宗元丰改制后，宰相是尚书左仆射兼门下侍郎、尚书右仆射兼中书侍郎，副宰相是门下侍郎、中书侍郎、尚书左丞和尚书右丞。皇帝和宰执共同构成了宋朝最高决策群体。

定元祐摇旗呐喊。在这一意义上，哲宗亲政后对元祐的否定，反而是元祐政治的延续——就连哲宗本人的执政风格，也与在党争问题上相当稳重的父亲截然不同，反而和他深恶痛绝的祖母相似，甚至有过之而无不及。

当然，尽管和方诚峰在一些具体问题上有分歧，但笔者非常认同他的基本判断：政治立场的形成，理念与风气在某些时候比赤裸裸的现实利益更为重要。[1]

还要说明的是，王化雨最近也发表了关于元祐政治非常精彩的系列文章，[2] 对笔者启发很大。王化雨的研究侧重最高决策圈，尤其是宰执间的派系斗争。任何政治理想或理念，在实践中都难以完全摆脱人际关系和现实利益的影响，比如本书讨论的言官、宰执种种政治抉择背后，肯定也缠绕着千丝万缕的现实考虑。有兴趣的读者可以参考王化雨的大作。

另一方面，笔者想补充一点，至少某些时候，政治斗争未必只是基于人际关系或利益。就元祐政治而言，尽管出场的各色人等大多各有各的小算盘，但最可怕的是逐渐发酵的几乎裹挟一切的激进政治氛围。

_____

[1] 稍有差异的是，在笔者看来，方著所讨论的"权威"，似乎和"权力"并没有本质差别，也应当被视为现实利益的一种。

[2] 王化雨：《从"慰反侧之诏"看元祐时期宋廷调和新旧的尝试》，《北京社会科学》2019 年第 2 期，第 50—60 页；《吕公著与元祐政局》，《宋史研究论丛》第 21 辑，北京：科学出版社，2018 年，第 3—23 页；《政事、政争与政局：北宋元祐吏额事件发微》，《史林》2016 年第 1 期，第 36—46 页；《北宋元祐后期政局探析——以刘挚事迹为中心》，《四川师范大学学报（社会科学版）》2017 年第 6 期，第165—172 页；《政争影响下的北宋黄河治理——以元祐回河之争为例》，《宋史研究论丛》第 25 辑，北京：科学出版社，2019 年，第 74—91 页。

总而言之，本书讲述的是一些彼此勾连的故事。在这些故事里，没有超越个人的历史必然性，有的只是特定人物在特定历史时刻，对特定问题做出的特定回应，以及相应产生的特定历史后果。

就分析方法而言，本书特别重视政治过程的详细分析，强调从当事人的认识出发，去探索历史中的可能性、偶然性和不确定性。仅仅从已知结果逆推，忽视历史进程中曾真实存在的种种面向，会遮蔽历史的复杂性。[1] 比如，见识过庆历增币这一幕的后来人，容易忽视天书封祀这场十足的闹剧背后的历史意义。可只有看清了荒诞的表演中宋人发自内心的真诚笑容，才能准确把握庆历增币对北宋历史造成的重大影响。

再如增币谈判中吕夷简所谓"以夷制夷"策略的运用，从结果看，歪打正着，促成辽夏火并，宋人渔翁得利。但我们并不能由此对吕夷简等人加以肯定。毕竟，捡到撞树的兔子，不会有第二回。

就政治影响而言，王安石罢相堪称北宋政坛的爆炸性事件，但这一定意味着，事件的发生是因为他和神宗间爆发了不可调和的原则性冲突吗？以往种种解释，都基于这一假说展开，而对多年来王安石和神宗的具体交往，以及从罢相、复相到再罢相的具体过程，考察还有不够细致的地方。

除了新法和官制改革，从后来历史发展看，神宗最重要的功业无疑是熙河开边。哲宗朝成功扭转对夏局势，离不开熙河路的贡献。但儿子赵煦取得的成就，并不在父亲赵顼的计划之中——他根本没有耐心稳扎稳打，步步为营地前进。这再次提醒我们，结果不代表一切。

---

[1] 本书附录《回到人的历史：可能性和社会科学的误区》就此提供了一些不成熟的理论思考。

二、党争与历史书写

本书的最后，是分析在党争中形成的历史文本。

第八章《司马光制造汉武帝？》是就《制造汉武帝：由汉武帝晚年政治形象的塑造看〈资治通鉴〉的历史构建》一书，与辛德勇商榷。该书认为，司马光为了反对王安石变法，刻意在《资治通鉴》中采用不可信的材料，建构出主动忏悔的汉武帝晚年形象。[1]

第一，可以确认，司马光采用武帝晚年与太子因政见不同发生冲突的记载，与王安石无关，因为《通鉴》相关部分早在王安石变法前就已完成。第二，武帝末年曾悔过，是唐宋时人的普遍看法，源头就是班固《汉书》。第三，武帝和太子因政见不和的记载出自《汉武故事》，并非无可争议的定论。

也就是说，没有证据表明，司马光因为政治观点刻意在史书中扭曲汉武帝形象。

长期以来，史学界存在一种并非罕见的做法：在对文本进行细致梳理之前，仅仅依据作者的身份，判断内容的可信程度。南宋人李焘编纂的《续资治通鉴长编》（下称"《长编》"）是北宋政治史最重要的史料来源，而李氏政治立场非常鲜明，坚决反对王安石变法。因此，论者往往认为李焘因其政治立场，在《长编》史料的取舍中上下其手，甚至恶意诬蔑王安石。

第九章《反对派李焘如何书写王安石》对《长编》的取材进行

---

[1] 辛德勇：《制造汉武帝：由汉武帝晚年政治形象的塑造看〈资治通鉴〉的历史构建》，北京：生活·读书·新知三联书店，2015年。

了较详细的分析。我们发现，立场的确影响了李焘的判断，使他在一些地方得出错误结论。但难能可贵的是，他清清楚楚交代了自己的判断埋由，并且在注义中照样抄录了他认为不可信的材料，供后人参考。即便涉及王安石，李焘也没有一味贬低，有时甚至会为他辩护。在史书中，李焘从不讳言自己的立场，但他相信自己的立场符合天理人情，相信史家的责任是如实呈现历史，相信只要人心不死，后人自然会做出正确判断。

从南宋初年开始，在主流认识中，王安石被彻底否定，成了祸国殃民之徒，直到清末梁启超为他翻案。虽然在今天的学界，关于王安石还有很大争议，至少相当多学者尝试全面肯定王安石。他们之所以能够这么做，主要依赖的恰恰是李焘的忠实记录。

附带要说明的是，可能会有读者质疑笔者在行文中表现出的立场，尤其是第二章。笔者很能理解对客观、中立的不懈追求，对此充满敬意。但另一方面，笔者服膺英国学者柴恩伍德勋爵在《亚伯拉罕·林肯》一书中，阐述自己作为林肯的崇拜者，如何保持史家公正的话："作者不应当在表明自己的立场上过于拘谨，在是非善恶面前，不可能无动于衷。公正的真正要求，是不隐瞒任何在作者看来不利于他的观点的事实。"[1]

秉持冷冰冰的"中立""客观"，在研究成果中拒绝价值评判，才有可能接近真实的历史？——恰恰相反，这样的历史是对真相的

---

[1] Lord Charnwood, *Abraham Lincoln*, Mineola: Dover Publications, 1997, p. 2. 本书所引英文著作中的语句，除非特别注明，均由笔者翻译。

最大背叛！[1]

历史学者为什么应当刻意回避历史上真实存在、意义重大的是非问题？是非善恶，是人类追求的永恒价值。历史学者在这个问题上的缺席，只会让这个学科的品格大大降低。

三、史学何为？

史学的价值到底是什么？这是一个史学家应当认真思考的问题——一个基本事实是，历史研究者靠的是社会的"供养"。我们必须回馈社会，必须证明自己对得起这份"供养"。

霍布斯在《利维坦》中说过："（历史的）好处在于方法、真相

---

[1] 尼采在《历史学对于生活的利与弊》中曾批评追求所谓"客观性"的人："一个聪明的假定，即如果根本不用生硬的重音和憎恶的表述来述说过去，那么，没有经验的人就会把这看作正义。……那些完全不假思索的人们，他们作为历史学家在写作，幼稚地相信恰恰他们的时代在一切通俗见解上都是正确的，按照这个时代去写作就等于做事完全公正……那些幼稚的历史学家把按照当前举世一致的意见来衡量过去的意见和行为称为'客观'：他们在这里找到了一切真理的金科玉律；他们的工作就是使过去适应合乎时宜的平庸。与此相反，他们把每一种不把那些通俗意见奉为金科玉律的历史著述都称为'主观的'。……缺乏激情和道德力量常常伴装为观察的严峻冷静……在某些场合，意向的陈腐、唯有通过其索然无味才给宁静者、不受打动者留下印象的人云亦云的智慧放胆显露出来，为的是被视为那种艺术家的状态，其中主体默不作声，完全不被人注意。在这种情况下，一切根本不激动人心的东西就被找出来了，最枯燥的字词就是恰好正当的。人们甚至走得如此之远，以至于假定，过去的一个时刻与谁根本没有任何关联，他就有资格来描述这个时刻。语言文献学家与希腊人彼此之间常常就是这种关系：他们彼此之间根本没有任何关联——人们也许把这也称为'客观性'！恰恰在最高尚的和最珍奇的事物应当被描述的地方，那种蓄意的、存心显露出来的超脱，那种找出来的冷静浅薄的说明动机的艺术就简直是令人愤怒——也就是说，如果历史学家的虚荣心促使他采取这种貌似客观的冷漠的话。"（尼采：《不合时宜的沉思》，李秋零译，上海：上海人民出版社，2020 年，第 156、160 页。）

　　　　　　　　　忧患：边事、党争与北宋政治

和选择（记录）最能让（读者）受益的行为。"[1] 也就是说，我们可以从历史人物的行动中，学到能让生活更美好的东西。对霍布斯而言，这首先意味着，人能从历史中学到政治生活的真谛——正如他自己从欧洲古典历史中学到的。

当然，由于现代化高歌猛进，从国家治理的技术角度而言，古人能教我们的已经非常有限了——笔者有幸曾共事的一位前辈，这样坦诚回答讨教者：历史没有任何现实用处。

但另一方面，我们都知道政治家和技术官僚的区别，都清楚决定人类的过去和未来的是前者，而非后者。至少，现代化没有改变人性。一个大政治家应当具备的政治品德，也没有因为现代化而有所改变。[2]

美国史大家刘祚昌曾于 20 世纪 80 年代撰文指出："评论历史人物的政治品德作风问题，在我国史学领域内尚是一块未开拓的处女地。"这一问题之所以重要，是因为"一个国家领导人是要对国家命运负全责的，他一举手一投足都关系到天下之安危及生民之祸福，他的品质作风，就成了关乎国家兴亡、生民命运的重大问题了"。遗憾的是，刘先生的呼吁，并没有在史学界引起大的反响。时至今日，讨论政治品德，难免迂腐之讥。

在英文中，政治家和政客有明确的区别：statesman vs politician。笔者愚钝，始终认为，分辨政治家与政客，阐明政治家何以是政治家，是历史研究的核心任务之一。

---

[1] Thomas Hobbes, *Leviathan*, ed. Richard Tuck, Cambridge, UK: Cambridge University Press, 1996, p. 51.

[2] 克劳塞维茨在《战争论》中详细讨论了一个杰出的统帅应当具备的品质（第 50—74 页）。这些品质也不会因为历史变迁而发生改变。

刘祚昌以为，政治人物的品德作风，以"德量"最为重要。所谓"德量"，"就是'德行'加'度量'，既要为人正派，又要豁达大度"。他根据这一标准，认为王安石性格偏激，不能容忍不同意见，缺少宰相应有的大度。[1]

的确，王安石没有展现出一个卓越政治家应有的风范。对付不同声音，他的办法只有一个——压制。一个高明的政治家，必须能够预料对手的竭力反扑，并为此做好准备，创造解压阀，以消弭压力的积聚。而王安石恰恰相反，他的风格是永远得完全按自己的想法来——即便是无关原则的小问题。如果不是神宗，恐怕元祐以降的混乱局面早就出现了。[2]

克劳塞维茨指出："顽固是感情上的毛病。这种固执己见，不能容忍不同意见的毛病，产生于一种特殊的自私心。有这种自私心的人最大的乐趣就在于用自己的精神活动支配自己和别人。"[3] 这用于描绘王安石，再恰当不过了。

尽管王安石有幸成了神宗的师臣，获得了空前绝后的信任和尊崇，最终却仅仅因为对辽政策上的分歧，不得不永远离开政治舞台——虽然问题出在神宗那令人叹息的扭曲心灵，但这至少说明，他对这位贵为天子的学生缺乏真正的了解。王安石从来没有尝试过去理解他人。

而除了死后的短暂时光，在近千年的历史中得到普遍追捧，被

---

[1] 刘祚昌：《论王安石的政治品质与政治作风》，《东岳论丛》1986 年第 2 期，第 9—16 页。

[2] 节制是种美德，政治也不例外。即便到今天，一些西方政治学家依然认为，节制（moderation）对政治具有根本意义。

[3] 克劳塞维茨：《战争论》，第 66 页。

誉为女中尧舜的高太后，则是一个被权力腐蚀的可悲人物——可怜之人，必有可恨之处！[1]

那么，本书讨论的时段中，难道就没有一个具备大政治家的气质、见识和能力的人吗？

有。在王船山看来，两宋最有社稷之臣风范的，是韩琦以及本书讨论时段之外的李沆。

对李沆、韩琦如此推崇，恐怕绝无仅有，到底该如何理解？

笔者早已年过不惑，相信余生会在很大程度上献给船山。敬请期待！

---

[1] 至于元祐台谏的堕落，则和士大夫政治难解难分。明代万历以降的历史，对此做出了更为清晰的说明。兹事体大，容另文详述。

第一编

后澶渊时代：
太平幻梦及其破灭

第一章

狂欢：天书封祀的缘起

天下大势，分久必合，合久必分。公元907年，伴随着唐王朝的正式灭亡，天下再度分崩离析。中华大地上，北方相继出现了后梁、后唐、后晋、后汉、后周五个短命王朝，史称"五代"，南方则先后诞生了前后蜀、吴、楚、南汉等一系列割据小政权，史称"十国"。公元960年，赵匡胤黄袍加身，建立了宋朝，重新开启了统一进程。

不过，对宋朝统一大业真正构成威胁的，是同样随着唐王朝覆灭而迅速崛起的塞北契丹（辽）政权。公元936年，后唐太原守将石敬瑭与朝廷决裂，向契丹求援，最终借助辽朝的力量取代后唐，建立后晋，因此割让燕云十六州于契丹。所谓燕云十六州，包括五台山以北、以大同为中心的山西北部，以及雄安以北的京津冀地区。从此，河北地区失去了抵御游牧骑兵南下的天然屏障。这深刻影响了此后的中国历史。可以说，没有石敬瑭的这一举动，两百年后女真南下灭亡北宋，三百年后蒙古继续女真的脚步南下灭亡南宋，都可能不会发生。

宋朝建立之初，宋太祖对北方的强大对手辽朝非常重视，制定了先南后北的统一战略，将收复燕云放在计划的最后，终其一生也没能等到出师北伐的一天。赵匡胤的弟弟、宋太宗赵光义即位后，于公元979年亲自率军讨伐北汉，消灭了长城以南最后一个割据政权后，移师燕云，结果大败而归。七年后，宋军再度北伐，同样丢盔弃甲，铩羽而返，从此太宗打消了收复故土的念想。

公元997年，宋太宗辞世，其子真宗赵恒继位。此时宋辽两国，关系颇为紧张。虽然真宗和其父晚年一样，并无意强取燕云，但因为此前宋人两度北伐造成的不信任感，契丹铁骑频频南下河北，扫荡掳掠，施以报复。不过，尽管辽朝在军事上占有一定优势，不时突破宋军边防，进入河北腹地，但始终无法摧毁河北宋辽边界宋方防线，只能骚扰一番后退出了事。

公元1003年，宋真宗的心腹宠臣王继忠在河北战场被契丹俘获，供出了宋军在河北的军事布置、应敌方案等重要情报。于是第二年秋天，契丹大军在太后萧氏、辽圣宗、权臣韩德让统领下，不与宋朝主力纠缠，冒险深入，直奔黄河。一旦渡河，大宋首都东京汴梁就近在眼前了。这种情况下，颇有英气的真宗御驾亲征，也来到了黄河岸边，踏上了前敌第一线。

两军对垒，是否决战对双方而言，都是生死存亡的抉择。对宋朝来说，稍有闪失，皇上可能被掳，首都可能陷落。而就辽方而言，战败的结果同样可怕，不但契丹大军回不了塞北，政权的三个主要掌舵人也将沦为阶下囚。就这样，公元1005年初，冷静的双方终于走出了宋朝两度北伐带来的信任危机，缔结了澶渊之盟，迎来了双方都渴求的和平局面。[1]

---

[1] 契丹自建国至澶渊之盟，与中原政权的历史纠葛，详参拙作《南望》。

一、天书封祀的意涵

北宋景德五年（1008）正月初三，真宗向文武百官宣布，去年十一月底，玉皇大帝曾派使者降临，专门来见他这位人世间的主宰，告诉他，如果下个月在宫中正殿举行一个月的祭祀，玉皇就会降下天书《大中祥符》。从十二月初一开始，真宗就遵照神灵的旨意行事。果不其然，今天在左承天门发现了挂在屋脊一角的天书！

于是，这一年的年号被改为大中祥符元年。一场延续十多年，直到真宗仙逝才告终结的盛大闹剧就此在锣鼓喧嚣中开场。

同年，天书又两次降临人间，一次还是在宫中，一次则是在中国古代政治文化中作为名山之首的泰山。在泰山举行封禅大典，也就是祭祀天地，被认为是天下太平的标志、帝王最荣耀的盛事之一。秦始皇、汉武帝之后，有机会享受这一荣光的皇帝，仅有东汉光武帝刘秀、唐高宗李治，和开元盛世中的唐玄宗李隆基。如今，天书的到来，让旷隔两百多年的盛典变得顺理成章。十月，宋真宗封禅泰山！寂寞的泰山终于又一次迎来了高光时刻——可惜，这是最后一次了。

从此，在当朝宰相带领下，举国若狂，各地纷纷出现奇花异草、一茎双穗的所谓嘉禾、枝条长到一起的连理木，甚至黄河变清等种种祥瑞（象征吉祥的灵异事物）。

三年后，真宗又在国民的请求下，来到汉武帝修建了后土祠的山西汾阴（今万荣县），再一次仿效唐玄宗，以极其隆重的仪式亲自祭祀后土地祇。

此后，一波又一波新的发现，不断将运动推向新的高潮。[1]

文献中，对天书封祀（东封泰山，西祀汾阴）的缘起，有明确的说明：

> 契丹既和，朝廷无事，寇准颇矜其功，虽上亦以此待准极厚，王钦若深害之。一日会朝，准先退，上目送准，钦若因进曰："陛下敬畏寇准，为其有社稷功耶？"上曰："然。"钦若曰："臣不意陛下出此言，澶渊之役，陛下不以为耻，而谓准有社稷功，何也？"上愕然曰："何故？"钦若曰："城下之盟，虽春秋时小国犹耻之，今以万乘之贵而为澶渊之举，是盟于城下也，其何耻如之！"上愀然不能答。[2]

> 初，王钦若既以城下之盟毁寇准，上自是常怏怏。他日，问钦若曰："今将奈何？"钦若度上厌兵，即缪曰："陛下以兵取幽蓟，乃可刷此耻也。"上曰："河朔生灵，始得休息，吾不忍复驱之死地，卿盍思其次。"钦若曰："陛下苟不用兵，则当为大功业，庶可以镇服四海，夸示戎狄也。"上曰："何谓大功业？"钦若曰："封禅是已。然封禅当得天瑞，希世绝伦之事，乃可为。"[3]

---

[1] 天书封祀的详细经过，可以参考汪圣铎：《宋真宗》，长春：吉林文史出版社，1996 年，第 97—142 页。

[2] 《续资治通鉴长编》（下称《长编》）卷 62，真宗景德三年二月戊戌，北京：中华书局，2004 年，第 1389 页。

[3] 《长编》卷 67，真宗景德四年十一月庚辰，第 1506 页。关于此事的不同记载，参杜乐：《宋真宗朝中后期"神圣运动"研究——以"天书"和玉皇、圣祖崇拜为切入点》，硕士学位论文，北京大学历史学系，2011 年，第 57—58 页。

寇准是北宋前期的名臣，澶渊之盟中立有大功。第一则记载是说，他的对头王钦若为了排挤寇准，刻意在真宗面前贬低澶渊之盟，称之为"城下之盟"，即被对手逼到墙角，不得已之下树了白旗，换来的所谓和平条约。澶渊之盟能被比拟为城下之盟，是因为当时辽军深入宋朝腹地，真宗以"万乘之贵"亲临黄河岸边的澶州时，契丹大军就在城下。据说，在王钦若的提醒下，原本因澶渊之盟得意扬扬的真宗一下子变了脸色，话都说不出来了。

第二则记载是事态的进一步发展。王钦若为了掀翻政敌寇准，诋毁澶渊之盟，让宋真宗陷入了长期的抑郁状态。为了帮助皇上重新振作，王氏出了个主意，建议举行封禅大典，以此"夸示戎狄"，洗刷耻辱，用盛典向契丹证明，宋朝才是真正获得天命的正统所在。不过，封禅得有理由，最好是天降祥瑞，"希世绝伦之事"。就这样，天书出炉了。

长期以来，学界一直相信以上记载，认为天书封祀是做给以辽朝为代表的四夷看的，是为了消解城下之盟的屈辱，重新树立大宋的伟大形象。但近年来，不少学者针对这一看法，发表了修正意见。邓小南指出，从天书记载的内容看，其意义"不仅在于慑服北使（鹄按：澶渊之盟后逢年过节来宋朝的契丹使者）乃至外夷，更是要告谕海内，宣示给自己的臣民"。"对于赵恒来说，太祖建立的大宋皇权的权威，有必要再度向臣民隆重证明。"[1]张维玲则将这一事件放在五代宋初的大背景下加以考察，有力地证明了天书封祀是宋初

---

[1]　邓小南：《祖宗之法：北宋前期政治述略》，北京：生活·读书·新知三联书店，2006年，第316—317页。

君主走出五代、重塑太平盛世的关键一环。[1] 这些研究事实上将天书封祀中的辽朝因素挤到了边缘，为我们展现出这场运动的真正渊源与动力，从而为自北宋中期以来这段历史阅读者的普遍困惑——为何以宰相王旦为首的朝中君子不仅没有阻止，反而积极参与其中——提供了较合理的答案。

不过，即便是被削弱的契丹角色，在天书封祀的阐释中依然是个不谐之音。太平盛世并非可以任意塑造。张维玲指出，虽然宋太宗数度欲行封禅，终因时局不符合太平的条件而作罢，而真宗朝与辽国以及割据夏州（今陕北榆林）的党项势力达成了和平，才使封禅得以可能。[2] 那么，到底真宗朝宋人如何看待澶渊之盟？如果盟约被视为屈辱的城下之盟，天书封祀的目的之一（即便只是之一）是夸示四夷，以此为遮羞布，那所谓的太平无非自欺欺人而已。我们就仍然必须追问：王旦等君子为何如此全身心地投入这场旷日持久的追逐皇帝新衣的荒唐闹剧？

笔者曾对澶渊之盟的过程做过详细分析，指出真宗没有畏懦怯战，表现可圈可点，并无屈辱可言。[3] 本章在此基础上，进一步探讨盟约签订后宋朝君臣对盟约的看法。

事实上，澶渊之盟后，北宋朝野上下，举国欢腾，普遍相信安史之乱引发的混乱局面，经历了二百五十多年，至此才真正终结，可与开元之治媲美的盛世已经到来。东封西祀并非粉饰太平，而是

---

[1] 张维玲：《经典诠释与权力竞逐——北宋前期"太平"的形塑与解构（960—1063）》，博士学位论文，台湾大学历史学系，2015年，第23—40页。张女史惠赐大作，谨致谢忱！

[2] 张维玲：《经典诠释与权力竞逐》，第35—40页。

[3] 林鹄：《南望》，第258—287页。

忧患：边事、党争与北宋政治

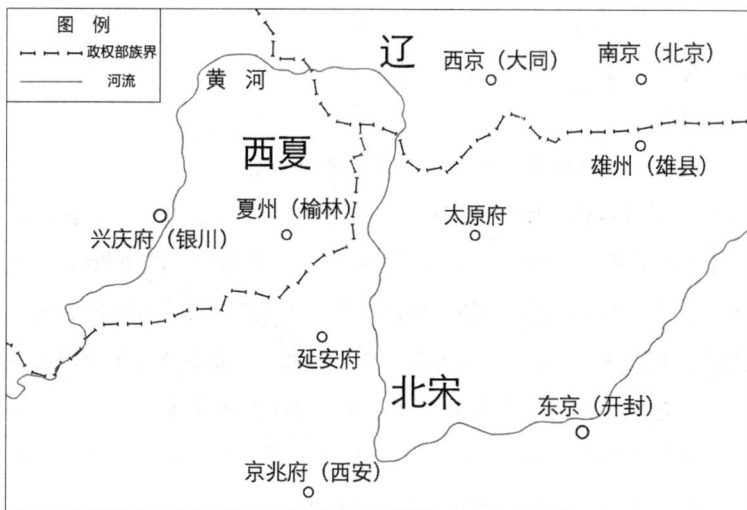

图一　宋辽夏边界（底图依据谭其骧主编:《中国历史地图集》第6册《宋辽金时期》,中国地图出版社, 1982 年, 第 4 页）

真心实意的庆典。

二、时人的认识——屈而不辱

为人深信的天书封祀起于城下之盟说的证据,除了上引记载外,在史料中找不到其他有分量的佐证。对于上引记载的真实性,杜乐已表示出疑虑。[1] 而笔者以为,此事断不可信。

王钦若构陷寇准说要想成立,有一个前提,那就是澶渊之盟的主角是寇准,而非真宗本人。但笔者此前已揭示出,虽然一度出现过短暂且合情合理的犹疑,真宗表现相当果敢,从亲征到盟约,都

---

[1]　杜乐:《宋真宗朝中后期"神圣运动"研究》,第 58—59 页。

是他本人的主动决策。寇准固然立有大功，但也不过是辅助真宗而已。那么，王钦若诋毁澶渊之盟，就等于当面扇真宗一个大耳光。这，可能吗？

再者，澶州城下，主动权在宋而不在辽，宋方可战可和，形势对契丹更为不利。是真宗主动选择了求和，是双方都有意求和，而非宋人在辽军武力威胁下不情不愿地签订屈辱和约。即便和约已定，契丹仍不无惶恐，生怕退兵之际被宋军围堵追杀。[1] 当时也的确有武臣请求阻截辽兵，但真宗没有采纳其建议。[2] 此举并非出于懦弱畏敌，而是顾全大局。事实上，对于退兵之际劫掠宋朝百姓的契丹部队，真宗下令予以痛击，并与辽方交涉，要求释放所掠宋人。契丹因此约束部队，规规矩矩退出了大宋疆土。[3]

近四十年后，辽朝乘西夏叛乱之机要挟宋朝，名臣富弼为此出使契丹。面对辽主，富弼有这样两句话："北朝（契丹）忘章圣皇帝（宋真宗谥号）之大德乎？澶渊之役，若从诸将之言，北兵无得脱者。"[4] 这是说，如果当初真宗采纳武将的建议，在澶州到宋辽边境这近千里的路线上，层层设防，契丹大军恐怕会全军覆灭。要知道，这是谈判的关键时刻，如果没有一定的事实依据，岂不弄巧成拙？

又过了三十多年，宋神宗在位时，宋辽发生边界纠纷，皇上向元老重臣征求意见。曾经担任宰相的曾公亮认为不能让步，如果因此谈判破裂，契丹入侵，宋朝完全有能力抵抗侵略者。为了鼓起神宗的勇气，曾氏举澶渊之盟为例，称当时辽军"一遇（真宗）亲征

---

[1] 《长编》卷58，真宗景德元年十二月丙戌，第1292页。

[2] 《长编》卷58，真宗景德元年十二月戊子，第1293页；乙未，第1297—1298页。

[3] 《长编》卷58，真宗景德元年十二月戊子、庚寅、甲午，第1294、1296页。

[4] 《长编》卷137，仁宗庆历二年七月癸亥，第3283—3284页。

之师，狼狈请盟，若非真宗怜其投诚，许为罢兵，无遗类矣"。[1]试想，如果澶渊之盟真是屈辱的城下之盟，而曾公亮颠倒黑白、编造谎言，他就不怕谎言一旦被戳穿，反而会提醒神宗契丹很可怕吗？

随后，宋朝派出大科学家沈括去辽朝谈判。沈括当面斥责辽人不义，指出："往岁北师薄我澶渊，河溃，我先君章圣皇帝不以师徇，而柔以大盟。"[2]强调当时形势对契丹非常不利，如果不是真宗主动选择了和平，辽军命运会很悲惨。与富弼相似，沈氏在外交场合提及此事，若是无稽之谈，岂非自取其辱？

要之，富弼、曾公亮、沈括三人的说法，容有夸张之嫌，但无疑是建立在这样的事实基础上的：澶渊一役，宋人在战场上的表现并不差，辽方的处境更为凶险——孤军深入千里，顿兵坚城之下——对宋而言，盟约的签订谈不上屈辱。

而史书记载王钦若进谗言诋毁寇准之后，面对辽使时，宋真宗仍然表现得非常平和与自信。就在天书降临的前夕，景德四年（1007）十一月，契丹使者耶律元在东京汴梁招待外国使节的宾馆中，每天都能听到宋军操练的战鼓声，宋方接待人员恐怕引发外交争端，搪塞说，这是民间在演戏，在大摆宴席。消息传到真宗耳中，他对宰相说："不若以实谕之。诸军比无征战，阅习武艺，亦国家常事耳，且可以示无间于彼也。"[3]皇上的意思是，不妨实话实说，现在两国和好，宋军不用再出征打仗了，就必须保持演习，这是一个国家军队的正常状态，并非是为进攻辽国而备战。真宗认为，坦诚

---

[1] 《长编》卷262，神宗熙宁八年四月丙寅，第6397页。

[2] 《长编》卷265，神宗熙宁八年六月壬子，第6497页。

[3] 《长编》卷67，真宗景德四年十一月辛卯，第1509页

相待，反而能增进双方的互信。这个例子让我们看到，真宗不卑不亢，完全不像一个内心有浓重阴影、马上要着手一项旨在挽回面子的自欺欺人的荒唐事业的人。

后来，在天书封祀运动如火如荼的大中祥符七年（1014），山东登州（今蓬莱）的地方官向朝廷报告，已经断绝与宋朝朝贡关系多年的高丽，突然派遣使者跨海来到登州，声称要到宋廷朝贡。地方官不知所措，请求中央指示。宋真宗召集宰执商议。王旦说，高丽历来是中原王朝的附属国，契丹崛起后被辽朝控制，与大宋断了来往。现在宋辽和好，高丽主动来朝贡，应该允许使者到京城来朝见皇上，契丹方面一定不敢有什么非议。而且使者离开高丽时，辽朝一定已经获知此事，如果契丹使者问起来，可以坦诚相告。

王钦若则有顾虑，高丽主动上门，恐怕是辽丽关系出现问题的缘故，如果允许高丽使者来京，时间上正好会撞上辽朝使节，难保不发生事端。但王旦坚持认为，四夷来中国朝贡，再正常不过，至于辽丽之间产生嫌隙，那是两国自己的事，宋廷保持中立即可。

最后，真宗夸奖王旦"卿言深得大体"，在京城正式接待了高丽使者。[1] 如果真宗心虚，以澶渊之盟为耻，不大可能如此胸怀坦荡，不在契丹面前遮掩宋朝与高丽的交往。

澶渊之盟的内容，主要可以归结为两点。其一，宋辽皇帝兄弟相称，两国遵循严格的平等礼仪进行交往。其二，宋朝每年交付辽

---

[1] 《长编》卷 83，真宗大中祥符七年十月丁巳，第 1898 页。所引史料涵盖了"后来，在天书封祀运动如火如荼的大中祥符七年"至此处"在京城正式接待了高丽使者"这三段内容。为了避免繁琐，没有在每段话的末尾或每次直接引文出现时一一出注，而是在相关内容叙述完毕后一次性出注。本书自始至终采用这种出注方式，甚至有时会出现对所引史料进行转述、分析长达五六段后才出注。下面不再一一说明。

忧患：边事、党争与北宋政治

方二十万匹绢和十万两白银，作为契丹放弃"关南"领土的补偿。所谓关南，是指石敬瑭所割燕云十六州中，后周世宗柴荣于公元959年（即宋朝建立前一年）北伐时夺取的瀛州（今河北河间）、莫州（今河北任丘）。

虽然宋方做出了巨大让步，但在当时人看来，虽屈而不辱。堂堂天子，与北狄平起平坐，靠岁币换取和平，固然不是荣耀，然征诸历史，中原王朝称臣外夷，不乏其例，大宋与契丹兄弟相称，算不了什么。而中原与外夷交往，历来是赔钱的买卖。汉初对匈奴，同样靠岁币买和平，刘邦死后主掌朝政、威风八面的吕后仍不得不忍受奇耻大辱。而澶渊之盟规定，三十万金帛"不差使臣专往北朝，只令三司差人般送至雄州交割"。[1] 因为双方遵循严格的对等原则，宋朝只负责将岁币搬运到边境雄州（宋辽河北边境最重要的城邑，今河北雄县），由辽方自己来取。也就是说，至少在形式上，岁币的交纳并没有以弱事强的谄媚味道。

事实上，直至庆历增币发生之前，双方使节往来严格遵循平等原则，虽然偶有斗法，但宋人有礼有节，契丹并没有占到便宜。与汉唐初年向北狄屈膝相比，宋人没有理由感到羞耻。更何况，岁币并非无偿付出，而是辽朝明确放弃关南故地的补偿，对宋人而言，收获不可谓不大。澶渊之盟后，宋朝下层官员有一些质疑的声音，但大臣普遍表示支持。

景德二年（1005）二月，曾于太宗、真宗两朝三次出任宰相的吕蒙正，向真宗请求离开汴京，回老家洛阳养病。真宗召见慰问时，吕蒙正说："北戎请和，从古以为上策。今先启诚意，继好息民，天

---

[1] 《长编》卷58，真宗景德元年十二月辛丑李焘注引景德元年誓书，第1299页。

下无事，惟愿以百姓为念。"[1] 宋朝前期，三度拜相的，除了宋初名臣赵普外，就只有吕蒙正了。[2] 这样一位元老重臣，对澶渊之盟评价很高。

景德四年十一月，天书降临前夕，真宗与枢密使王钦若、枢密副使马知节等谈到外患，马知节说："西、北二方，久为外患。今契丹求盟，夏台请吏，皆陛下威德所致。"[3] 所谓夏台，即割据夏州的党项李氏。宋辽澶渊之盟后，李氏也俯首称臣（详参下章及其附记）。马知节是王钦若的死对头，他在王氏面前如此颂扬澶渊盟约，却没有见到王钦若反驳。

同年十二月，真宗对宰执谈道："比者，武将戍臣，多言与契丹和不便。"说武将对澶渊之盟颇有异议。而宰相王旦指出，文官中也有人持不同看法。但王旦同时强调，国家与契丹讲和三年了，士兵不用再上战场拼命，朝廷省下了巨额开支，而河北的老百姓也不用再为军队后勤疲于奔命了，对各方的好处都非常明显。副宰相冯拯则说："边方不宁，武臣幸之以为利。"[4] 认为武将之所以反对和议，是因为边境安宁了，武将们就缺少了立功的机会。

王钦若需要进谗言，才能打击寇准，这种说法本身也暗示当时舆论并不以澶渊之盟为耻。相反，泰山封禅大典完成后，王旦评论说："国家纳契丹和好已来，河朔生灵，方获安堵，虽每岁赠遗，较于用兵之费，不及百分之一。昨陛下登封告成，天地助顺，盖人事

---

[1] 《长编》卷 59，真宗景德二年二月丁未，第 1320 页。

[2] 《宋史》卷 265《吕蒙正传》，北京：中华书局，1985 年，第 9148 页。

[3] 《长编》卷 67，真宗景德四年十一月戊寅，第 1505—1506 页。

[4] 《长编》卷 67，真宗景德四年十二月戊午，第 1514 页。

忧患：边事、党争与北宋政治

和而天象应也。"[1] 每年交给辽朝的岁币，不过是和议前军费开支的百分之一，而宋朝人民，尤其是河北老百姓，从此过上了安定的生活。王旦指出，封禅庆典能顺利完成，没有出现异常天气或其他干扰性的异常事件，离不开老天的帮忙。而老天所以赐福，是因为"人事和"，即澶渊之盟的达成给大宋带来了一片祥和。

张其凡曾高屋建瓴地指出，"（天书封祀）闹剧的发生，与中唐以后二百多年内政治形势的变化发展有极其密切的关系"。澶渊之盟后，"困扰中原士民二百多年的内乱外患，均告消除，社会进入了二百多年来从所未有的和平安定时期"。太平盛世成了当时人的共识。[2]

宋神宗时，唐宋八大家之一的曾巩提到真宗封禅泰山时说："盖自天宝之末，宇内板荡。及真人出，天下平，而西、北之虏，犹间入窥边。至于景德二百五十余年，契丹始讲和好，德明亦受约束，而天下销锋灌燧，无鸡鸣犬吠之惊，以迄于今。故于是时，遂封泰山，禅社首，荐告功德。"[3] 意思是，天宝末年，天下大乱。真人（赵匡胤）建立宋朝，平定天下，但西、北两方面还分别存在夏州割据势力与契丹辽国，不时入侵。到景德元年离天宝末年二百五十多年了，才与契丹实现和平，党项李德明也接受了宋朝臣属的地位，从此不再有战争，天下的老百姓过上了安宁的生活，一直到今天。曾巩认为，通过澶渊之盟，真宗为唐玄宗末年安禄山叛乱引发的长期

---

[1]　《长编》卷70，真宗大中祥符元年十一月癸未，第1578页。

[2]　张其凡：《宋真宗"天书封祀"闹剧之剖析——真宗朝政治研究之二》，载《宋代政治军事论稿》，合肥：安徽人民出版社，2009年，第189、190页。

[3]　《曾巩集》卷30《移沧州过阙上殿札子》，陈杏珍、晁继周点校，北京：中华书局，1984年，第441页。

动荡画上了圆满的句号。正是因为澶渊之盟具有如此重大的意义，真宗才会去泰山封禅，向天地报告喜讯。

只有明白了这一点，我们才能理解，为什么真宗朝君臣上下，举国若狂，最初都毫无保留地投身庆典。[1]也只有明白了这一点，我们才能理解，为何真宗在天书封祀运动中，亦步亦趋地效仿唐玄宗。[2]道教信仰固然是原因之一，宋真宗以此宣示天下，开元盛世再度降临，也是关键。二百五十年纷乱，终于彻底结束了。对于澶渊之盟，真宗恐怕很得意。

但历史的吊诡是，约四十年后，庆历增币打碎了盛世幻象。在契丹赤裸裸的落井下石、恐吓要挟面前，宋人感到了屈辱。增币之

---

[1]　《长编》卷 68 真宗大中祥符元年四月甲午条（第 1530—1531 页）载："诏以今年十月有事于泰山。杨亿草诏，有'不求神仙，不为奢侈'等语，上曰：'朕不欲斥言前代帝王。'遂改云：'朕之是行，昭答玄贶，匪求仙以邀福，期报本而洁诚。珪币牲牷，并资丰备，服御供帐，悉从减省。'"何冠环据此以为，杨亿是在"婉转地提出异议"。（《论宋初功臣子弟马知节（955—1019）》，载《严耕望先生纪念论文集》，台北：稻乡出版社，1998 年，第 292 页。）其说似不可从。细揆文意，"不求神仙，不为奢侈"应当是杨亿"斥言前代帝王"，借以歌颂真宗之语。又《长编》同卷是月戊戌条（第 1532 页）云："（上）命皇城使刘承珪、龙图阁待制戚纶、崇仪副使谢德权计度封禅发运事。纶上疏言：'臣遍览载籍，验天人相与之际，未有若今炳焕者也。请诏侍从大臣，摹写祥瑞，勒于嘉玉，藏之太庙，别以副本秘于中禁，传示万叶，世世子孙，恭戴天命，无敢怠荒。然臣窃谓流俗之人，古今一揆，恐托国家之嘉瑞，浸生幻惑之狂谋，或诈凭神灵，或伪形土木，妄陈符命，广述休祥，以人鬼之妖词，乱天书之真旨，少君、栾大之事，往往有之。伏望端守玄符，凝神正道，参内景修行之要，资五千致治之言，建皇极以御烝人，宝太和而延圣算，仰答天贶，俯惠群黎。'上嘉纳焉。"邓小南认为戚纶对天书不满，其疏意在进谏。此说似亦不确。戚纶此疏，在全面肯定天书的同时，只是提醒真宗，防止小人借天书"妄陈符命"，"乱天书之真旨"而已。正如邓先生所指出的，戚纶"参预了东封西祀、继修礼文的几乎全部过程，一度恩赐甚盛"。（《祖宗之法》，第 330 页）至于《曾巩集》卷 42《虞部郎中戚公墓志铭》所谓"祥符、天禧之间，学士（纶）以论天书绌"（第 565 页），不详所以，然为后事，非祥符初年戚纶之态度。

[2]　张维玲：《经典诠释与权力竞逐》，第 51—52 页。

后，富弼因谈判有功晋升翰林学士，但他坚决拒绝，理由是："增金帛与敌和，非臣本志也。特以朝廷方讨元昊（李德明的儿子、反叛的党项首领），未暇与敌角，故不敢以死争尔。功于何有，而遽敢受赏乎！愿陛下益修武备，**无忘国耻**。"[1] 虽然一矢未发，一兵未交，庆历增币才是真正的城下之盟。

---

[1] 《长编》卷138，仁宗庆历二年十月丙午，第3309页。

第二章

惊悸：庆历增币与宋夏和议

唐代中期以来，原居青海、甘南和四川西北部的党项人（羌人之一支）逐渐控制了陕北和宁夏的部分地区，接受唐王朝的羁縻管辖。[1] 在唐末平定黄巢之乱的过程中，党项拓跋部以夏州（其统治区域大体相当于今陕西榆林市去掉北部的神木、府谷和西部的定边三县后的辖区）为根据地，得以崛起，因立功获赐李姓。五代时期，拓跋党项始终保有夏州，先后接受后梁、后唐、后晋、后汉、后周这五个中央政权的封号，朝贡不绝。

宋太宗时，夏州割据势力因继承问题发生内讧，首领李继捧被迫迁居京师汴梁，中央恢复了对夏州等地的直接控制。但留居夏州的李继迁（李继捧的族弟）很快发动叛乱，历经十五年，重新占领了夏州，请求刚即位的宋真宗册封，如愿以偿获得了宋朝的承认。因为在宋朝的广袤国土上，夏州只是再小不过的一隅，李继迁为了抵抗中央政府，不得不借助外力，所以他投靠辽朝，同时接受契丹的册封。

---

[1] 唐代在边疆少数民族地区，以原有部落为基础，设立羁縻府、州，任命少数民族部落首领担任都督、刺史，允许世袭。

雄心勃勃的李继迁并没有就此满足，很快再度反叛，攻下了宋朝的西北重镇灵州（即唐代鼎鼎大名的灵武郡，今宁夏银川下辖县级市。安史叛军攻破长安后，唐玄宗的儿子李亨逃到了灵武，在此即位，开启了平叛之路），并一度挺进河西走廊，但遭吐蕃人伏击，受伤而死。

李继迁死后不久，宋辽两国于景德元年缔结了澶渊盟约。李继迁的儿子李德明也派遣使者到宋朝进贡，再度请求册封。经过一番讨价还价，拓跋李氏重新臣属宋朝，被任命为定难军节度使（以夏州为驻地），加封西平王，控制了陕北榆林到宁夏北部的一片土地，其间相当一部分属于沙漠戈壁。与此同时，对辽朝的臣属关系也继续保留。

此后宋朝君臣沉迷于长达三十年之久的太平幻梦，而李德明则奋发图强，全力西向扩张，最终占领了河西走廊东部的甘州（张掖）和凉州（武威）。此时李德明去世，其子李元昊（攻打甘、凉二州的主将）继位。

李元昊志向远大，不甘臣服于宋、辽。宋仁宗宝元元年（1038），元昊宣布称帝建国，国号大夏。但仅仅控制了陕西北部部分地区、宁夏北部和甘肃东北部，这样一个蕞尔小国，就实力而言，在宋、辽两个大国面前，显然不是同一量级的对手。李元昊对此一清二楚，所以精心谋划，只要求宋方承认他的皇帝称号，对辽朝仍然维持原有的臣属关系。这当然遭到了宋朝的拒绝。

于是从宝元三年（1040）至庆历二年（1042），李元昊向宋朝发动了三次较大规模的进攻（分别发生在陕西延安和宁夏固原），均大获全胜，一时宋廷震动，惊慌失措。直至庆历四年（1044）底，宋夏再度达成和议，元昊重新臣服宋朝。

图二　宋夏边境地区（底图依据谭其骧主编：《中国历史地图集》第 6 册《宋辽金时期》，第 37 页）

　　宋夏和议的重新达成，辽朝是一个至关重要的因素。宋夏开战，让契丹看到了机会。庆历二年，辽朝遣使南下，强硬地向宋朝索取已在澶渊之盟中解决了归属问题的关南地，最终迫使宋方每年再额外输送绢十万匹、银十万两。此后辽朝强势介入宋夏间的和谈，并与西夏反目成仇，爆发战争。结果出乎所有人的意料，契丹大败。

　　不过，尽管李元昊在对宋、对辽战场上暂时都取得了胜利，但他深知，西夏无力对这两个大国中的任何一个构成致命威胁，而同时面对两个比自己强大得多的敌人，会给西夏带来灭顶之灾。这种情况下，元昊见好就收，迅速与宋方达成了和议。

　　庆历增币、宋夏议和及辽夏战争等事件为学界熟知，陶晋生的名著《宋辽关系史研究》辟有专章讨论这一系列问题，[1] 研究成果为

---

[1]　陶晋生：《宋辽关系史研究》，北京：中华书局，2008 年，第 57—82 页。

学界广泛接受。但由于最终结果表面上回到了原初的平衡，这一系列事件在宋史上的转折意义被低估了。本章将对诸事件的发生过程做详细探讨，以重新评估其历史意义。

一、契丹使者来了

澶渊之盟后，庆历增币前，宋辽间保持了近四十年的友好关系。和平的缔造者真宗死于乾兴元年（1022），其子仁宗继位，父子俩大致平均分享了这段宋史上仅见的"太平"时光。仁宗前期，朝廷仍沉浸在真宗以来的盛世幻梦中。虽然有识之士不乏居安思危的警告，[1] 但并没有得到应有的重视。西夏叛宋后，一石激起千层浪，颇有些宋人开始反思与契丹的关系。中央官员富弼、[2] 对夏作战前线重要将领刘平、[3] 河北地方官高志宁等人先后提出，朝廷应切实采取措施，防备辽夏合谋侵宋。高志宁的建议一度被朝廷采纳，但旋即又被否定。[4]

与此相反，坐镇延安的范雍则认为，几十年来，朝廷每年都遵照澶渊之盟，按时付给契丹绢匹、银两，和辽朝的关系很融洽，可以请求契丹出兵夹击西夏，如果能够夺回夏州，可以再增加十万岁

---

[1]　如景祐三年（1036），时任谏官的韩琦就曾提醒皇帝和宰相们，对于北边的契丹、西北的拓跋李氏，国家多年来疏于战备，当务之急是尽快改变这种状况，有备无患。（《长编》卷119，仁宗景祐三年八月甲戌，第2801—2802页。）

[2]　《长编》卷124，仁宗宝元二年九月，第2927页。

[3]　《长编》卷125，仁宗宝元二年闰十二月，第2956—2957页。

[4]　《长编》卷126，仁宗康定元年三月壬申，第2985页；卷127，仁宗康定元年四月，第3007页；卷128，仁宗康定元年七月丙子，第3031页。

币。[1]甚至有位民间人士也上书朝廷，持相同看法，为宰相吕夷简激赏。[2]虽然以金帛换取契丹攻夏的提议当时没有得到回应，但在后日的增币谈判时被宋廷采用。

此外，这时还只是一个小地方官的张方平[3]，建议朝廷派遣使者，携带国书，用书面形式向辽朝说明，宋夏冲突的缘起是李元昊叛乱，宋朝准备出动大军平叛，但考虑到李氏娶了契丹公主，看在辽朝的面子上，暂时还没有出手。如果元昊悔过，宋朝既往不咎；如果执迷不悟，那就只能采取行动了。张方平天真地认为，如此推心置腹，尊重契丹，西夏叛乱反而成了彰显宋朝对辽友好姿态的一个好机会，尽管李元昊是辽朝的女婿，辽方也没法借机生事。[4]大概是张氏的建议起了作用，康定元年（1040）[5]七月，仁宗遣使赴契丹，通告用兵西夏。[6]

就在宋廷自以为因辽夏联姻可能引发的宋辽冲突已得到妥善处理时，契丹使者来到了繁华的东京汴梁，不仅向宋朝索取关南旧地，

---

[1] 《长编》卷126，仁宗康定元年二月己酉，第2980页。

[2] 《长编》卷133，仁宗庆历元年九月辛酉，第3178页。

[3] 张方平在神宗初年出任参知政事，即副宰相。

[4] 张方平：《上平戎十策·伐交》，黄淮、杨士奇编《历代名臣奏议》卷323，上海：上海古籍出版社，1989年，第4189页。

[5] 这年原本是宝元三年，二月改元。

[6] 《长编》卷128，仁宗康定元年七月乙丑，第3028—3029页。按《辽史》卷18《兴宗纪一》，重熙九年（即宋康定元年）七月癸酉，"宋遣郭祯以伐夏来报，遣枢密使杜防报聘"。（北京：中华书局，2016年，第250页）而该书卷86《杜防传》则云："重熙九年，夏人侵宋。宋遣郭祯来告，请与夏和，上命防使夏解之。如约罢兵，各归侵地。"（第1460页）此时宋人并未请求辽朝出面，促成宋夏和谈，"如约罢兵"亦非事实，《杜防传》显误。

　　　　　　　　　　　忧患：边事、党争与北宋政治

甚至还要求割让山西北部北汉的故土[1]——北汉在辽朝支持下，是宋朝统一进程中最后被平定的割据政权，于太平兴国四年（979）收归大宋版图。[2]恍如晴天霹雳，正被小小的西夏弄得焦头烂额的宋廷极为震惊，上下人心惶惶，能想到的对策只是派遣使者再赴辽国，希望通过谈判改变命运。

宋朝不可能答应割地。面对蛮横的契丹，使者难免性命之忧。最后，还是富弼临危受命，虽有老母在堂，仍抱着一死报国的信念出发了。[3]富弼在辽廷承受了巨大压力，始终大义凛然，宁死不屈，赢得了辽朝君臣的一致尊重。[4]谈判的最终结果，契丹放弃领土要求，作为补偿，宋人将岁币从三十万增加到五十万，同时在官方文书中，宋人向辽方提供岁币这一行为，由澶渊盟约中的"助"（资助）改为明显含有下对上意味的"纳"。[5]不过，所增加二十万岁币中的一半，是让契丹出面说服李元昊重新臣服宋朝的酬劳[6]——自作聪明的宰相吕夷简以为，这是"以夷制夷"的妙计。

虽然风波和平收场，但辽朝绝非虚言恫吓。派遣使者前，辽朝

---

[1] 《长编》卷135，庆历二年三月己巳，第3230页。

[2] 详参拙著《南望》，第127—130、192—196、201—204、214—216、226—234页。

[3] 《长编》卷135，仁宗庆历二年三月己巳，第3230页。苏轼提到，有一位名叫彭任的豪杰，正在酒馆里和朋友喝得痛快，听到契丹讹诈、富弼要出使的消息，气得直拍桌子，手都拍破了。他主动找到富弼，充当私人保镖，一起去了辽国，做好了以死相护的准备。（《苏轼文集》卷66《跋送石昌言引》，孔凡礼点校，北京：中华书局，1986年，第2068页。）

[4] 《长编》卷155，仁宗庆历五年三月己未韩琦所上疏，第3758页。

[5] 在谈判现场，富弼坚决拒绝称"纳"。富弼回到宋朝汇报情况时，特地强调，只要朝廷坚持住，辽方会放弃这一要求。但宰相晏殊认为应当妥协，在他的影响下，最终宋廷吞下了这一耻辱。（《长编》卷137，庆历二年八月乙未，第3286页。）

[6] 《长编》卷137，仁宗庆历二年八月乙未，第3286页。

皇帝兴宗曾召集大臣，商讨对宋策略。兴宗本人有意南伐，并得到了多数大臣的支持，但也有重臣反对，强调"胜败未可逆料"。为谨慎起见，兴宗决定先提领土要求，同时在宋辽边境集结大军，做好战争准备，[1]并联络西夏，约定同时出兵，夹击宋朝。[2]宋人若不妥协，富弼等人担忧的辽夏合谋侵宋，极有可能变成现实。

与澶渊之盟不同，庆历增币不仅让宋人对盟约产生怀疑，且真正感到了屈辱。范仲淹上疏，对宋人迷信盟誓、忽视国防进行了深刻反思。他强调说，宋朝四十年来对辽友好，岁币从来都是足量按时送达，即便如此，契丹还是翻脸不认人。这次修订盟约，增加岁币，算是对付过去了，可谁又能保证，将来辽朝不会提出新的要求呢？[3]

而感受最为深切的，就是抱着必死的信念在辽廷舌战契丹君臣的富弼。富弼在危急关头挺身而出，不辱使命。盟约复定后，朝廷

---

[1] 《辽史》卷93《萧惠传》（第1512页）载："帝欲一天下，谋取三关，集群臣议。惠曰：'两国强弱，圣虑所悉。宋人西征有年，师老民疲，陛下亲率六军临之，其胜必矣。'萧孝穆曰：'我先朝与宋和好，无罪伐之，其曲在我，况胜败未可逆料。愿陛下熟察。'帝从惠言，乃遣使索宋十城，会诸军于燕。惠与太弟帅压宋境。"又，卷87《萧孝穆传》（第1466页）云："时天下无事，户口蕃息，上富于春秋，每言及周取十县，慨然有南伐之志。群臣多顺旨。孝穆谏曰：'……宋人无罪，陛下不宜弃先帝盟约。'时上意已决，书奏不报。"另据卷19《兴宗纪二》（第259—260页），重熙十年十二月丁酉，就在决定遣使求地后，辽廷"议伐宋，诏谕诸道"；十一年四月甲戌，使节北宋后，辽廷又"颁南征赏罚令"；十二月辛亥，宋人以增币妥协后，辽廷"诏蠲预备伐宋诸部租税一年"。宋方也注意到，"契丹虽通使，而所征兵始大集于幽州"。（《长编》卷136，庆历二年五月庚申，第3265页。）主动保护富弼出使的奇人彭任，后来告诉苏轼的父亲苏洵："既出境，宿驿亭，闻介马数万骑弛过，剑槊相摩，终夜有声，从者怛然失色。及明，视道上马迹，尚心掉不自禁。"（苏洵：《送石昌言使北引》，曾枣庄、金成礼笺注《嘉祐集笺注》，上海：上海古籍出版社，1993年，第420页。）

[2] 《辽史》卷85《萧塔列葛传》，第1451页。

[3] 《长编》卷136，仁宗庆历二年五月戊午，第3263页。

论功行赏，要升他的官。富弼坚决拒绝，他对仁宗说，以增加岁币的方式妥协，并不是他的本意——本意是绝不退让，抗争到底。但现在国家需要集中精力对付西夏，不能两面树敌，只能让步。这样的结果能算什么功劳，哪有脸面为此接受提拔！最后他说，希望陛下整军备战，"无忘国耻"！[1] 第二年，仁宗又任命富弼为枢密副使，结果富弼拿着任命状，当面还给了仁宗，并说："愿陛下坐薪尝胆！"[2]

富弼所谓"国耻"，首先是增币、称"纳"。其次，西夏蕞尔一隅，堂堂大宋竟然束手无策，只能觍颜求助于契丹，也是奇耻大辱。[3] 更让宋人焦虑的是，如此代价也换不回真正的和平，辽朝给宋朝带来的祸患"譬若疽疮，但未溃尔"，[4] 好比大脓包，只不过还没破罢了。

二、西夏使者也来了

盟约复定后，当年十月，宋廷就派遣使者，催促辽朝向西夏施压。[5] 在契丹斡旋下，李元昊做出了让步，表示可以不再仿效中原称

---

[1] 《长编》卷 138，仁宗庆历二年十月丙午，第 3309 页。

[2] 《长编》卷 142，仁宗庆历三年七月丁丑，第 3399 页。庆历四年，富弼谈到此事，犹悲愤不已："主忧则臣辱，主辱则臣死，故陈主答书勃庚而杨素下殿请死，蔡贼跋扈难制而裴度誓不两生。……昨契丹背约，呼索无厌，朝廷以中国之尊，敌人敢尔，陛下有文王、勾践雪耻复雠之心，臣下亦未见有杨素、裴度死难平贼之志。"（《长编》卷 150，庆历四年六月戊午，第 3655 页。）

[3] 《长编》卷 140，仁宗庆历三年四月己亥，第 3362 页。

[4] 《长编》卷 140，仁宗庆历三年四月壬戌蔡襄语，第 3368 页。

[5] 《长编》卷 138，仁宗庆历二年十月丙辰，第 3315 页；卷 151，庆历四年八月戊戌，第 3680—3681 页。

帝，只使用本民族的君主称谓"兀卒"[1]，甚至可以在宋仁宗面前称"男"（即尊仁宗为父），但拒绝称"臣"。[2] 同时，作为补偿，元昊向宋朝索要金银财物，并在经济上提出了诸多实质性要求。

仁宗的期望值很低：只要称臣，即便保留皇帝称号也能接受。[3] 现在元昊虽拒不称臣，但同意撤销帝号，且愿意称男，似可谓失之东隅，收之桑榆。至于经济要求，原本就只是制约西夏的工具，并非宋廷最关注的核心利益，不难让步。

不过，宋朝臣僚对契丹居间斡旋议论纷纷。余靖深不以朝廷求助辽国为然。他说，西夏和宋朝打了好几年仗，宋朝老吃败仗，现在契丹只派了一个使者，李元昊就妥协了，等于说宋朝几年来无法解决的难题，辽方一句话搞定。可想而知，契丹会如何看待自己，如何看待宋朝。如果辽朝也派一个使者来宋朝，额外要求报酬，我们有什么理由拒绝？如果不答应，辽方一定会借口宋朝忘恩负义，兴兵南下，宋就会两面受敌。

余靖建议，不能在财物、经济上对西夏过多让步，同时坚持君臣名分。这样即使谈判破裂，契丹也不敢再要挟大宋。为什么呢？余靖指出，辽兴宗在宋朝使者面前，趾高气扬，夸下海口：只要一句话，元昊就会乖乖对宋朝称臣。现在元昊不买契丹的账，拒不称臣，兴宗丢了脸，自信受了打击，哪还敢来找宋朝的麻烦？

总之，余靖认为，如果接受辽朝的帮助，与西夏和好，会让宋

---

[1] "兀卒"是党项语音译，可能是"天子"之意。尽管如此，毕竟西夏放弃了汉式帝号，不论"兀卒"本意如何，都可以理解为"单于""可汗"之类对宋朝权威不构成挑战的称号。

[2] 《长编》卷139，仁宗庆历三年正月癸巳，第3343页。

[3] 《长编》卷138，仁宗庆历二年末，第3332页。

朝颜面尽失，等于将外交自主权拱手交给契丹。这会极大刺激辽方的胃口，一旦有什么非分要求得不到满足，就会转而联合李元昊对付宋朝，这对宋朝极为不利。[1]

和余靖有同样担心的，还有欧阳修。他了解到，宋使回国后，边境的宋方官员频频接到辽方书面询问，打听宋夏和议的进展。[2]契丹为什么这么热心？难道因为收了宋朝的钱不好意思，真心想为宋朝出力？欧阳修不这么认为，对此高度警惕。在他看来，辽朝而非西夏，才是宋朝的真正威胁。澶渊之盟后四十年中，宋朝没有一丝一毫亏欠对方，结果背后被狠狠捅了一刀。他认为契丹是欺软怕硬之辈，他们觉得宋朝软弱可欺，所以对宋增加岁币还不满足，一定要宋称"纳"才罢休。平白无故就如此蛮横，如果在辽朝斡旋下宋夏达成和议，还不一定提出什么过分要求呢！到时候怎么办？[3]

庆历三年七月，西夏使者第二次来到宋廷，元昊没有退让，坚

---

[1] 《长编》卷 139，仁宗庆历三年二月乙卯，第 3354 页。

[2] 澶渊之盟达成协议，除了重要节日双方互派礼仪性使节，平时一般不派遣使者，如有外交事务，则由边境官员传递信息。

[3] 《长编》卷 141，仁宗庆历三年五月末，第 3382—3383 页。早在富弼回国之初，高层决定乞求辽国向西夏施压时，重臣贾昌朝表示反对："契丹许我而有功，则必骄以弱我，而责报无穷已，不且以我市于元昊矣。"（王安石：《临川先生文集》卷 87《赠司空兼侍中文元贾魏公神道碑》，王水照主编《王安石全集》第 7 册，上海：复旦大学出版社，2016 年，第 1517 页。）《长编》卷 138 庆历二年十月戊辰条（第 3320 页）、《皇朝编年纲目备要》卷 11（北京：中华书局，2006 年，第 255 页）、《宋史全文》卷 8 上（北京：中华书局，2016 年，第 405 页）"且以我"上均脱"不"字，似出一源。《名臣碑传琬琰集》上集卷 6 所载是碑，则如《文集》，亦有"不"字。（《中华再造善本》影国家图书馆藏宋刻元明递修本，北京：北京图书馆出版社，2003 年，第 5 页。）

持称男不称臣。[1] 以宰相晏殊为首的最高决策层有意妥协，但此时担任枢密副使的韩琦坚决反对。他认为，原本宋辽平等相待，西夏则同时臣服两方，如果现在西夏不再向宋称臣，却不改变对契丹的臣属关系，那辽朝一定会以此为契机，寻求凌驾于宋朝之上。[2]

出任枢密副使之前，韩琦和范仲淹在西北整军备战，初见成效。毕竟宋朝国力与西夏有天壤之别，应对西夏挑战，两人很有信心。[3] 所以，在韩琦看来，原本只要有耐心就能妥善解决的西夏问题，正是因为求助契丹，反而陷入了进退失据的困境。此时辽朝的可能态度及行动，成了宋夏关系中最需要考虑的核心因素。

蹊跷的是，这次李元昊还提出了一个诡异要求，要将"兀卒"这一称号改为"吾祖"。这意味着，以后宋朝以皇帝名义颁发给西夏国主的诏书中，要称对方为"吾祖"。元昊提出更改的理由是什么呢？文献中没有直接记载，但从欧阳修的回应中可以窥见端倪："今自元昊以下，名称、官号皆用本国。若**蕃语'兀卒'，华言'吾祖'**，则今贼中每事自用蕃礼，安得惟于此号，**独用华言**，而不称'兀卒'？"[4] 所谓"蕃语'兀卒'，华言'吾祖'"，是说党项语"兀卒"，翻译为汉语即"吾祖"。欧阳修当然不懂党项语，此说从何而来？从"若"一字看，这应当就是西夏提出更改的官方理由。欧阳修对这一解释并不满意，对其动机深表怀疑，因为西夏政权所用种种名号、

[1] 《长编》卷142，仁宗庆历三年七月乙酉，第3403页。

[2] 《长编》卷142，仁宗庆历三年七月癸巳，第3409页。关于这点，富弼之前也曾深表忧虑："若契丹谓元昊本称臣于两朝，今既于南朝不称臣，渐为敌国，则以为独尊矣，异日稍缘边隙，复有所求，未知以何术拒之？"（《长编》卷140，庆历三年四月己亥，第3362页。）

[3] 《长编》卷139，仁宗庆历三年二月乙卯，第3348—3353页。

[4] 《长编》卷142，仁宗庆历三年七月癸巳，第3409—3410页。

官称，全都来自本民族语言，为何独独于国主尊称，一定要用汉语意译？

元昊存心侮辱宋廷，可以得到当代西夏学的证实。党项语"兀卒"，应为"天子"或"皇帝"之意，[1]与"吾祖"无关。那么，西夏在和谈中，刻意冒犯宋朝君主，用心何在？

西夏使者在谈判中非常傲慢，[2]边境又传来西夏集结军队的消息，再加上居心叵测的"吾祖"，谏官蔡襄怀疑李元昊借和议施放烟雾，准备再度进攻宋朝。[3]事实上，元昊的心机确实被蔡襄猜中了。就在议和使者到达宋廷的同时，夏人亦抵达辽廷，请求与契丹联兵伐宋。[4]那么，在辽朝明白指示西夏与宋议和的情况下，元昊此举，到底意欲何为？

辽夏本合谋侵宋，宋朝如此乖顺地增加岁币，卑辞称"纳"，可能出乎辽兴宗的意料。契丹不费吹灰之力，在取得了巨大利益的情况下与宋媾和，反过来背叛盟友，向西夏施加压力，李元昊无疑会非常不满。但此人凶狡异常，颇为坚忍，对辽朝尚有期望，所以表面上服从契丹，遣使赴宋议和。

韩琦一针见血地指出，元昊野心勃勃，目标是与宋辽鼎足而立，三分天下。[5]但生存在宋辽两大国的夹缝中，欲求鼎峙，谈何容易！如果宋辽不发生严重冲突，偏处一隅、国小民贫的西夏根本不可能有机会，联辽侵宋恐怕是元昊实现野心唯一的可能途径。所以，一

---

[1]　彭向前：《党项西夏名物汇考》，兰州：甘肃文化出版社，2017年，第117页。

[2]　《长编》卷142，仁宗庆历三年八月癸丑，第3421页。

[3]　《长编》卷142，仁宗庆历三年八月辛亥，第3421页。

[4]　《辽史》卷19《兴宗纪二》，重熙十二年七月庚寅，第261页。

[5]　《长编》卷142，庆历三年七月甲午，第3413页。

方面，西夏向宋朝抱怨"朝廷议和，何必往问契丹"，[1] 试图离间宋辽；另一方面，虽然在辽朝施压下不得不与宋议和，西夏却故意不遵从契丹指示，拒不称臣，并恶意地改"兀卒"为"吾祖"，给和谈设置障碍。而在遣使赴宋的同时，西夏又上表契丹，再次建议合兵侵宋。总而言之，李元昊使出浑身解数，试图破坏刚刚达成的宋辽和局，鼓吹辽夏联合，对宋兴兵。

对于辽夏可能连兵侵宋这一可怕前景，韩琦深为担忧。不过，与元昊视角不同，他担心的反而是如果宋方以过多的让步换取和议，这样示弱会激发出原本在侵宋问题上尚有游移、不敢贸然行事的辽方的雄心壮志，对宋朝提出不可能被接受的无理要求，遭到拒绝后联合西夏，两路进兵。[2]

出乎所有人的意料，事情发展的最终结果，既没有像李元昊期望的那样，契丹为其蛊惑，也没有像韩琦担心的那样，辽朝在宋夏缔结和议后进一步提出无理要求。契丹不仅没有答应夏人侵宋之请，还与西夏爆发了战争，宋朝反而置身事外。

韩琦是杞人忧天吗？辽兴宗为何没有同意与元昊连兵侵宋？

三、令人费解的战争

庆历增币，不仅让契丹每年多得二十万金帛，且大宋卑辞称"纳"，意味着澶渊平等体制已被撬动。而联夏制宋，无疑是辽方全

---

[1] 《安阳集》附《忠献韩魏王家传》卷3，《北京图书馆古籍珍本丛刊》第85册，北京：书目文献出版社，1998年，第540页上。《长编》卷142庆历三年七月癸巳条（第3408页）脱"何"字。

[2] 《长编》卷142，仁宗庆历三年七月甲午，第3412—3413页。

忧患：边事、党争与北宋政治

面突破澶渊体制，彻底凌驾于宋朝之上的最佳途径。这正是宋朝有识之士极为担心，同时也认为极有可能出现的危险局面。即便辽兴宗顾忌出兵有风险，也完全可以对宋朝阳奉阴违，暗中支持元昊，进一步敲诈宋朝。而辽夏交兵，鹬蚌相争，渔翁得利，宋朝反而成了唯一的受益者。兴宗为何出此下策？

我们且先来梳理辽夏间的恩恩怨怨。虽然西夏臣服契丹，但多年来双方因争夺河西走廊与边境贸易等问题摩擦不断，关系并不融洽，缺乏互信。[1] 李元昊称帝前夕，其妻契丹兴平公主死去，由于公主生前与元昊关系并不和睦，辽朝专门派遣使者质问公主的死因，辽夏关系一度趋于紧张。[2]

不论如何，至少在与宋开战后，元昊认识到，联辽侵宋是坐大的唯一途径，频频向契丹示好。庆历元年（1041）九月，西夏遵循属邦礼仪，恭敬地将战争中获得的宋军俘虏献给辽廷，[3] 意图一箭双雕，一则挑起宋方对契丹的猜疑，二则展现自身的恭顺，迎合契丹君主欲压倒宋朝的独尊心理，煽风点火，要将契丹拉下水。此举果然奏效，兴宗决定联夏侵宋。增币谈判结果未定时，辽夏打得火热。[4] 但宋人的妥协改变了契丹的态度，牺牲了盟友，元昊之怨望可想而知。在庆历三年再度联辽侵宋的努力失败后，辽夏开始交恶，终于在庆历四年末因边境部族问题爆发大战。

---

[1] 杨浣：《辽夏关系史》，北京：人民出版社，2010 年，第 92—101 页。

[2] 《辽史》卷 18《兴宗纪一》，重熙七年四月己巳，第 248 页。

[3] 《辽史》卷 19《兴宗纪二》，重熙十年九月丙寅，第 258 页。又，庆历二年五月，夏人埋移香向宋朝透露，"元昊以所掠缘边人马送契丹，请助兵入汉界"。(《长编》卷 136，庆历二年五月癸亥，第 3267 页。)

[4] 富弼两度出使契丹，"每见元昊遣人在彼，密令询问，云'来借兵'"。(《长编》卷 218，熙宁三年十二月，第 5315 页。)

笔者以为，部族问题只是导火索，根本原因并不在此。辽夏双方所以不能妥善解决边境争端，情况不断恶化，终至兵戎相见，正是因为宋夏和议问题使原本结盟的双方产生了难以调和的矛盾，最终被部族问题引爆了。

就西夏一方而言，不满不言而喻。富弼指出："契丹始与元昊相约，以困中国，前年契丹背约，与中国复和，元昊怒契丹坐受中国所益之币，因此有隙，屡出怨辞。"[1] 辽朝因岁币与宋复和，在情理之中。但收了宋人的钱，不见得一定得实实在在为宋人出力。不论宋夏和议结果如何，宋方都没有底气拒绝支付每年十万的"犒劳费"——在宋廷关于对夏、对辽政策旷日持久的讨论中，拒绝支付从来没有作为一个选项，或者作为仅仅用于向契丹施压的口头策略、谈判筹码而被提出过。恰恰相反，宋方曾明确告诉辽使，不管和议进展如何，都不影响宋辽友谊。[2] 契丹完全可以表面向元昊施压，暗里互通款曲，合谋进一步从宋朝榨取利益。为何辽兴宗没有这么做，而是出卖盟友，真心实意压迫西夏，要求元昊向宋朝妥协？

辽夏关系原本并不融洽，兴宗可能对李元昊缺乏信任，但这不会是辽朝抛弃西夏的根本原因。西谚有曰：没有永恒的敌人，也没有永恒的朋友，只有永恒的利益。在巨大的现实利益面前，以往的小恩小怨早已烟消云散。政治同盟，往往不是由信任，而是由利益维系，尔虞我诈并不妨碍合作。

元昊并不甘心永远做契丹的属邦，内心深处藏着与辽朝平起平

---

[1] 《长编》卷 151，仁宗庆历四年八月，第 3675 页。

[2] 详参第四节庆历四年余靖关于如何应对契丹要求宋方拒绝西夏求和的意见。

坐的梦想。[1] 或许他在契丹面前露出了马脚，引起了兴宗的警惕？这似乎可能性不大。固然元昊非久居人下之辈，但以其人之狡诈，尽管在宋人面前颇为放肆，对辽朝恐怕会小心翼翼掩盖野心，此其一。其二，即便兴宗有所警觉，似亦不会影响暂时的同盟关系。打个比方，强盗分赃时会大打出手，但抢劫时总要合作。更何况，辽是大国，夏是小国，元昊纵有雄心要改变与辽朝的关系，也尚需时日，兴宗加以提防就是，何至此时彻底翻脸？

契丹原本应当暗中支持西夏不断向宋朝挑衅，才可以不断从中渔利。富弼曾担忧："若契丹谓元昊本称臣于两朝，今既于南朝不称臣，渐为敌国，则以为独尊矣。"[2] 在宋辽夏关系中，原本宋辽属于平等地位，西夏则同时臣服于两国。对元昊而言，他首先要争取的是改变对宋的臣属地位，暂时仍维持辽夏关系不变。但因为宋辽平等，摆脱对宋的属邦地位，已经为未来进一步谋求改变辽夏关系埋下了伏笔。这是元昊的如意算盘。而宋人更为担心的，则是辽朝对宋夏关系变更的不同解读：既然宋夏成了平等的"敌国"，而辽夏仍维持"宗主—藩属"关系，那就意味着宋辽不再平等，宋朝只能与契丹属国为伍，而辽朝"独尊"。换句话说，西夏与宋朝地位的此长彼消，不一定不利于辽朝。即便退一万步，兴宗已经意识到元昊的长远目标，害怕西夏过于强大，对辽朝构成威胁，也可任由宋夏交斗，两败俱伤。

---

[1] 李元昊曾与范仲淹通使，然其书因言辞悖慢为范所焚。范仲淹复书元昊曰："大王以北朝为比，且北朝称帝，其来久矣，与国家为兄弟之邦，非藩屏可方也。大王世受天子建国封王之大恩，如诸蕃有叛朝廷者，大王当率国人以伐之，则世世有功，乃欲拟北朝之称帝乎？"（《长编》卷130，仁宗庆历元年正月，第3087页。）所谓"以北朝为比""拟北朝之称帝"，透露出元昊的心态。

[2] 《长编》卷140，仁宗庆历三年四月己亥，第3362页。

那么，辽兴宗究竟为何采取了与西夏开战这一风险极大，事实上也的确带来了灾难性后果的决定？我们注意到，契丹真心实意为宋朝办事，希望促成宋夏和议。除了庆历二年末派遣使臣梁适赴辽朝，提醒契丹应如约向元昊施压后，宋人再无催促辽方斡旋的举动。吊诡的是，反倒契丹念兹在兹，屡屡向宋朝打听谈判进程。[1]庆历三年十月，按照惯例，余靖出使辽国，庆贺太后生日。兴宗主动跟他谈起宋夏和议，说梁适走的时候答应了，如果宋夏谈成了，宋朝还要专门派人送上谢礼，又拿出李元昊以臣属身份毕恭毕敬给兴宗上的表（臣僚给皇帝的文书）让余靖看，表示元昊一定会听他的。余靖说自己不清楚梁适的许诺，也不清楚宋夏和议的进展，兴宗便要求在随后辽使赴宋庆贺仁宗生日时，宋方给以详细的答复。契丹使者到来后，频频向宋方接待官员提及此事，但宋方始终回避，不予答复。[2]需要指出的是，余靖出使之际，辽朝已经有意讨伐元昊。[3]这种情况下，契丹居然还试图推动宋夏和议，念念不忘谈判结果。其狼子野心，当然是促成此事，再向宋人索贿。

庆历四年七月，辽夏交兵在即，契丹遣使宋朝，态度突然发生了一百八十度的转变，通告宋方将因部族问题讨伐西夏，要求宋人中止与西夏的和谈。范仲淹注意到一个奇怪现象：来使一改以往的盛气凌人，要求中止和谈的态度并不坚决，反而详细打听宋夏和议

---

[1] 据《长编》卷142，仁宗庆历三年八月己酉（第3418页），欧阳修提到："今西贼议和，事连北敌，中间屡牒边郡，来问西事了与未了。"

[2] 《长编》卷151，仁宗庆历四年八月戊戌，第3680—3681页。

[3] 《辽史》卷74《韩绍芳传》（第1359页）云："重熙间参知政事，加兼侍中。时廷议征李元昊，力谏不听，出为广德军节度使。"检是书卷19《兴宗纪二》（第262页），重熙十二年（庆历三年）十月，"辛亥，参知政事韩绍芳为广德军节度使"；"壬子，以夏人侵党项（夏辽边境的党项部族），遣延昌宫使高家奴让之"。

的具体进展。[1]

这年九月，余靖再度出使契丹。辽兴宗又一次改口，不再反对宋夏议和，但提醒宋方，赴西夏的使节要避开交战区域，以免误伤。[2]另一方面，兴宗又拿出元昊屡次所上表，指出其中诽谤宋朝之处，通通让余靖过目，并在余靖面前大骂元昊是反复小人，妄图挑拨宋辽互斗。[3]

很明显，在和西夏闹僵，战争一触即发之际，辽兴宗意识到，这么做可能会将元昊推入宋人的怀抱，导致宋夏结盟，共抗契丹。应对这一前景，兴宗并没有信心。他的第一反应是试图阻止宋夏和议的达成，但又担心施压太过，适得其反，让宋人窥破底蕴，激起抵抗决心，迅速与西夏达成妥协，一起对付辽朝，所以辽使并没有坚定不移地要求宋方中止和谈，兴宗也随即改口，并向余靖透露元昊的诽谤，离间两国。

总之，辽兴宗完全清楚辽夏战争带来的风险，如果宋朝与西夏结盟，天平可能会倒向另一边，庆历增币以来的对宋优势可能会付诸东流。所以他犹疑不定，患得患失，政策左右摇摆，一会儿希望促成宋夏和议，一会儿要求中止，一会儿又表示不反对。

尽管如此，兴宗最终仍采取了与夏开战这一灾难性的决定，很大程度上是因为过于自大。从一开始宋人乞求辽朝出面斡旋，兴宗就自命不凡，在宋人面前打包票，说让元昊低头不过是举手之劳。[4]

---

[1]　《长编》卷151，仁宗庆历四年七月癸未，第3669页。

[2]　《长编》卷152，仁宗庆历四年九月甲申，第3704页。

[3]　《长编》卷154，仁宗庆历五年正月丙子余靖言，第3738页。

[4]　田况《儒林公议》卷下记载："富弼使契丹报聘，再立盟约。时吕夷简方在相位，命弼讽契丹谕元昊，使纳款。宗真（辽兴宗）当其言，谓可指麾立定。"（转下页）

庆历三年余靖第一次出使，辽朝已有意讨伐西夏，兴宗仍对余靖表示，李元昊会听他的指挥，向宋朝屈膝。这说明兴宗以为夏人不堪一击，大军一到，要么缴械投降，要么被消灭，最终还得乖乖接受契丹的安排。正如韩琦所言："契丹自恃盛强，意欲平吞夏人，仓卒兴师，反成败衄。"[1]

自大的不仅是兴宗，辽廷群臣中清醒持重者寥寥无几。最初进展还真如兴宗所料，皇帝亲征，举国出动，理性的元昊决定让步，亲自赴契丹军前认罪。兴宗召集群臣商议，结果一致认为，不接受投降，既然已经集结了大军，远道而来，索性乘此机会将其一举剿灭。[2] 结果，辽军大意轻敌，一战而溃！

西夏本已认罪请降，契丹已经实现战略目标，可依旧不依不饶。兴宗决策失误，背后正是群臣的推动。

不过，担忧宋夏结盟，说明兴宗并未完全丧失理智，自大到疯狂的地步。导致错误决策的第二个因素，恐怕是过于贪婪，心存侥幸。

一矢未发，一兵未交，宋人就"纳"岁币二十万，澶渊平等体

（接上页）（储玲玲整理：《全宋笔记》第一编第 5 册，郑州：大象出版社，2003年，第 115 页。）庆历二年末梁适使辽，兴宗"面对行人（先秦至汉代所设职官，明代复见，掌通使。此处指宋使），遣使西迓，意气自若，自言指呼之间，便令元昊依旧称臣"。（《长编》卷 139，庆历三年二月乙卯，第 3354 页。）

[1] 《长编》卷 154，仁宗庆历五年正月丙子，第 3737 页。

[2] 《辽史》卷 19《兴宗纪二》（第 263—264 页），重熙十三年十月"丁酉，李元昊上表谢罪。己亥，元昊遣使来奏，欲收叛党以献，从之。辛亥，元昊遣使来进方物，诏北院枢密副使萧革迓之。壬子，军于河曲。革言元昊亲率党项三部来，诏革诘其纳叛背盟，元昊伏罪，赐酒，许以自新，遣之。召群臣议，皆以大军既集，宜加讨伐"。又卷 93《萧惠传》（第 1512—1513 页）云："元昊惧，请降。惠曰：'元昊忘奕世恩，萌奸计，车驾亲临，不尽归所掠。天诱其衷，使彼来迎。天与不图，后悔何及？'帝从之。诘旦，进军。"

　　　　　　　　忧患：边事、党争与北宋政治

制隐然已被突破，辽朝取得了高于宋朝的地位。更有甚者，宋人自降身份，主动向契丹求助，等于承认了契丹在宋辽夏三角关系中的霸主地位。大军未动，折冲樽俎，辽朝就取得了自太宗兵不血刃进入汴梁后最辉煌的成就，[1]极大地刺激了契丹君臣的胃口，使他们变得越发贪婪，不顾谨慎与理性的警告，铤而走险。

兴宗本可以好好利用元昊这颗棋子（当然，从元昊的角度说，他也在利用兴宗），不断合谋蚕食宋朝，前提是分西夏一杯羹。可贪婪的兴宗只想吃独食，出卖了元昊。他的如意算盘是，只要李元昊乖乖向宋方低头，辽朝就可以压倒宋朝，成为当之无愧的霸主。但夏人阳奉阴违，不肯就范，还在边境不断和辽方发生冲突，那就必须给李元昊一个深刻的教训，同时这也将是给宋方再明确不过的警告。

辽夏决裂的风险，兴宗并非完全没意识到，应对宋夏同盟，他没有把握。但不妨想象，如果一战而溃的是西夏，接下来辽方会以什么样的姿态面对宋朝，面对当时契丹心目中的整个世界？这样的场景实在太诱人了！堂堂大宋，居然辽朝军队还没展示肌肉就屈膝了——从契丹的备战情况看，大概辽廷也没想到，宋人如此轻易就将他们本准备在战场上夺取的东西送上门了。现在西夏面对强势的辽军，谁说"如果"就一定不会发生？元昊请降，似乎证实了兴宗的预判。那就索性胖揍一顿，彻底解决西夏问题，并向宋朝展示违背辽朝意愿、与辽朝发生冲突的下场。就这样，为了彻彻底底一切通吃，战争的风险被忽视了。

老天爷跟契丹开了一个大大的玩笑。辽兴宗的最初设想，是联合西夏，两路夹击，迫使宋朝割让利益。没想到刚拉开架势，还没

---

[1]　辽太宗一度征服中原，详参拙著《南望》，第84—112页。

动手，宋人就服了软。为了集中精力应对西夏挑战，宋朝的妥协情有可原。但决策者主动寻求契丹援助，将无能彻底暴露在辽朝面前，使澶渊平等体制岌岌可危。这一败招是老天爷赐予契丹的罕见礼物。

吊诡的是，这份意料之外的厚礼让辽廷头脑发热，没能把握住难得的机会。好比两人对弈，一方下出昏招，成就对方一片大好形势，结果另一方太过激动，利令智昏，跟着也来一步臭棋，扯平了！

从西夏叛宋、庆历增币、辽夏战争到宋夏和议的最终达成，虽然险象环生，但宋人除了付出四十五万五千岁币（为了换取李元昊称臣，宋朝每年需"赐"西夏银绢茶等共二十五万五千），[1] 最终有惊无险。经过一番激烈的震荡，三国格局还是大体回归原有框架。

四、宋贤忧国

再回到庆历三年的宋朝。上文说到，当时高层一度欲接受元昊不称臣、以"吾祖"作为称号这样的条款。不知是韩琦的泣血苦谏感动了仁宗，还是一批少壮派官员的集体反对起了作用，最终宋廷没有答应西夏的苛刻条件。当然，也没有关上谈判的大门。大约在十一月，宋使从西夏返回，由于辽夏已交恶（宋人尚不知情），元昊妥协，同意称臣。欧阳修等人依然反对跟西夏达成和议，核心理由就是担心"北敌（辽）邀功"。欧阳修以为："西贼（夏）虽和，所

---

[1] 这包括"岁赐绢十三万匹、银五万两、茶二万斤，进奉乾元节回赐（庆贺仁宗生日的回赠）银一万两、绢一万匹、茶五千斤，贺正贡献回赐（庆贺元旦的回赠）银五千两、绢五千匹、茶五千斤，仲冬赐时服（冬天加添衣服）银五千两、绢五千匹，及赐臣生日礼物（给李元昊的生日礼物）银器二千两、细衣著一千匹、杂帛二千匹"。（《长编》卷152，庆历四年十月己丑，第3706页。）

利极鲜，北敌若动，其患无涯。"[1]

拖到庆历四年五月，时任参知政事的范仲淹和枢密副使韩琦联名上书，陈述面临的两难处境：如果达成和议，契丹会摆出居高临下的姿态，向宋朝索要报酬；如果拒绝西夏，今年秋天元昊一定会大举进兵，而辽朝也会借机指责宋方没有诚意，甚至出动军队配合西夏。所以，范仲淹和韩琦认为，"和与不和，俱为大患"，和谈只是权宜之计，维护国家安全的根本之道还是练兵自强。只有拥有强大的军事力量，对方才会信守盟约，不敢轻易破坏和平。[2]

宋朝的有识之士怎么也想不到，辽兴宗把一手好牌打得稀烂。当辽夏发生冲突，两国边境大军云集的消息终于传到宋廷，最初范仲淹怀疑这是辽夏散布的烟幕弹，实际上在准备合伙入侵与辽夏边境相邻的河东地区（山西）。[3]

当然，宋方最担心的，还是契丹在河北方向发起进攻。一旦河北被突破，辽军长驱南下，可以直扑大宋首都汴梁。所以，这年六月，另一位枢密副使富弼专门提出了加强河北防御的十二条建议。辽夏结盟对付宋朝，对辽夏各自来说，显然都是攫取利益的最佳方案，富弼理所当然认为，宋朝已经陷入了这一困境："西伐则北助，北静则西动……两下牵制，困我中国，有何大害而不为边患？有何后悔而长守欢盟？"[4] 他没想到，固然李元昊对此认识很清楚，可辽兴宗却被吕夷简、晏殊等人送上的神助攻弄得神魂颠倒了。

当七月份契丹正式派遣使者，向宋方通报即将对西夏采取军事

---

[1] 《长编》卷145，仁宗庆历三年十一月辛卯，第3510页。

[2] 《长编》卷149，仁宗庆历四年五月壬戌，第3597—3598页。

[3] 《长编》卷150，仁宗庆历四年六月壬子，第3636—3637页。

[4] 《长编》卷150，仁宗庆历四年六月戊午，第3640页。

行动，称"元昊负中国当诛"，辽方遣使"问罪"，依然不肯向宋朝低头，辽方"深以为愧"，所以兴兵讨伐西夏。既然契丹完全是为宋方出头，如果元昊改口愿意称臣（辽方并不了解西夏早已低头），希望宋朝暂时不接受求和。

此时范仲淹已被排挤出了中央，在边疆视察。他闻讯上书，指出如果接受辽方请求，宋廷可能面临五种尴尬局面。其一，契丹称伐夏是为我方出头，"其邀功之意，又大于前"，如果接受这一说法，将来宋朝该如何报答辽朝？其二，契丹要求宋廷拒绝西夏，但现在不管李元昊是否有诚意，至少表面已经同意称臣，满足了宋方此前提出的条件，有什么理由拒绝他？元昊来求和，都不愿承认是受到辽方压力，堂堂大宋难道公开说契丹不答应？如果不解释就拒绝，失信、丢脸的还是宋朝。其三，如果遵照辽方指示，拒绝西夏，万一元昊向契丹认罪，双方重归于好，那时候我方反而会成为西夏最怨恨的对象。外交不能自主，"长外国轻中国之心"。其四，万一辽夏和好，契丹反过头来又逼宋朝与元昊讲和，是不是还得听他的？其五，朝廷因为辽方的缘故，在西夏面前丧失信用，如果将来还要跟元昊和谈，脸往哪儿搁，怎么谈？难道元昊会满足于现在的条件，臣服朝廷？他一定会利用我方的失信，大大抬高价码！

最后，范仲淹对辽夏是否真的决裂，深表怀疑。他强调，不管是真是假，当务之急是加强国防，有备无患。[1]

宋人如此进退失据，实属咎由自取。错就错在当初不该乞求辽朝斡旋。吕公误国，莫斯为甚！也许有人会为吕夷简辩护：最终同时解除了辽、夏对宋威胁的辽夏战争，难道不正是以夷制夷策略的

---

[1] 《长编》卷151，仁宗庆历四年七月癸未，第3668—3669页。

　　　　　　　　　　　忧患：边事、党争与北宋政治

成功范例吗？笔者想反问：如果辽夏战争的胜利者是契丹呢？难道吕夷简早就预料到辽夏会爆发冲突，且对西夏获胜成竹在胸？将自己的安全寄托在他人身上，真是值得称许的谋略？

和范仲淹一样，欧阳修、张方平等人也认识到了宋廷的尴尬处境：拒绝契丹，得罪不起；拒绝西夏，人丢大了。和范仲淹不同的是，为了避免丢人，欧阳修等想出了一个骑墙的办法：不明确拒绝西夏，但通知元昊，此前所以同意和谈，完全是因为辽方来信告知，你是辽朝的女婿，而辽国是本朝长期以来的友好邻邦，本朝看在辽方的面子上，才答应的。现在知道西夏居然挖岳丈家的墙脚，招诱辽朝边境部族，这完全违背了本朝同意和谈的初衷。希望西夏早日端正品行，与契丹和好如初，那时宋夏和谈成果就可以落实了。同时通报辽朝，宋方已经向元昊表明立场，如果"悔过归顺贵国"，我方接受求和；如果执迷不悟，就只能中止和谈。[1]

这一妙计固然为宋朝拒绝元昊粉饰出了一个可笑的道德制高点，但无异于明白宣告，大宋在宋夏关系上，没有自主权，行动完全取决于大辽这第三方。还有比这更糟糕的对策吗？

而余靖则清醒得多，他指出症结在朝廷最初的决策："假契丹之援，借人之势，权在他人。"与此相应，当务之急是婉言谢绝契丹过分"热心"的帮助，尽量将宋夏关系与辽夏关系脱钩，不给辽朝可乘之机。釜底抽薪、一劳永逸的解决办法，只有彻底放弃与元昊谈和，"使北人（契丹）不能反复而邀功"。但余靖担心朝廷下不了决心贯彻到底，半途而废。

他指出，宋朝和西夏辛辛苦苦谈了三年，好不容易元昊放弃了

---

[1] 《长编》卷151，仁宗庆历四年八月乙未，第3677页。

种种僭越要求，现在如果仅仅出于辽朝指示，拒绝西夏，等回头辽夏关系理顺了，契丹又会派人来，要求宋朝重新与西夏和谈。那时候，以元昊之个性，恐怕会怀恨在心，兵戈相向。但如果违背辽方意愿，迅速与西夏达成和议，得罪契丹，更是取祸之道。

为今之计，只有先拖着不做决定，答复辽朝时阐明两点。其一，战争会造成死伤，让本朝士兵上战场，都于心不忍，更何况让邻国士兵为本朝的事，冒这样的风险，实在过意不去。宋方宁愿失去一个小小的属邦，也不愿为此麻烦"兄弟之国"。之前我朝曾向非常关心宋夏和议进展的辽使交过底，不管谈得如何，都不影响辽夏友谊，宋方不希望看到辽方为了宋朝做出牺牲，更没有请求契丹出兵。如果讨伐元昊是为了宋方，完全没有必要。如果西夏因自身问题得罪辽朝，那是另一回事，是否讨伐由辽方自行决定。

其二，元昊来求和，一直说是秉承契丹意旨，对此我方深表赞赏。只是一开始西夏不肯放弃种种僭越要求，我方无法接受。最近元昊已经妥协，愿意臣服宋朝，双方已经达成共识，只是为了保证和议持久有效，还在商谈一些具体细节。这种情况下，如果宋方突然中断和谈，那就是失信于天下，完全违背了宋朝的处世之道，宋方无法承受其代价。如果西夏冒犯了辽朝，辽方拟出兵讨伐，宋朝完全理解。而宋方因元昊已经臣服而准备接受求和，也希望辽朝能理解。[1]

余靖的建议不卑不亢，比之欧阳修等人，高下立判。宋廷最终

---

[1]　《长编》卷151，仁宗庆历四年八月戊戌，第3680—3683页。欧阳修《余襄公（靖）神道碑》云："契丹以兵临境上，遣使言为中国讨贼，且告师期，请止毋与和。……议未决。公独以谓中国厌兵久矣，此契丹之所幸，一日使吾息兵养勇，非其利也，故用此以挠我尔，是不可听。朝廷虽是公言，犹留夏册不遣，而假公谏议大夫以报。"（《欧阳修全集》卷23，李逸安点校，北京：中华书局，2001年，第367页。）欧公是当事人，不知何故有此误。

采纳了他的意见，派余靖二度出使契丹。

就在余靖赴辽途中，富弼敏锐地觉察到，辽夏冲突的严重性远远超出了此前所有宋人的估计，因而提出了与他人迥异的意见，力主从速与元昊落实和约，使其一心一意抵抗契丹："若二寇自相杀伐，两有所损，此朝廷之福，天所假也。"[1]

而余靖在辽廷也了解到了辽夏冲突的真实情况，兴宗虽然试图挑拨宋夏关系，但为了避免刺激宋方，适得其反，也改口不再反对宋夏议和。九月末余靖回到东京汴梁，其主张与富弼相同："唯有速行封册（指落实和约，册封元昊为属邦'夏国主'），使元昊得以专力东向，与契丹争锋。二敌兵连不解，此最中国之利。"如果辽国战胜，可以将宋夏和议作为自己的功劳，进一步向宋方邀功索贿。如果战败，我方媾和在前，不是契丹败后见风使舵，辽方没有借口挑衅，而且那时契丹专注于报复西夏，也无暇再找宋朝的麻烦。宋廷不早下决断，一旦元昊觉察到我方观望不前，难保不跟契丹妥协，转而找宋方泄愤。现在辽夏还未开战，胜负未分，册封元昊，"则元昊有以为恩，契丹无以为词"。万一辽朝落败，坚决要求宋方不得与西夏议和，宋朝又会陷入进退失据的尴尬境地。[2]

蔡襄也指出，既然辽兴宗已改口不反对宋夏和议，趁现在战争尚未开始，落实和约并通报辽方，他们一心备战，不会节外生枝，提出异议。再拖下去，如果契丹战胜，一定不可一世，那时候跟西夏和谈，说不定辽方会漫天要价。[3]

---

[1]　《长编》卷 151，仁宗庆历四年八月戊午，第 3691 页。

[2]　《长编》卷 152，仁宗庆历四年九月甲申，第 3705—3706 页。

[3]　《长编》卷 152，仁宗庆历四年九月甲申，第 3705 页。

十二月乙未，大宋终于正式遣使册封元昊为夏国主。此时宋廷已经得知契丹战败，但辽方还没有向宋方通报相关情况。就在册礼使出发赴夏之后，宋廷又担心触怒契丹，命令使者就地停留，等辽使到来后，弄清辽方的态度，再做决定。

对此，富弼极为愤慨。他上书指出，非得等辽使到来，没有异议，才允许使者继续上路，这不是昭告天下，主动将"讲和之功归于契丹"吗？"直待得契丹许意，方敢遣使封册，中国衰弱，绝无振起之势，可为痛惜！"万一辽使有不同意见，难道召回使者吗？那样的话，堂堂大宋，受契丹控制，前后反复，会遭到李元昊的极端鄙视。余靖出使，明明契丹已经同意宋夏达成和议，现在我们自己前怕狼后怕虎，不敢行动，臣实在无法理解。更何况辽军大败，损失惨重，绝不敢阻止宋夏议和。我大宋"据天下之大，四方全盛，若每事听候契丹指挥，方敢施为，使陛下受此屈辱，臣子何安？臣忝预枢辅之列，实为陛下羞之，亦为陛下忧之！"[1]

已经知道契丹大败，最高决策层仍如此怯懦，岂止富公为之羞，千古之下，孰不羞之？

五、不息的余韵

通过庆历增币，辽朝已迈出了突破澶渊体制的第一步。宋人关于宋夏和议的诸多讨论中，契丹因素的重要性远远超越了西夏问题本身。这一困境，很大程度上是宰相吕夷简自请入瓮。

---

[1] 《长编》卷153，仁宗庆历四年十二月乙未，第3724页。"枢辅"即宰执。当时富弼虽然还挂着枢密副使的头衔，实际上已被赶出了中央，在河北视察。

　　　　　　　　　忧患：边事、党争与北宋政治

增币谈判时，辽兴宗最初要求宋方在和约文本中将增加岁币称为"献"，遭到富弼坚决拒绝，又改口要求称"纳"，富弼同样没有妥协。兴宗见富弼声色俱厉，就威胁他说：好，你不同意，那我自己派人直接找你们皇帝谈，如果皇帝同意了，看你怎么办！富弼仍不让步，回答说：如果朝廷答应了，那就请陛下给我们皇帝写封信，详详细细说明我因为这个问题和您起了争执，差点破坏宋辽和好，该治我什么罪我都认！

结束与兴宗的谈判后，富弼指着远处的高山，对契丹大臣刘六符说：这山虽高，还可以爬上去，"若欲'献'、'纳'二字，则如天不可得而升也"，我的头可断，这点绝不妥协。

回到宋朝，富弼汇报说，经过他以死相拒，辽方对此已不抱太大希望了。结果朝廷竟然听从晏殊的建议，不知羞耻地在和约里写上了"纳"字。[1] 而请求契丹斡旋宋夏和议，则是吕夷简一力促成的所谓"以夷制夷"、实则与虎谋皮的"妙计"。

宋人有惊无险，实属侥幸。若非辽兴宗铸下大错，宋朝将陷入何等境地，殊难逆料。

与宋人自身的认识不同，陶晋生对吕夷简的"以夷制夷"策略，评价颇高。他认为，"契丹伐夏的原因之一，应当是宋人外交政策的运用，**陷兴宗于困境**"。[2] 换句话说，辽军是被宋方逼上了战场。但富弼、余靖、韩琦、范仲淹、欧阳修等当事人显然并不这样认为。在他们看来，贿辽压夏一方面是示弱，自曝其短，以启敌心，结果只会使契丹更轻视宋朝，更加积极地策划对宋朝的敲诈乃至侵略；

---

[1]　《长编》卷137，仁宗庆历二年九月乙巳，第3292—3293页。

[2]　陶晋生：《宋辽关系史研究》，第75页。另参该书第77—81页。

另一方面，这又给契丹进一步敲诈或侵略宋朝提供了一个绝佳的借口。[1]当然，富弼等人没想到的是，宋方的败招虽然的确极大地刺激了辽兴宗的野心，兴宗却狂妄、贪婪得过了头。

事态如此发展，同样出乎吕夷简、晏殊等人的意料。吕夷简的最初设想，是契丹贪图宋朝的金帛，真心卖力摆平西夏。但即便付出了十万岁币，宋方也并无自信辽人会履行和约。如果辽夏交兵是宋朝以十万金帛为由向辽廷施压的结果，那倒的确可称之为"以夷制夷"策略的成功。但不知为何，除了庆历二年底曾派使者请求辽朝向西夏施压，宋人再无催促契丹斡旋的举动。甚至仁宗明知契丹大败，仍胆怯如鼠，下诏令册礼使就地停留。也就是说，除了卑辞称"纳"、主动奉上岁币以求大佬庇护外，两年多中宋廷对辽一直心怀恐惧，没有采取任何措施，惟有静候"佳音"而已。如此作为，能算"策略"之运用吗？辽朝伐夏，并非受制于宋人送上的十万金帛，而是妄图一石二鸟，彻底制伏西夏，同时压倒宋朝，独霸天下。我们能把辽兴宗因自大、贪婪而犯下的错，算作宋人"以夷制夷"的成功吗？

宋人幸运逃过一劫，并不意味着自此太平无事。庆历五年

---

[1] 金钱铸就的和平从来都不可靠，这是古今中外的共识。《资治通鉴》卷190唐高祖武德五年八月辛酉条载："上谓群臣曰：'突厥入寇而复求和，和与战孰利？'太常卿郑元璹曰：'战则怨深，不如利。'中书令封德彝曰：'突厥恃犬羊之众，有轻中国之意，若不战而和，示之以弱，明年将复来。臣愚以为不如击之，既胜而后与和，则恩威兼著矣。'上从之。"（北京：中华书局，1956年，第5954页）古罗马学者韦格修斯也有这样的名言："如果你想要和平，那就准备打仗吧。"有趣的是，陶著（第109—110页）在讨论王安石的外交思想时，曾转述王氏对庆历增币之批评："外交手腕的运用，若无实力为后盾，是无济于事的'虚辞伪事'，不必去做。"而在分析宋金海上之盟时（第170页），亦曾引用参与谈判的马扩对借金人之力取燕京这一设想的批评："何得自示懦弱，尽露腹心，倾身倚以为助？"

（1045）正月，吴育出任枢密副使。他上书指出，现在宋夏和议已经达成，契丹因为大败，暂时也不再构成威胁，朝廷终于可以松一口气了，但绝不能误以为即便无所作为，这样的局面也会长期维持下去。前事不忘，后事之师，现在应当抓住和平的好时机，整军备战，加强国防。只有这样，未来敌人才会放弃侵略我们的念头，"弥患于未萌"。[1]

可事实是，宋夏和议刚刚达成，庆历新政的主持者范仲淹、韩琦、富弼等人即相继被逐出了朝廷！[2]

早在庆历三年，谏官孙甫就警告说，如果宋夏达成和议，一定要警惕其消极影响。澶渊之盟后，朝廷完全忽视了军队建设，结果李元昊叛乱，大宋手足无措，将领无能，士兵没有经过严格训练。经过和西夏的几年较量，已经成长起一批有胆有识的指挥官，他们正兢兢业业，准备打造一支能保卫国家、扬宋之威的军队。如果朝廷因为和议达成，幸喜"一时无事"，回到贪图安逸、不思进取的老路上，放弃军队建设，将来的灾难恐怕会无法收拾。[3]

---

[1] 《长编》卷 154，庆历五年正月丙戌，第 3742 页。另参同卷正月丙子韩琦言，第 3737—3738 页。又卷 150，庆历四年六月末载张方平言（第 3657—3658 页）："去冬敌以众临河西，自以为拾芥之易，既而遁散以归，内羞诸戎，且疑我之纳夏人。既羞且疑，则其起辞生事，思有逞于我，岂保无他？夫兵，危事也，不当易言之。若信好可结，朝廷岂愿交兵四夷？即事至于不获已，亦在上下奋励，讲所以折冲之策，图所以式遏之算。……臣愿陛下思患预防，考谋事先，秋气渐清，宫殿凉爽，时因燕闲，延对大臣，俾各尽其谋猷，以定其帷幄。一日有边境之急，庶几无仓卒之扰。"此疏显然上于庆历五年，不知李焘何故误系于庆历四年六月。

[2] 按《长编》卷 155，庆历五年五月戊辰条（第 3772 页），余靖因出使契丹时作蕃语诗，被御史劾奏。两天后，余靖被贬。蕃语诗云云，恐怕只是借口。余靖是除欧阳修外，支持新政的主要人物中被贬出外的最晚一人。吊诡的是，他所以稍留片刻，或者正因出使契丹有功？

[3] 《长编》卷 145，仁宗庆历三年十一月辛巳，第 3500 页。

谁能想到，仅仅一年多后，孙甫的可怕预言就应验了？

谁又能想到，七十多年后，贿辽压夏这一幕，在宋金海上之盟时重演！[1] 这一次，金太宗没有犯错。

李华瑞曾指出，宋人对辽、夏的态度形成鲜明对比。宋人认为，契丹是心腹大患，西夏相较而言并不可怕。因为重视契丹的威胁，宋人不敢轻易言战，而对夏则主战论调往往占上风。[2] 还值得注意的是，在宋人的战略中，平定西夏是解决契丹问题的第一步。[3] 虽然澶渊之盟后宋辽保持了一百余年的和平，而宋夏间则发生了大大小小多次战争，但契丹始终是宋朝制定对外政策（包括对夏）时最先考虑的因素。[4]

本章拟补充说明的是，宋人真正深刻认识到契丹在宋夏关系中举足轻重的地位，始于庆历增币。[5] 宋人对庆历增币的反思，大体上奠定了此后宋朝处理三国关系的基本思路。[6] 不仅如此，庆历增币也粉碎了澶渊之盟给宋人带来的"太平"幻象。

三十多年的"太平"幻影，被西夏叛乱撕开了一道口子。契丹随之发难，让幻象彻底粉碎。面对李元昊，尽管宋军屡战屡败，但

---

[1] 海上之盟指北宋末年，宋朝派遣使者从山东渡海，赴东北联络女真人，约定共同出兵灭亡辽国后，宋方将每年交付辽朝的岁币转交金国，以此换取燕云十六州。

[2] 李华瑞：《宋夏关系史》，石家庄：河北人民出版社，1998 年，第 352—354 页。

[3] 陶晋生：《宋辽关系史研究》，第 110—111 页。

[4] 李华瑞：《宋夏关系史》，第 369—382 页。

[5] 关于澶渊之盟前辽夏关系及宋人的认识，参附记《澶渊之盟前的辽夏关系》。

[6] 笔者并不认为西夏在宋辽夏三角政治关系中只是无足轻重的配角。相反，两个大国的博弈，小国常能四两拨千斤。庆历增币起因于元昊叛宋，而宋辽均势的再度达成，同样借助于辽夏反目，均为其证。

宋人并未丧失信心。而面对辽人，宋朝君臣第一次深切感受到了亡国危险。在残酷的现实面前，宋人的"太平"论调终于在庆历年间消失。[1]

一矢未发的契丹给宋人带来的危机感，远远大于三度大败宋军的夏人。[2]经历了庆历增币，才有宋人开始意识到，金钱堆砌的和平并不可靠，契丹带来的威胁关乎国家存亡。后来宋神宗矢志变法，力图通过富国强兵应对契丹威胁，支配他危机感的源头正是庆历增币。[3]在这一意义上，笔者认为，庆历增币堪称北宋政治史的分水岭。

---

[1]　参张维玲：《经典诠释与权力竞逐》，第180—190页。

[2]　当然，并非所有宋人均有危机感。如上所述，苟安者大有人在。

[3]　《长编》卷326，元丰五年五月辛卯条（第7847—7848页）云："上（神宗）因议陕西兵食，谓执政曰：'康定中，西鄙用兵，契丹乘间有所要请，仁宗御延和对辅臣，至于感愤涕泣。朕为人子孙，守祖宗神器，每念付托之重，宜如何也！'因改容泣下，群臣震恐莫敢对。"王安石嘉祐四年《言事书》专门提到"外则不能无惧于夷狄"。（《临川先生文集》卷39《上仁宗皇帝言事书》，王水照主编：《王安石全集》第6册，第749页。）又《长编》卷220，熙宁四年二月庚午条（第5351页）载王安石云："今所以未举事者，凡以财不足，故臣以理财为方今先急。未暇理财，而先举事，则事难济。臣固尝论天下事如弈棋，以下子先后当否为胜负。"邓广铭指出，"这里的所谓'举事'，当即指大举用兵以改变'外则不能无惧于夷狄'的问题"。（《北宋政治改革家王安石》，北京：生活·读书·新知三联书店，2007年，第121页。）另参王夫之：《宋论》卷6《神宗三》，《船山全书》第11册，长沙：岳麓书社，2011年，第157页；漆侠：《王安石变法（增订本）》，石家庄：河北人民出版社，2001年，第212页。

附　记

澶渊之盟前的辽夏关系

公元 10 世纪末，由于李继迁的崛起，长期对峙的宋辽关系变得更为错综复杂。学界一般认为，从辽统和四年（986，宋雍熙三年）李继迁叛宋降辽开始，辽夏就结成了关系紧密的军事同盟，对宋战争彼此呼应，互相配合。[1]笔者最近翻阅史籍，发现这一被广为接受的观点似乎还有重新检讨的必要，因此不揣浅陋，草成此文，希望得到学界前辈、同好的指教。

辽统和三年（985，宋雍熙二年），宋军在西北军事进展顺利，[2]形势对李继迁极为不利。统和四年二月，李继迁降辽，被任命为定难军节度使、银夏绥宥等州观察处置等使、都督夏州诸军事。李继迁降辽后，在对宋关系上，辽夏确实成了盟友，契丹先后用和亲、

---

[1]　李华瑞以为："当继迁附辽的第二年，即统和五年（987），辽开始积极反攻北宋，当李继迁自宋太宗至道三年（997）开始转攻宋西北重镇灵州时，辽也加紧了进攻北宋的步伐。咸平四年（1001）九月，继迁困围灵州，十月，辽发兵攻宋。咸平五年（统和二十年［1002］）三月，灵州城被继迁攻陷，该月契丹再攻宋。这种军事上的配合，当不是一种巧合，而是有着一定的内在联系的。"参阅《宋夏关系史》，第 361 页。杨浣亦持此说，见《辽夏关系史》，第 82—84 页。

[2]　参《宋史》卷 257《李继隆传》，第 8965 页；卷 259《郭守文传》，第 8999 页；卷 491《党项传》，第 14139—14140 页。

王爵鼓励李继迁抗宋。但另一方面，在军事行动上，辽夏双方似乎并没有协同作战的迹象。

李继迁降辽的第二个月，即统和四年三月，宋太宗二度北伐。[1]五月，宋军大败于岐沟关（今河北涿州）。此后契丹连年南下。统和七年（989，宋端拱二年）七月，辽朝主帅耶律休哥又败于徐河（今河北徐水）。自此契丹改变策略，十年休养生息，直到统和十七年（999，宋咸平二年）战事重起，并于统和二十二年（1004，宋景德元年）订立澶渊之盟。

也就是说，李继迁降辽后，宋辽战争集中于统和四年至七年及统和十七年至二十二年这两个时段，而统和八年至十六年则为休战期。如果辽夏已经形成了关系紧密的军事同盟，李继迁与宋朝的战争似乎也应当与此呼应。事实则不然。

统和前期契丹两次大规模南侵，分别发生于统和四年及统和六年（988，宋端拱元年）。但这两次，均无证据显示李继迁曾有军事行动与之相配合。相反，统和六年宋廷起用李继迁族兄李继捧出镇夏州，继捧劝说太宗招降继迁，宋廷遂于是年十二月授继迁洛苑使、银州刺史。[2]李继迁似一度有意就抚，但被辽廷阻止。按《辽史·圣宗纪》，统和七年正月，"李继迁与兄继捧有怨，乞与通好，上知其非诚，不许"。[3]起初辽圣宗并不信任李继迁，但可能是为了与宋朝争夺李氏，很快改变主意，"以王子帐耶律襄之女封义成公主，下嫁李继迁"。[4]

---

[1]　宋太宗决定北伐，在西夏附辽之前。

[2]　《宋史》卷5《太宗纪二》，第83页。

[3]　《辽史》卷12《圣宗纪三》，第143页。

[4]　《辽史》卷12《圣宗纪三》，第144页。卷115《西夏传》（第1677页）同。（转下页）

李继迁势力真正壮大，大体始于统和八年（990，宋淳化元年）。其时正值契丹改变政策，宋辽息兵。是年李继迁进攻夏州，李继捧先胜后败，被迫请求援军。李继迁的军事胜利，使得辽朝进一步对其加以笼络，封其为夏国王。[1]次年正月，宋太宗"遣商州团练使翟守素帅兵援赵保忠（宋朝给李继捧的赐名）于夏州"。[2]据《长编》记载，"李继迁闻翟守素将兵来讨，恐惧，奉表归顺。（七月）丙午，授继迁银州观察使，赐以国姓（赵），名曰保吉。赵保忠又荐其亲弟继冲，上亦赐姓，改名保宁，授绥州团练使"。[3]值得注意的是，宋朝大兵压境，李继迁似曾向辽朝求援。按《辽史·圣宗纪》，统和九年（991，宋淳化二年）七月，"夏国以复绥、银二州，遣使来告"。[4]但契丹并没有出兵。

李继迁狡诈多变，乍叛乍降，反复无常，宋廷被其玩弄于股掌之上。不仅如此，他还希冀左右逢源，取宠辽朝。检《辽史·圣宗纪》，是年十月，"夏国王李继迁遣使来上宋所授敕命"。[5]但辽廷并不容易愚弄。《圣宗纪》又云：

> （九年）十二月，夏国王李继迁潜附于宋，遣招讨使韩德威持诏谕之。……（十年二月，）韩德威奏李继迁称故不出，至

（接上页）然此事又见卷11《圣宗纪二》统和四年（第135页），《宋史》卷485《夏国传上》（第13986页）同。检《辽史》卷115《西夏传》（第1677页），统和"八年正月，来谢"。下嫁公主似应为七年事。

[1] 《辽史》卷13《圣宗纪四》，第152页。

[2] 《宋史》卷5《太宗纪二》，第86页。

[3] 《长编》卷32，太宗淳化二年七月丙午，第718页。

[4] 《辽史》卷13《圣宗纪四》，第153页。

[5] 《辽史》卷13《圣宗纪四》，第154页。

灵州（今宁夏吴忠）俘掠以还。……庚寅，夏国以韩德威俘掠，遣使来奏，赐诏安慰。[1]

《韩德威传》载："李继迁受赂，潜怀二心，奉诏率兵往谕，继迁托以西征不出，德威至灵州俘掠而还。"[2]与统和七年时一样，对李继迁首鼠两端，辽廷看得非常清楚，但上次以恩拉拢，这次则以威示诫，恩威并施，比宋廷高明许多。

辽廷的惩戒并没有导致李继迁叛辽，他仍继续臣服契丹。[3]与此同时，他又向大宋朝贡。[4]但宋廷姑息只给李氏提供了坐大的机会。辽统和十二年（994，宋淳化五年），李继迁再度叛宋，进攻灵州。宋太宗大怒，遣宿将李继隆进讨，[5]似有意彻底解决这一痼疾。但不久宋廷改变策略，做出了一个惊人的决定，隳夏州故城，迁徙其民，等于将夏州拱手让给了李继迁。[6]

又一次捞到好处后，这年七月李继迁再度求和，献马谢过。太宗一意绥靖，欣然接纳。值得注意的是，李继隆大军西征，辽朝没有任何举动支援李继迁。

辽统和十三年（995，宋至道元年）正月，辽西南面招讨使韩德威入寇府州（今陕西府谷）。《长编》载：

---

[1]　《辽史》卷13《圣宗纪四》，第154页。

[2]　《辽史》卷82《韩德威传》，第1423页。

[3]　《辽史》卷13《圣宗纪四》，第155页。

[4]　《宋史》卷5《太宗纪二》，第90页。

[5]　李继隆是宋初名将，山西人，与李继迁毫无关系。

[6]　太宗态度的这一转变，当与四川的王小波、李顺之乱有关。就在下令李继隆出师的第二天，太宗得到了川中之乱转剧的消息，关注点自然移到了西川。

契丹大将韩德威，率数万骑诱党项勒浪嵬族十六府大首领马尾等自振武入寇，永安节度使折御卿率轻骑邀击之，大败其众于子河汊。勒浪等族乘契丹之乱，诈为府州兵蹑其后，敌大惊扰，死者十六七，悉委其辎重涉河而遁。[1]

《宋会要》记此事云："先是，虏与贼迁相结，以窥边境。帝密授神算于府州折御卿，为之备。"[2] 是年末，韩德威欲兴师复仇，但在府州守将折御卿威慑下退兵。《长编》载："永安节度使折御卿被病，敌谍知之，韩德威复为李继迁所诱，遂率众入寇，以报子河汊之役。御卿舆疾而行，德威闻其至，顿兵不敢进。"[3] 在李继迁煽惑下，韩德威两次出兵府州，这是史料中首次明确提到辽夏在对宋军事行动上相互配合。

子河汊之战是辽朝自统和七年徐河大败至十七年再度南征这十年中，唯一一次与宋方较大规模的冲突。再考虑到宋辽战争中，契丹主力无一例外总是从幽州南下，这场战争很可能是为了与宋方争夺边境部落，[4] 属于边将韩德威的自主行为，而非辽廷决策。换言之，府州之役并不代表宋辽发生正面冲突，也不能证明辽朝在中央决策

---

[1] 《长编》卷37，太宗至道元年正月，第807页。

[2] 《宋会要辑稿·蕃夷道释》，郭声波点校，成都：四川大学出版社，2010年，第30页。

[3] 《长编》卷38，太宗至道元年十二月丙申，第825页。

[4] 《宋会要辑稿·蕃夷一·辽上》载："（至道）二年六月，仡党族首领迎罗佶及长嗟、黄屯三人诣府州内附，云春初契丹将韩五押（即韩德威）领兵来剽略，遂与战，杀获多，又擒大将姐连。旧居山后，今仡渡河，居于勒波、马尾族地。诏安抚之，各赐锦袍、银带、器币等。"（《宋会要辑稿·蕃夷道释》，郭声波点校，成都：四川大学出版社，2010年，第31页）

忧患：边事、党争与北宋政治

层面已经形成辽夏军事合作的认识。

而从李继迁的角度观察，我们发现，虽然他大力煽风点火，但并没有出兵配合韩德威，形成两面夹攻。恰恰相反，子河汊之战时，宋夏双方正在进行和平谈判。[1]这也说明，辽夏只是形成了有限度的盟友关系，并不紧密。

在韩德威两次府州之行中间，即统和十三年（995，宋至道元年）六月，宋夏关系又一次正式破裂，兵戎再起。由于宋军已主动撤出夏州，灵州成为李继迁兵锋所集的危城。辽统和十四年（996，宋至道二年）春夏之交，李继迁成功阻击往灵州运送粮草的宋军，进而包围灵州，灵州告急。这年九月，宋太宗部署五路大军讨伐李继迁，仅两路小有斩获，三路无功而返。这次宋朝出动五路大军，来势汹汹，但辽朝同样没有任何举动支援盟友。

辽统和十五年（997，宋至道三年）三月，宋太宗崩。十二月，狡诈的李继迁在保持对辽朝贡的同时，再度向宋请降，刚刚继位的宋真宗正式承认了他对夏州的统治。辽统和十六年（998，宋咸平元年）五月，经过近十年的休养生息，辽主"祠木叶山，告来岁南伐"。[2]而这恰是李继迁与宋朝重修旧好之时。[3]

辽统和十七年（999，宋咸平二年）九月，按照一年前的既定计划，契丹大举南伐。河北告急，宋真宗御驾亲征，驻跸大名。次年正月，辽军扫荡河北后退兵。契丹南侵前后，李继迁进犯麟州（今

---

[1] 韩德威攻宋，有无可能是为了让李继迁在谈判桌上获得更大的筹码？我们必须注意，在辽夏同盟中，辽是大国，夏是小国。仅仅为了西夏的利益，契丹会主动出兵吗？再者，辽朝一向反对西夏与宋朝议和。

[2] 《辽史》卷14《圣宗纪五》，第167页。

[3] 按《宋史》卷6《真宗纪一》，咸平元年四月（第107页），"赵保吉遣弟继瑗入谢"。

陕西神木）。

《宋史·折御卿传》云：

> 咸平二年，河西黄女族长蒙异保及（知府州折）惟昌所部
> 啜讹引赵保吉（李继迁）之众入冠麟州万户谷，进至松花砦，
> 惟昌与从叔同巡检使海超、弟供奉官惟信率兵赴战。会保吉兵
> 众，官军不敌，惟昌臂中流矢坠马，摄弓起，得裨将马突围出，
> 海超、惟信没焉。九月，保吉党万私保移埋复来寇，惟昌与宋
> 思恭、刘文质合战于埋井峰，败走之。[1]

李继迁两寇麟州，在时间上与辽朝南征相合，但出兵规模并不
大。而十月以来宋辽战事方炽，李继迁似再无后续动作，[2] 故难以判
定麟州之役是否出于配合契丹攻宋。即便答案肯定，在这一经过辽
方长时间郑重筹备的事件中，李继迁似乎也只是敷衍了事。

辽统和十九年（1001，宋咸平四年）八月，李继迁率众围攻宋
西北重镇清远军（今宁夏同心），九月克城，灵州岌岌可危。十月己
亥（初二），契丹大军再度南伐。[3] 丙午（初九），宋"徙镇定高阳

---

[1] 《宋史》卷253《折御卿传》，第8863页。《长编》卷45记此事不著月份（第
964—965页），惟云"是秋"，且谓"未逾月"二次入寇。

[2] 民国戴锡章著《西夏纪》云："（咸平二年）冬十二月，（李继迁）出兵攻延安。"
又曰："继迁以万骑围延安，陕西转运副使张佶督兵御却之。"自注出处谓《宋
史·张佶传》，罗矛昆校点，银川：宁夏人民出版社，1988年，第74—75页。今
检《宋史》卷308《张佶传》（第10151页）曰："咸平初，擢为陕西转运副使，
赐绯鱼。至延安，遇夏人入寇，亲督兵击败之。三年，徙西川转运副使。"戴氏认
定李继迁攻延安在咸平二年十二月，是对文献的误读。

[3] 《辽史》卷14《圣宗纪五》，第170页。

关前阵钤辖、赵州刺史张凝为邠、宁、灵、环、庆等州副都部署"。[1]
辽朝此次南下，早在七月间宋廷即已得到消息，提早在河北布置重
兵防秋。大敌当前，前线大将张凝却被调往西北，足见清远军陷落
给宋廷带来的震动。[2]

　　幸运的是，因连降大雨，辽军强弓皮弦泡水，威力大减，而道
路泥泞，骑兵亦施展不开，故契丹当月即班师。暂时摆脱了辽方压
力，是年闰十二月，真宗下诏以河北防区副帅王超为西征统帅，领
步骑六万赴援灵州。次年三月，大军尚未赶到，灵州已陷落。

　　毫无疑问，李继迁能取得灵州，宋朝两面受敌、顾此失彼是重
要原因。但这不必然意味着，李继迁攻灵州和契丹南下是事先制定
的协同作战计划。如果这是辽夏双方有意为之，作为受益的弱小一
方，李继迁拿下灵州后，肯定会出力助辽攻宋，否则辽夏关系必
然破裂。但事实是，攻下灵州后，西夏主力转向了契丹亦垂涎已久
的凉州（今甘肃武威），李继迁还因此在归途中丧命。[3]

　　辽统和二十二年闰九月，契丹举国南下。此役非同小可，萧太
后、辽圣宗及权臣韩德让俱在军中。而李继迁的儿子李德明，此时
正与宋朝谈和。

　　总而言之，笔者以为，辽夏虽结盟，但关系并不紧密。双方在
采取对宋军事行动时，固然会考虑并利用对方给宋朝造成的压力，
但并没有事先共同策划，协同作战。辽统和二十一年（1003，宋咸
平六年），真宗一度欲巡幸河朔，亲自主持对辽作战，刚刚卸任的河

---

[1]　《长编》卷49，真宗咸平四年十月丙午，第1075页。

[2]　清远军对防守灵州之重要性，可参程龙：《北宋西北战区粮食补给地理》，北京：
　　　社会科学文献出版社，2006年，第234—237页。

[3]　日后为争夺凉州，辽夏还有一番角逐。详参杨浣：《辽夏关系史》，第92—99页。

附　记　澶渊之盟前的辽夏关系　　　　　　　　　　　　　　　81

北前线统帅王显上疏谏帝亲征，其中提到："继迁未灭，西鄙不宁，倘北敌与之结援，竞来侵轶，则重为中国之患矣。"[1] 可见当时宋人也不认为辽夏已然合谋侵宋。

---

[1] 《长编》卷55，真宗咸平六年十二月庚午，第1220页。

第二编

辽朝投下的可怕阴影

第三章

师臣尊严：从王安石罢相谈起

苟且的仁宗朝结束了，经过英宗的短暂过渡，北宋终于直面契丹挑战，迎来了浓墨重彩的变法时代。主宰这一时期的，是两个极富个性的人——宋神宗与王安石。王安石的个性，深深影响了宋代历史，为学界熟知；而同样深刻塑造宋代历史的神宗的个性，以及它影响历史的独特方式，却在很大程度上被王安石的光芒遮盖，没能引起史学界的足够重视。在特立独行的王安石身边，这位似乎没有太多特点的君主，事实上甚至比王安石更为与众不同，更让人难以捉摸、难以理解。而最让人惊诧的，是出尔反尔的辽朝在他内心深处制造的可怕阴影。为了阐明这一点，我们先从王安石的罢相谈起。

众所周知，王安石是熙宁变法的灵魂人物，宋神宗尊其为"师臣"。但熙宁晚期他两度罢相，最终彻底离开了政治舞台，生命的最后十年在落寞中度过。

关于王安石何以罢相，学界有过诸多讨论，成果非常丰富。主流意见有两种，其一认为这是王氏与神宗在变法理念上的分歧所致，其二认为是两人间的权力斗争，即君权与相权冲突的结果。笔者在前辈时贤的启发下，对王氏两度罢相的过程进行了详细考察，尝试提出一种新的解释可能。

宋神宗对王安石的信任，让笔者非常困惑。王安石为人执拗，毫不妥协，不仅与变法的反对者（其中不少人原本是他的好友）爆发了激烈冲突，最终与自己的改革助手也一一决裂。不仅如此，他在神宗面前，也丝毫没有任何收敛。

文献中经常见到，讨论政务时，即便神宗只是非常委婉地提出一些无关大局的技术性保留意见，王安石也会暴跳如雷，当场激烈指责、训斥神宗，读来让人触目惊心。而结局，往往都是神宗让步，主动放低姿态，反过来安抚王氏。要知道，这可是位已成年、完全掌握权力且有雄心壮志的君主！这种处境下，神宗仍对王安石委以重任，前后长达八年之久，恐怕古今中外找不出第二个例子。

熙宁七年（1074）王安石第一次罢相，是神宗在反对变法的两宫太后利用天灾施加压力的情况下，不得已的权宜之计。罢相之际，君臣已达成默契，王安石不久即可复出。次年王氏复出，神宗对其信任一如既往。复相后的短时间内，王安石相继与主要助手韩绛、吕惠卿爆发严重冲突，神宗都坚定站在王氏一边。蹊跷的是，最后仅仅因为王安石信重的邓绾和练亨甫犯的小过失，王氏又被罢相。而这次，终神宗余生（又是一个八年），王安石再没被起用，尽管神宗对在野的他始终优礼有加，尊崇备至。

二度拜相后，王安石与神宗最大的分歧，发生在宋辽边界纠纷的应对。当时出现了极其罕见的一幕——王氏与反对变法的元老韩琦、富弼等意见一致，坚决反对退让，但最终神宗这位胸有大志的

忧患：边事、党争与北宋政治

君主还是让人难以置信地选择了割地求和。笔者以为，对辽策略上的根本分歧，可能才是王安石二度罢相并不再复出的根本原因。而理解神宗的对辽态度（详见第五章），最好的参照系是他的对夏策略（详见第四章）。当我们把神宗与王安石的关系、他的对夏及对辽策略摆到一起，这位历来被认为英气勃发的君主内心深处阴暗的一角，就浮出水面了。

一、旧说辨析

王安石罢相的主流解释之一，是王氏与神宗在变法理念上的分歧。所谓变法理念的分歧，大体可分两个层面。其一，对新法的一些具体措施有不同意见，神宗不够坚决果断。[1] 但也有相当多学者认为，神宗与王安石并没有根本上的分歧。[2] 而事实证明，王氏罢相后，变法大方向并没有发生变化。[3]

任何两个成熟的、有抱负的政治人物的政治蓝图，恐怕都不可能完全一致。王安石与宋神宗在一些具体措施上的分歧，似乎并没有严重到王氏非罢相不可。[4]

---

[1] 参邓广铭：《北宋政治改革家王安石》，第 239—259 页。

[2] 如吴泰：《熙宁、元丰新法散论》，中国社会科学院历史研究所宋辽金元史研究室编《宋辽金史论丛》第一辑，北京：中华书局，1985 年；顾全芳：《宋神宗与熙丰变法》，《学术月刊》1988 年第 8 期，第 72—77 页；仲伟民：《宋神宗》，长春：吉林文史出版社，2004 年，第 189—211 页。

[3] 仲伟民：《宋神宗》，第 213—219 页。

[4] 在变法过程中，尽管神宗最后几乎总是采纳王安石的意见，但常常有过一定程度的摇摆，研究者一般更倾向于强调后者。笔者的理解恰好相反。作为一国之君，推行全局性的大变革，神宗有过一定程度的疑虑，是人之常情，甚至可以说是值得赞赏、负责任的审慎表现。君相关系再融洽，毕竟君主、宰相位置（转下页）

理念分歧的第二个层面，则关乎赵宋家法。邓广铭以为，宋神宗坚持"异论相搅"之家法，刻意起用保守派，以制衡王安石。[1] 这被认为是王安石辞去相位的主要原因。[2]

所谓异论相搅，根本目的是保持势力均衡。在异论相搅原则下，君主不让某派独揽大权，有意扶植反对派，对其进行掣肘。而熙宁年间，宋朝元老重臣，无一人支持王安石，都激烈批评新法。这种情况下，神宗完全倒向王安石，一大批高级官员被罢黜，起用的主要为王氏器重的"新进少年"，不正是对异论相搅的破坏吗？

王安石拜相后，反对派文彦博、冯京等人仍留任执政，但在变法事宜上，根本起不到牵制王安石的作用。熙宁七年王氏初次罢相之前，凡是王安石与文彦博等在重大问题上有争议，神宗即便有疑虑，最后也几乎都遵照王氏的意见行事。文彦博最终也被逐出了中枢。

不仅如此，对于所谓"异论"，神宗有明确表态。熙宁三年

（接上页）不同，视角会有差异，再加上个性不同，分歧在所难免。但这并不意味着，分歧一定会发展成冲突。更能说明问题的，是神宗最终总是支持王安石这一结果，而非一度摇摆的过程。我们没有找到哪怕一个例子，在变法的重大问题上，神宗自始至终排斥王安石的意见。

至于王安石出局后，神宗主导下，元丰政治呈现出了与熙宁不同的面貌，也不能证明两人间存在不可调和的矛盾。首先，萧规曹随所以引人注目，恰恰因为这是极其罕见的特例，继任者与前任在政治方案上有差别，是正常的普遍现象（就变法的主导者而言，王安石、宋神宗构成了前后任关系），不意味着对前任的否定，也不意味着两人无法共事。换句话说，元丰政治更多地打上了神宗的个人烙印，是王安石离开政治舞台的结果，而非原因。其次，任何改革，都会随着事业的进行，阶段性地调整政策。元丰和熙宁的差别，很大程度上也可以这样理解。即便王安石没有罢相，随着改革的深入，他也会做出改变——当然，这不是说，王安石会完全认同元丰政治。

[1] 邓广铭：《北宋政治改革家王安石》，第 257—259 页。

[2] 李华瑞：《宋神宗与王安石共定"国是"考辨》，《文史哲》2008 年第 1 期，第 73—78 页。

（1070）七月，神宗考虑让司马光出任枢密副使，参知政事王安石反对，他指出，现在反对变法的"异议尚纷纷"，"用光即异论有宗主"，"若便使异论有宗主，即事无可为者"。此时起用司马光，他会成为不同政见者的领袖，变法不可能成功。

宰相曾公亮则支持司马光，并引用了宋真宗的话："且要异论相搅，即各不敢为非。"任用不同政见的人，互相牵制，这样都不敢为非作歹。

对于这一宋朝家法，王安石毫不留情地驳斥说："若朝廷人人异论相搅，即治道何由成？臣愚以为朝廷任事之臣，非同心同德、协于克一，即天下事无可为者。"如果人人互相拆台，国家能治理得好吗？如果大臣们不是同心同德、齐心协力，什么事都办不成。

神宗深表赞同："**要令异论相搅，即不可。**"[1] 这是他针对家法毫不含糊的表态。[2]

熙宁四年（1071）四月，御史台长官御史中丞空缺，[3] 神宗一度欲用韩维，王安石认为韩维一定会反对变法，让他出任这一要职，"更令异论益炽，不如用（杨）绘"。最终出任御史中丞的是杨绘。[4]

---

[1]　《长编》卷213，神宗熙宁三年七月壬辰，第5168—5169页。

[2]　这一年五月，因无人可用，神宗曾计划起用欧阳修为枢密使，王安石同样坚决反对："修在政府必无补时事，但使为异论者附之，转更纷纭耳。"这一意见也为神宗采纳。（《长编》卷211，神宗熙宁三年五月庚戌，第5135页。）九月，神宗又一次就"异论"问题与王安石进行讨论。神宗担心"异论者不悛"，王氏曰："陛下明智，度越前世人主，但刚健不足，未能一道德以变风俗，故异论纷纷不止。若能力行不倦，每事断以义理，则人情久自当变矣。"在异论面前决不妥协的态度也得到了神宗的认同。（《长编》卷215，神宗熙宁三年九月己丑，第5232页。）

[3]　御史中丞是非常重要的岗位，有希望步入执政行列。

[4]　《长编》卷222，神宗熙宁四年四月癸酉，第5406页。杨绘也不是同情新法的人，但这时王安石还寄希望于能将他拉拢过来。这年五月，神宗和王安石谈到，他担心边疆的官员迎合朝廷，揣摩朝廷的意思办事，不肯实心实意经营边疆。（转下页）

正因为熙宁间神宗对异论是这样的态度，熙宁九年（1076）十月，王安石二度罢相后，御史中丞邓润甫指出，神宗"排斥异论"，压制变法的反对声音，完全正确，但因此导致一些正常的有益意见也不能有效表达，就矫枉过正了。[1]

王安石离开政治舞台，神宗成了唯一的主角，但他依然故我，拒斥异议。元丰五年（1082）五月，神宗向执政询问御史中丞徐禧推荐的孔武仲、邢恕两人怎么样，副宰相张璪回答："此两人皆异论者。"神宗很生气，说徐禧的尾巴慢慢露出来了，大概是为了报答当年吕惠卿的提携，"尤欲进异论之人"，因为吕惠卿背叛王安石后，"多结附往时异论之人，欲以为党"。[2] 可见神宗对反对王安石的异论者始终耿耿于怀。

就在同一个月，侍郎空缺，副宰相王安礼推荐张问，神宗不同意，理由是张问"好为异论"，深受坚决反对王安石的元老韩琦影响，曾攻击新法。掌管祭祀的太常寺三把手太常丞空缺，王安礼又推荐王古。这样一个从七品、毫无政治影响力的小官，神宗也以王古"好异论"为由，拒绝了王安礼的建议。[3]

元丰六年（1083）四月，神宗与宰执谈到刘挚。宰相蔡确说，

（接上页）王安石借题发挥，指责变法的反对派借二月西北重镇庆州（今甘肃庆阳）发生的兵变，"合为异论"，一起向新法难发，主张神宗采取措施，使反对派"有所忌惮"，"大畏众志，使无实者不敢肆其说"。神宗表示同意。（《长编》卷223，神宗熙宁四年五月甲辰，第5431页。）七月，深受王安石器重的曾布上书反击不同政见者杨绘、刘挚，王安石进言："今朝廷异论，类皆怀奸，其实岂止于杨、墨之道不息而已，以邪为正，以正为邪，其为名不正甚矣，则其患至于人无所措手足、人相疑，无足怪也。"于是神宗决定深究此事，下令"以布所言札与绘、挚，令分析以闻"。（《长编》卷225，神宗熙宁四年七月戊子，第5474—5475页。）

[1] 《长编》卷278，神宗熙宁九年十月己酉，第6806页。

[2] 《长编》卷326，神宗元丰五年五月己丑，第7845页。

[3] 《长编》卷326，神宗元丰五年五月乙未，第7850页。

刘挚不错，"但尝异论尔"。神宗表示："异论是昔时事。"副宰相章惇附和说，自从刘挚因反对王安石被贬官后，"不复异论，人岂不容改过？"[1]异论与否，始终是宋神宗用人的核心标准之一。

如果神宗并未遵从"异论相搅"的家法，那熙宁时期为何任用反变法派呢？

笔者以为，这正是神宗的过人之处。虽然年轻，但与王安石相比，神宗在政治上，有时反而成熟稳重得多。一方面，他相信，虽然元老重臣一致反对变法，但其中不乏人品高尚的正人君子。熙宁三年七月讨论司马光的任命时，王安石曾质疑："枢密院事光果晓否？"神宗坦陈："不晓。"接着解释说："寇准何所能？及有变，则能立大节。"然后又谈到汉武帝临终托孤大臣之一匈奴人金日磾，称赞他虽对治理国家"都无所知，然可托以幼主"。[2]显然，神宗明白，一个国家，除了需要行政能力强的大臣，也不可缺少能在关键时刻挺身而出，不惜用生命捍卫国家的大臣。当时王安石的追随者中，神宗大概没发现在坚持原则方面能跟司马光相提并论的人。而且，当时高层反对新法的人很多，不可能一概用尚不更事的新进少年替代。这就是为什么这年五月，因无合适人选，神宗一度考虑让元老级的反对派欧阳修出任枢密使。[3]

其次，新旧两党势如水火，带来了诸多潜在危机。神宗起用旧派，也是为了缓和矛盾，稳定局面。古丽巍指出，对待政敌，王安石采取强力压制的办法。这一方式只是暂时掩盖矛盾，两派相互攻

---

[1] 《长编》卷 334，神宗元丰六年四月己巳，第 8052 页。

[2] 《长编》卷 213，神宗熙宁三年七月壬辰，第 5169 页。

[3] 《长编》卷 211，神宗熙宁三年五月庚戌，第 5135 页。

评反而走向长期化、隐蔽化。王安石罢相后，神宗起用反新法者，正是为了消弭隐患。[1]江小涛以为，元丰时期神宗新旧并用，"但对反对派人士只是给予表面的尊重，并不真正接受他们的意见"。[2]事实上，熙宁间神宗对旧派的任用也是如此。

王安石罢相的第二个主流解释，是君权与相权的冲突。王广林以为，熙宁间相权过度膨胀，君相矛盾导致王氏出局。[3]余英时持相同观点，他认为熙宁初年神宗与王安石君臣相得如鱼水欢，但这一亘古未有的状况后来被权力腐蚀，并引三条关键史料证明神宗与王氏争夺权力。[4]我们且来分析这三处材料。

其一，熙宁六年（1073）正月发生了宣德门事件。当时王安石骑着马要进皇宫的宣德门，被守门卫士拦了下来，马匹和王氏的随从都挨了打。据王安石自己陈述，宰执从来都是进宣德门后，门内下马。后来卫士被绑送开封府，打了板子。

关于此事，余先生相信的则是李焘在《长编》注中所引的王铚《元祐补录·蔡确传》的版本。《蔡确传》说，当时神宗的弟弟嘉王、岐王也正骑马进宫，岐王的随从要求王安石让道，打伤了王氏坐骑的眼睛，于是王安石以辞职要挟皇上，一心一意讨还公道。蔡确"揣知**上有厌安石意**"，在神宗面前激烈批评王氏，称"臣恐**陛下大权一去，不可复收还矣**"。被猜中心事的神宗"瞿然惊曰：'卿乃

---

[1] 古丽巍：《宋神宗元丰之政的形成及展开》，博士学位论文，北京大学历史学系，2011 年，第 45、91 页。古女史惠赐大作，谨致谢忱。

[2] 江小涛：《元丰政局述论》，《隋唐辽宋金元史论丛》第七辑，上海：上海古籍出版社，2017 年，第 138 页。

[3] 王广林：《试论王安石两次罢相》，《史学集刊》1986 年第 3 期，第 20—26 页。

[4] 余英时：《朱熹的历史世界》，北京：生活·读书·新知三联书店，2012 年，第 238—243 页。

敢如此言安石耶？’自是有大用（蔡）确意”。

这一记载明确提出，王安石大权在握，引起神宗不安。不过，对其可信度，李焘已有所怀疑：“据安石《日录》[1]并中书、密院两《时政记》[2]载此事颇详，嘉、岐二王从者实未尝居其间，……不知王铚何所传闻，疑铚增饰之，附见当考。”[3]又，李裕民指出，王铚好作伪书，诚信记录很差，其《元祐补录·沈括传》中苏轼、沈括交恶的记载实际是无稽之谈。[4]当然，王铚所记岐王卷入宣德门事件不准确，不代表所记蔡确与神宗对谈的核心精神必然与事实不符。王铚信用不佳，也不意味着有关蔡确的事必然是伪造的。但这至少说明，这条记载有可疑之处。[5]

余英时所举第二条证据，出自魏泰《东轩笔录》，说王安石当政，司农寺成了改革的核心机构之一，王氏非常信任司农寺长官张谔，凡是张氏的建议，王安石常常没向神宗汇报，就自作主张宣布

---

[1] 《日录》为大臣逐日记载的和君主的对谈。

[2] 《时政记》是对掌文武的宰相机构中书门下与枢密院对君臣议事的记录。

[3] 《长编》卷242，神宗熙宁六年二月丁丑，第5898—5900页。

[4] 李裕民：《乌台诗案新探》，载《宋史考论》，北京：科学出版社，2009年，第31—33页。

[5] 余先生没有提到，李焘注中又引林希《野史》，说宣德门事件发生时，宦官张茂果断阻拦王安石所乘坐的马，而且示意皇宫卫士抓住给王安石牵马的家丁，打了一顿，并当场宣言：“相公（王安石）亦人臣，岂可如此，得无为王莽者乎！”《野史》还说，当天王安石的儿子王雱聚众喧闹，与卫士发生冲突，结果把四名卫士抓起来送到开封府，各打十七大板。后来神宗得知此事，要求开封府重新审理此案，“不可徇宰相意”，应当秉公执法。（《长编》卷242，神宗熙宁六年二月丁丑注，第5901页。）这些记载都暗示王安石的跋扈和宋神宗的不满。不过，据李华瑞研究，林希是个失意的政治投机者，神宗时代始终没能出人头地，因此对主政者抱有深深的怨恨与敌意。《野史》写于元丰末年，极尽丑诋王安石之能事。（《林希与〈林希野史〉》，载《宋夏史研究》，天津：天津古籍出版社，2006年，第162—175页。）换言之，《野史》所见王安石记载，不可轻信。

施行（"往往**中书即自施行，不由中覆**"）。张谔有一项改革措施，将普天下祭祀各种神灵的庙宇，根据香火兴盛程度，定价承包给个人，这样中央可以增加收入。南京应天府（今河南商丘）有座祭祀传说中的上古圣王高辛的庙，平时根本没人光顾，当地官员也强迫管理人员承包，管理人员无奈之下交了十千钱（大约相当于十两银子）。恰好前副宰相张方平这时在南京，他给神宗打报告，说国家想增加财政收入，应当生财有道，"岂可以古先帝王祠庙卖与百姓"，贪图十两银子的蝇头小利呢？ "**上览疏大骇**"，不清楚怎么会有这种事，追究下去，才知道是张谔的建议，而王安石并没有向自己汇报，就让下面执行了。于是，神宗要求，今后宰相不得自作主张，凡是臣僚的行政建议，必须上报，经皇帝批准，才可以执行。[1]

张方平的报告，可以在《长编》中找到，当时神宗批示说："司农寺鬻天下祠庙，辱国黩神，此为甚者，可速令更不施行。其司农寺官吏，令开封府劾之。"又下诏："司农寺、市易司创改条制，可并进呈取旨，毋得一面拟进行下。"[2]

虽然神宗确实对此事很不满，准备惩处司农寺相关官员，而且要求今后司农寺和另一个变法的重要机构市易司提出的制度改革，宰相需征求神宗本人意见，但他并没有大惊小怪，认为王安石侵夺皇帝权力。这是因为，常规事务由宰相拟好处理意见，皇帝只负责签字，是正常制度，并非宰相弄权。[3] 这大概就是李焘并未采用《笔录》说法的原因。

---

[1]　魏泰:《东轩笔录》卷 6，李裕民点校，北京：中华书局，1983 年，第 70 页。

[2]　《长编》卷 277，神宗熙宁九年八月壬辰，第 6775—6776 页。

[3]　沈括云："本朝要事（宰执）对禀，常事拟进，入画可，然后施行，谓之熟状。"《梦溪笔谈校证》卷 1，胡道静整理，上海：上海古籍出版社，1987 年，第 85 页。

忧患：边事、党争与北宋政治

余先生所举最后一条关键材料，见于《长编》熙宁八年（1075）十一月丙戌条，说王安石因病不能上班，神宗派遣宦官慰问，一天之中来来回回十七趟，医生的诊断皇上都要亲自过问。病好了，又给十天假，快完全复原时，又追加三天假，让执政们都到王安石家里讨论国家大事。而事实上，王安石并没有病。当时有人反对新法，王安石想重重治罪，以儆效尤，神宗不同意，王氏就托病，以甩手不干相威胁。神宗赶紧加意抚慰，他才答应复出。手下人给王安石出主意：**"今不取门下士上素所不喜者暴进用之，则权轻，将有窥人间隙者矣。"**乘现在皇上正担心王安石不愿出来工作，百依百顺，大力提拔自己身边神宗平时不喜欢的人，占据重要岗位，牢牢掌控政局，以免将来有人乘虚而入，动摇王安石的权力。王氏照做，神宗果然因为**"喜安石之出"**，言听计从，**"由是安石权益重"**。

这段记载后，李焘有注："此据司马光《记闻》，云是十一月事。且云：'安石既出，其党为之谋曰："今不取门下士上素所不喜者暴进用之，则权轻，将有窥人间隙者矣。"安石从之。既出，即奏擢章惇、赵子幾等，上喜其出，勉强从之，由是权益重。'按惇时已黜，子幾方任河东漕，与司马光所闻殊不合。今但存其事，而不出其所进用者姓名，更俟考详。"[1]

这则出自《涑水记闻》的轶事如果可信，的确能支持余先生的论断：王安石被权力腐蚀了。不过，李焘已经指出，这一记载存在疑点。[2] 其次，即便属实，从神宗的反应来看，他并未猜疑王安石，反而放手让权。换句话说，这条材料不能证明神宗与王安石因为权

---

[1]　《长编》卷270，神宗熙宁八年十一月丙戌，第6628页。

[2]　没有证据表明司马光有意作伪，恐怕是传闻失真。

力分配产生了根本性的冲突。

除余英时外，晚近古丽巍也主张皇权、相权矛盾说。她以为，熙宁后期，"皇权对相权日渐警惕，李评事件、市易务案，分别标志着神宗与王安石君权与相权此消彼长"，而赵世居案则代表了神宗对王安石的严重警告。[1]关于市易务案，笔者的理解与古女史不同，详见本章第三节。我们先来分析李评事件与赵世居案。

李评是真宗的女儿万寿长公主的孙子，为人聪明，读过不少书。他靠"采听外事"，即从非正常渠道替神宗打探外界消息，取得了神宗的宠信，破格提拔，出任枢密院的重要职务枢密都承旨。熙宁五年（1072），在王安石反复要求并以辞职相威胁后，神宗将其外放。古丽巍以为：

> 李评以皇帝近幸的身份，采听外事，这样皇帝能够从不同途径获得朝政信息，而这条信息渠道显然不在王安石可控制的范围内……不甘权力受到威胁的王安石，开始罗织李评的罪名。就李评去留的问题，君臣分歧严重，最后，神宗不得不罢免李评，李评出知保州。此举切断了一条神宗独立于宰相之外获得信息的重要私人渠道。此次君相之争，神宗以"天下之务"未成，终究做出让步。[2]

主要证据来自林希《野史》："熙宁五年以来，（李）评愈不平安石擅权专国，上不得有所为，屡攻其短，上又时以其语对执政道之，

---

[1]　古丽巍：《宋神宗元丰之政的形成及展开》，第58页。

[2]　古丽巍：《宋神宗元丰之政的形成及展开》，第51—52页。

安石益怒。"[1]

不过，如果《野史》可信，既然"上又时以其语对执政道之"，将李评攻击王安石专权的话，告诉执政，说明神宗已经对王氏有很深的怀疑，这种情况下，他怎么可能选择退让，任由权臣切断独立信息渠道呢？虽然"天下之务"未成，按照这个势头，难道神宗不担心，将来天下会是谁家的天下吗？

熙宁三年八月，神宗任命李评为枢密都承旨，并不符合这一职务人选的惯例。一开始神宗担心违背政治传统会带来不良后果，就此咨询王安石，王氏告诉皇上，如果李评适合担任都承旨，就不用管是否符合传统；他还称，皇帝是制度的设计者，制度是用来制约臣下的，君主不能被制度约束。正是王安石的大力支持，使李评得以出任要职。[2]

后来王安石与李评交恶，是因为李评批评免役法。[3]大概李评向神宗透露了不少民间苦于免役法的信息，王氏极其不满。[4]总之，王安石并非是为了切断神宗的独立消息来源，而是出于政见之争，才必欲逐之而后快。

对于罢免李评，神宗颇为犹豫，于是王安石称病辞职，神宗极力安慰挽留他：

　　　　卿哪里有什么病，一定是心里不舒服，尽管告诉朕。变法

---

[1]　《长编》卷235，神宗熙宁五年七月戊戌注引林希《野史》，第5714—5715页。

[2]　《长编》卷214，神宗熙宁三年八月己卯，第5218页。

[3]　《长编》卷233，神宗熙宁五年五月壬辰，第5658页。

[4]　司马光：《涑水记闻》卷16，邓广铭、张希清点校，北京：中华书局，1989年，第313页。

大业刚刚有了头绪，卿如果走了，哪还进行得下去啊？朕很清楚，卿出来做官，辅佐朕治理天下，不是为了功名利禄，而是为了实现理想，拯救天下苍生。而朕之所以将变法大业交给卿，难道又有什么别的企图吗？老天创造天资超人的人，是为了保护老百姓，朕是想和卿一起，尽力遵循治国大道，让老百姓过上安定生活，不是为了个人荣耀。

自古以来，君臣如卿与朕这样相知的极少，怎么能拿近世君臣事例做类比呢？像冯京、文彦博[1]，他们可以比照近世大臣传统，按照"均劳逸"的原则，申请辞职，回家休养，"卿岂宜如此？"

"朕顽鄙，初未有知"，朕原来只是个顽鄙的无知青年，自从卿做了翰林学士，才开始稍稍懂得一点治国平天下的道理。"卿，朕师臣也，断不许卿出外。"……朕对卿的信任，决不会因为别人离间而动摇！卿心里还有什么委屈，尽管说出来。[2]

一位年轻的有为之君，完全放下身段，把自己摆在学生、配角的位置，用恳求老师的态度恳求臣下，言语之坦诚，千载之下，笔

---

[1] 冯京时任参知政事，文彦博时任枢密使，他们都是王安石的反对者。

[2] 原文如下："卿有何病，必有所谓，但为朕尽言。天下事方有绪，卿若去，如何了？卿所以为朕用者，非为爵禄，但以怀道术可以泽民，不当自埋没，使人不被其泽而已。朕所以用卿，亦岂有他？天生聪明，所以乂民，相与尽其道以乂民而已，非以为功名也。自古君臣如卿与朕相知极少，岂与近世君臣相类？如冯京、文彦博，自习近世大臣事体，或以均劳逸为言，卿岂宜如此？朕顽鄙，初未有知，自朕在翰林，始得闻道德之说，心稍开悟。卿，朕师臣也，断不许卿出外。且休著文字，徒使四方闻之，或生观望，疑朕与卿君臣间有隙，朕于卿岂他人能间！卿有不尽，但为朕言。"（《长编》卷233，熙宁五年五月甲午，第5660—5661页。）

　　　　　　　　　　忧患：边事、党争与北宋政治

者读之，仍为之动容。

但王安石不为所动，坚持辞职，神宗又苦苦相劝："朕与卿相知，近世以来所未有，所以**为君臣者形而已，形固不足累卿**；然君臣之义，固重于朋友。若朋友与卿要约，勤勤如此，卿亦宜为之少屈。朕既与卿为君臣，安得不为朕少屈？"[1]

对于王安石和李评的冲突，神宗大概会觉得遗憾，但并未因此怀疑王氏弄权。他一而再、再而三地向王安石表白心迹，动之以情，挽留这位在他看来旷世少有的贤臣，甚至说你我相知，朕为君，卿为臣，只是表面形式而已，卿没必要被形式牵绊。而另一方面，君臣关系总比朋友关系更为重要。如果朋友像朕这样殷勤劝说，卿也应当为了之稍微委屈自己。既然你我是君臣，怎么就不能为朕稍微委屈一下呢？

历史上哪个皇帝，曾这样对大臣说话？难以相信这些发自肺腑的话会是君相争权的粉饰之辞。

再看赵世居案。此案起因于沂州（今山东临沂）的一个平头老百姓朱唐告发徐州人李逢密谋造反，牵连了宋太祖玄孙赵世居，进而又将僧人李士宁卷入其中。而李士宁是王安石的老朋友。[2] 熙宁八年闰四月，也就是王安石复相不久，此案做出判决，赵世居赐死，和他交往的众多官员中，王巩被革职，刘瑾、滕甫则被削夺了荣誉头衔。[3]但对李士宁如何处置，审理此案的徐禧与范百禄产生了分歧。

此案发生近二十年前，李士宁曾写诗赠予赵世居的母亲康氏，

---

[1] 《长编》卷234，神宗熙宁五年六月辛未，第5684页。

[2] 参李裕民：《宋神宗制造的一桩大冤案——赵世居案剖析》，载《庆祝邓广铭教授九十华诞论文集》，石家庄：河北教育出版社，1997年，第171—181页；贾志扬：《天潢贵胄：宋代宗室史》，赵冬梅译，南京：江苏人民出版社，2005年，第86—92页。

[3] 《长编》卷263，神宗熙宁八年闰四月壬子，第6446页。

其中有两句"耿、邓忠勋后，门连坤日荣"，抄袭了宋仁宗写给曹皇后的哥哥曹傅的挽词。曹皇后是宋初名将曹彬的孙女，仁宗将曹家比作东汉开国功臣耿家、邓家，"门连坤日荣"则是指曹家闺女成了皇后。李士宁套用这两句，把康家比作耿家、邓家，将康氏嫁给太祖曾孙比作"坤日"。审判官范百禄认为李士宁是在蛊惑赵世居——赵世居如果成了皇帝，他母亲才是名副其实的"坤日"。

不过，主犯赵世居、李逢在审讯中，都不承认李士宁参与谋反。所以徐禧为之辩解说："岂有人十七八年前率意作诗，便欲加罪？"但范百禄固执己见。于是徐禧上奏，认为范百禄对王安石不满，因为李士宁是王安石的老朋友，必欲置之死地。而范百禄反唇相讥，称徐禧是为讨好王安石，才替李士宁开脱。[1]判决结果，李士宁杖脊，[2]流放湖南。

古丽巍以为："处罚了李士宁，等于间接承认李士宁同王安石相关。……从此案最终判决结果来看，并未牵连王安石受到处罚，这实际上反映出神宗对他的保护态度，不希望自己曾经的'师臣'陷入不堪的境地。不过，王安石曾极力为赵世居辩护，多少被卷入其中，因此，此案处罚极重，不能不说是神宗以一种'敲山震虎'的做法——以君主的最终裁决权力，警告了原本可能被牵连的宰相王安石。"[3]

这一解读，笔者尚有疑焉。宰相卷入谋反大案，确实不同寻常。但王安石完全不避嫌疑，多次就此案处理与神宗力争。除了认为反

---

[1] 《长编》卷264，神宗熙宁八年五月丁卯，第6459—6460页。

[2] 杖脊是用杖打脊背，杖刑中最重的一种。

[3] 古丽巍：《宋神宗元丰之政的形成及展开》，第56页。

对新法的滕甫处罚太轻外，对卷入该案的其他官员，王安石往往大力辩护。神宗指出，刘瑾和赵世居的书信往来，比滕甫还密切，且信中有"不容居内"的话，诬蔑神宗猜忌宗室。这么敏感的措辞，王安石居然毫不忌讳，照样驳斥："不容居内是何意，不知谓陛下不能容，或谓执政不能容，或谓简汰（指官员裁减）不容，皆不可知，亦未可深罪瑾也。"

神宗又提到，王巩居心也有问题，王安石又反驳："巩情亦无甚可恶。"神宗说，王巩见到徐革（一个小官）给赵世居的信，称世居长得像高祖父宋太祖，没有举报，反而劝赵世居把信烧掉。这同样非常微妙，恐怕任何人都会极其谨慎，除了王安石——他直接顶了回去："杜甫赠汉中王瑀诗云'虬须似太宗'，[1] 与此何异？"言外之意，从来没人因此怀疑杜甫居心叵测啊！王氏接着说，王巩让赵世居烧了来信，如果真烧了，那就对了，就证明赵世居没有歪心思，也就不构成违法犯罪了。既然王巩是赵世居的朋友，劝他不要违反法律，有什么罪吗？

于是神宗咨询王安石，该如何处理赵世居本人。王安石表示，赵世居本人应当依法执行死刑，但老婆孩子可免于追究，只在皇族名册上除名就够了。同时，他警告神宗，对告密者的奖励力度不能太大，否则容易引发冤假错案，"愿陛下自此深加省察"，希望皇上您今后一定要谨慎再谨慎，因为现在这世道，不惜冤枉别人性命，甚至陷害一大家人，为自己升官发财的人多的是。神宗表示赞同。[2]

如果神宗要借此案敲打王安石，君臣会有这样的对话？

---

[1]　这是王安石误记，此句实际上出自杜甫哀悼汝阳郡王李琎（汉中王李瑀的大哥）的诗。

[2]　《长编》卷263，神宗熙宁八年闰四月壬子，第6446—6448页。

后来，神宗跟王安石谈到了审理此案时徐禧和范百禄的分歧，指出徐禧控诉范百禄审理不公时，尚未结案（也就是说，审理过程中审判官员有不同意见很正常，不代表范百禄最后一定会坚持己见），徐禧迫不及待控诉，恐怕动机不太单纯。神宗很有分寸、非常和缓地说："人心难知，朕虽见（徐）禧晓事（明白事理），然岂保其心？"提醒王安石，徐禧可能在拍他的马屁。没想到，这么委婉的话，且出自至尊之口，就把王安石惹毛了："**如此，则百禄素行忠信，必能上体圣意；禧必为邪，有所党附。**"

话不投机，神宗以为王安石是因为老友李士宁被判定有罪，担心牵连自己，有些神经过敏，在徐禧的问题上反应过度了，于是安抚王安石："士宁更有罪，于卿何损？"结果王安石彻底爆发了："**士宁纵谋反，陛下以为臣罪，臣敢不伏辜！**"并恶意攻击神宗："**自陛下即位以来，未尝勘得一狱正当，臣言非诬，皆可验覆也。**"说神宗做了八年多皇帝，没有判对一件案子，强调自己的话都有根据，可以查证。最后，他又回到徐禧问题，说"陛下以为人心难知"，也不至于，平时是正人君子就一定不会做小人，平时是小人怎么可能变成君子？

神宗没跟王安石计较断狱的事，只是提醒他，一度被王氏倚为左右手的曾布（曾巩的弟弟），就在一年前刚刚出乎意料地背叛了他（详第三节），试图让其冷静下来。但王安石就是嘴硬，决不承认走过眼。相反，他说：曾布是个小人，我一直很清楚。不过是觉得他的能力可以派上用场，姑且用他试试。后来他表现很好，非常努力，我信任他、重用他，是希望他能改过，变成君子，并非认定他的品行一贯可靠。[1] 这似乎跟王安石此前的论断恰好相反。

最终，神宗完全顺从王安石的意愿：徐禧升迁，[2] 范百禄贬官。[3]

王安石如此歇斯底里的表现，并不是因为李士宁获刑让他疑神疑鬼，急火攻心，丧失自我控制，更不是因为明白神宗正在敲打自己，恼羞成怒。答案很简单，他对于自己偏袒的徐禧，容不得别人（包括至尊无上的神宗）有半点猜疑。这不是因为徐禧对他而言有多重要。在多年的政治生涯中，一旦神宗和王安石有不同意见，不论对人对事，哪怕分歧再小，王安石也往往会肆无忌惮地发飙。在皇帝面前，这样的王安石是常态。

和这个时年五十五、长期处于政治最高层，却受不得半点委屈、动不动恶语相向的汉子相比，不满三十的神宗显得出奇地宽容、有耐心。在咄咄逼人的王安石面前，他心平气和、处处忍让，始终对王氏非常尊重、非常信任。[4]

下面我们继续检讨宋神宗与王安石非常怪异的君臣关系。

---

[1] 《长编》卷264，神宗熙宁八年五月丁卯，第6459—6462页。

[2] 《长编》卷265，神宗熙宁八年六月癸巳，第6484页。

[3] 《长编》卷266，神宗熙宁八年七月壬申，第6525页。

[4] 王安石罢相后，神宗大权独揽，并不是因为吸取了王氏专权的教训。熙宁时期宰相权重的原因，是王安石的过人能力和神宗对他个人的信任。在神宗看来，王安石离开政治舞台后，既没有人有类似能力，也没有人值得充分信赖——原本被视为王安石继承人的吕惠卿让他很失望。也就是说，在神宗眼里，没有人可以帮他分担总揽全局的重任。江小涛指出，元丰时期神宗勤政自律，是无可奈何之事。"自王安石罢相离京后，朝廷再也没有勇于任事，敢于担当，一心一意辅佐神宗实现宏图大业的人物了。……与宋神宗所要实现的宏图伟业相比，当时的人才状况是很难令他满意的。于是，'无人才'也就成了元丰年间神宗皇帝时常挂在嘴边的慨叹。"（《元丰政局述论》，《隋唐辽宋金元史论丛》第七辑，第138、139页。）

二、匪夷所思——神宗对王安石的忍让与尊崇

王安石的门生陆佃谈道："熙宁之初，（神宗）锐意求治，与王安石议政意合，即倚以为辅，**一切屈己听之**。"他特别指出，王安石性格刚烈，和皇上讨论政事，"有所争辩时，辞色皆厉，上辄改容，为之欣纳"。陆佃感慨："自三代而后，君相相知，义兼师友，言听计从，了无形迹，未有若兹之盛也。"[1] 征诸史实，是说无丝毫不合，绝无夸张。

熙宁三年二月，韩琦上奏，指出青苗法施行中存在严重的强行摊派现象，甚至城里的坊郭户也被迫贷青苗钱。[2] 神宗在宰执们面前提到这件事，表示担忧，当时还只是副宰相的王安石勃然作色，驳斥曰："苟从其所欲，虽坊郭何害！"坊郭户虽然不种地，如果自愿贷青苗钱，有何不可？第二天就称病辞职。[3] 神宗忧虑的，只是青苗法在实行过程中，因为执行人员造成的问题，并非否定青苗法。但王安石似乎完全不能接受他所制定的政策可能会带来一些哪怕是次要的、与政策本意不相符的负面后果，他的主张，必须百分百完

---

[1] 陆佃：《陶山集》卷 11《神宗皇帝实录叙论》，《景印文渊阁四库全书》第 1117 册，
台北：台湾商务印书馆，1986 年，第 143 页。

[2] 青苗法是王安石变法的核心举措之一，相当于今天的小额信贷。变法的本意，是
在春天青黄不接之时由国家信贷的方式帮助农民，秋后还贷并收取二分（20%）
的利息。这样做的好处很明显，可以帮助家贫无资的小农，使他们能够正常生产，
防止农民向富家大户借贷，后者通常收取高息，属于高利贷。其次，国家可以通
过收取利息增加财政收入。这个政策对广大农民和国家都有利，可谓良法美意。
但实际推行效果争议很大。批评者指出，地方官为了展示成绩，取悦朝廷，将青
苗钱的放贷变成了一项政治任务，往往强迫不需要的人也去借贷。坊郭户是宋代
城镇家庭的总称。

[3] 杨仲良：《续资治通鉴长编纪事本末》卷 68《青苗法上》，北京：北京图书馆出版
社，2003 年，第 2210 页。

正确。最后非得神宗再三挽留，才重新出来工作，不再闹脾气。

熙宁五年十月，反对派文彦博掌舵的枢密院向皇上报告，实行免役法[1]后，各地治安恶化，盗贼很多。神宗跟王安石讨论此事，怀疑枢密院的报告有猫腻，因为报告提到了京东路（大致相当于今山东和江苏西北角、河南东北角），这一地区还没有施行免役法。即便如此，因为神宗居然认真对待这份报告，仅仅表示怀疑而非断然否定，王安石极为不满，夹枪带棒地自嘲说：我运气好，今年粮食丰收，所以百姓出来偷盗的少，但即便盗贼多，也不是我的责任。然后话锋一转，上纲上线，直接怼神宗：**"不知陛下推行得如何政事，便要百姓皆不为盗贼也！"**[2]皇上您琢磨琢磨，自己怎么治理国家的，这么着就觉得百姓不会为盗为贼啦？

王安石的本意，大概是想说明盗贼多少别有原因，与免役法无关。但为何就不能谦和、冷静些，尝试以理服人呢？为什么非得如此悖慢无礼，出言不逊？别说贵为君主，即便普通朋友，能长期容忍这种行为的，古今中外，能有几人？

神宗从未对新法产生过根本性的怀疑。王安石发飙，很多时候都和上述情形相似，而非面临大是大非，不得已而为之。熙宁六年八月，河北边境官员向皇上汇报，当地市易司[3]招募充当买卖中间人的平民冯崇，和契丹人交易，不遵守原定规矩，恐怕不妥。神宗赞

---

[1]　免役法是王安石变法的另一核心举措。宋朝州县衙门公吏（相当于今天地方政府的普通工作人员）和乡里基层政权头目（相当于今天的村干部），原本由百姓轮流充当，称为差役或吏役。这是老百姓的重大负担，不仅严重干扰生产，且不少人家因当差服役赔钱，甚至破产。免役法则允许百姓交纳一定费用，免除差役。

[2]　《长编》卷239，神宗熙宁五年十月丙戌，第5809—5810页。

[3]　市易法是王安石变法的又一核心举措。根据这一改革措施，在几十个重要城市及边境设立了市易司或市易务，作为官营的垄断性商业机构。

同边境官员意见，觉得冯崇"不忠信，无行"，即不讲信用、品行不端，决定撤销他的中间人资格，对辽贸易全部恢复传统做法。如此决策，显然考虑到对辽贸易非常特殊，可能会影响两国关系，必须慎之又慎，并不是对市易法的否定。

结果，王安石这样回答："崇一百姓牙人耳，安足责？陛下左右前后所亲信，孰为忠信，孰为有行，窃恐有未察者。"[1]冯崇不过是充当中间人的平头百姓，有什么可计较的？陛下省省心，没必要为冯崇操心，还是好好看看您自己前后左右亲近的人吧，到底谁"忠信"，谁"有行"，恐怕您还没看清楚呢！

王安石刚愎自用，一意护短，仅仅因为涉及市易司，气不打一处来，不管三七二十一，劈头盖脸倒把神宗数落了一顿。就为了冯崇这个无足轻重的人物，他可以奚落大权在握、年轻气盛的皇帝，给神宗扣上不辨忠奸的大帽子，不能不让人佩服他的胆量——古今中外，不知是否还能找出另一个例子。

如果王安石向来公正无私，仅是性格所致，言语暴躁，那还有服人的可能。问题是，王安石似乎从不自省，自己（还有自己信任的人）永远百分百正确。熙宁三年，在写给王安石的信中，司马光直言不讳地指出了他的致命缺点——"自信太厚"，[2]可谓一语中的。下面以神宗与王安石关于程昉的分歧，作为重点讨论的例证。

程昉是宦官，治理黄河有功，王安石非常信任、器重他。不过，这人很有争议，负责监察的御史们频频弹劾程昉，说他好大喜功、

---

[1] 《长编》卷246，神宗熙宁六年八月庚寅，第5995页。

[2] 《司马光集》卷60《与王介甫书》，李文泽、霞绍辉校点，成都：四川大学出版社，2010年，第1259页。

欺上瞒下、劳民伤财，但都因为王安石力挺程昉，神宗没有理会。[1]

后来，一次神宗在王安石面前谈到程昉，说程昉这个人确实有些轻狂，昨天在朕面前吹嘘：宰执碰到治河的事，都来问我，我说了，他们才知道该怎么办。可想而知，他对地方官肯定颐指气使，打着宰执的旗号强迫他们按自己的意思去做。程昉有才能，但要注意约束，不能让他太放肆了。

于是王安石长篇大论，教训神宗。王安石首先说，上古圣王会任用"冯河之人"（冒险徒步过河的人），这种人确实有些鲁莽，但不畏艰难险阻，勇于进取，只有用这些人，才不会对国家的事业造成伤害。程昉就是这样的人。倒是那些因为眼红总爱说能干的人坏话的人，虽然很会察言观色、迎合君主，但对国家危害最大的就是他们，恐怕他们才应该警惕。而陛下对那种人，似乎并没有用心甄别。

神宗不否认程昉很有能力，只强调需要一定的控制，以防他过于嚣张跋扈。这没有错。而王安石使用了"冯河"的比喻，显然也清楚程昉的为人，但决不承认这是缺点，不承认可能带来不好的后果。他再次祭出了避实就虚的法宝，不就事论事分析程昉的问题，转而攻击神宗。

王安石接着指责神宗小事精明、大事糊涂，不明白"帝王大略"。他举了两个例子。第一，有些大臣奴颜婢膝地侍奉韩琦、富弼这两位反对派领袖（大概是指冯京、文彦博），陛下竟然由着他们。第二，契丹的国家治理并不行，即便如此，西夏"事之极为恭顺"，统治者不敢在辽朝面前自称"国主"。现在西夏统治者李秉常（元昊

---

[1] 《长编》卷 223，神宗熙宁四年五月乙未，第 5422—5423 页。

的孙子）不过是个十岁刚出头的孩子，百姓遭了饥荒，情况非常糟糕，可陛下还是没能使西夏归顺朝廷。

他说：如果陛下认为这是现在人才不够多的缘故，"臣又以为不然"。拿臣自己做例子。陛下赏识臣，让臣做宰相，统领百官，但臣也只敢说从没有欺骗过陛下，不敢说已经尽心尽力报答陛下了。臣的每一项建议，都认真考虑过陛下目前的接受程度，觉得会被认可才提出来，如此缩手缩脚，有时候陛下还是不明白、不体谅。如果臣放手施展抱负，陛下怎么可能理解臣的良苦用心？连臣都没法充分施展才华，其他人更不用说了。一心尽忠报国的人不敢施展抱负，小人才会有胆量招摇撞骗。自古以来，这样的皇帝，不可能天下太平，夷狄顺服。

最后，王安石故伎重演，说身体不好，光应付神宗关注的繁琐小事，都已经觉得精力不够用了，透露出想辞职的意思。

被王安石这么抢白了一顿，神宗"默然良久"，大概觉得委屈，但最终仍自我克制，转移话题，敦促王安石整理好平时写的东西，尽快交上来，以此表示对他学问的敬仰和迫切学习的欲望，反过来安抚王氏。[1] 古今中外，不知还有哪位皇帝，能做到神宗这般？

三个月后，神宗又和王安石谈到程昉，说他的确能干，"然作事过当，宜少沮抑"，应当稍加制约。皇上举了个例子，他派到河北边境地区管理塘泊（宋朝为了阻止辽朝骑兵南下，依托自然环境兴修的成片的湖泊群）的宦官李若愚病了，程昉居然违反制度，主动推荐宦官陈舜臣为接替人选。鉴于唐代宦官乱政，北宋皇帝虽然大量起用宦官参与政事，同时又对宦官有严格的约束。程昉这一举动，

---

[1] 《长编》卷229，神宗熙宁五年正月壬寅，第5573—5575页。

触及了敏感的政治禁区。

王安石承认，"**如此事诚为僭越**"，可接下来话锋一转，又为程昉辩护，说他这么做"**非是蔽欺陛下聪明，于国事有何所害**"？程昉推荐陈舜臣没有私心，没有蒙蔽陛下，虽然违反制度，哪里损害国家利益了？

再往下，更有意思了，王安石反过来指摘神宗："至于挟奸为邪，内外交结，蔽欺陛下聪明，陛下不寤者，乃当深惩。……陛下不能惩此辈，专欲沮昉，未为得计。"那些真正的奸邪小人，内外勾结，欺骗陛下，陛下根本没有察觉，却一门心思压制尽忠报国的程昉，太失败了。

更有甚者，王安石以为，嫉恨程昉的人极多，"如昉有罪，自不为众所容，**陛下亦不须深察**"。这些妒忌程昉的人都在盯着呢，他真犯了错，马上会有人检举揭发的，陛下就不用操心程昉的事了。

有趣的是，神宗居然表示赞同：厌恶程昉的人太多了，即便他想干坏事，那么多人盯着，也干不成。[1]

又过了三个月，在和皇上讨论市易法时，王安石平白无故扯到程昉，再度表达对神宗的不满：陛下聪明旷世，能在身边的宦官中发现程昉的治水才能。程昉治水有成效，不正证明了您的英明吗？可程昉一心为公，陛下却听信谗言，说他出于私心推荐别人。这表明，虽然老天爷赐给陛下旷世聪明，您却屡屡被小人蒙蔽，辜负了老天爷。

面对这样的责难，神宗只是笑了笑，没有计较。[2]这位胸有凌云

---

[1]　《长编》卷232，神宗熙宁五年四月辛未，第5635页。

[2]　《长编》卷236，神宗熙宁五年闰七月丙辰，第5738—5739页。

壮志的年轻皇帝，常常以这种方式，化解王安石盛气凌人的指责。

两个月后，程昉因治河有功升迁，王安石仍不满意，觉得升得还不够，希望让程昉更上一层楼。神宗不同意，说程昉确实尽心尽力为国效劳，但性格有问题，而且非常专断，喜欢操控别人。王安石回答：陛下就喜欢谄媚的人，把惯于逢迎的人当成忠臣，可实际上这些人会对陛下的事业造成真正的伤害，而像程昉这样的"刚强孟浪（鲁莽）之人，必不能害政"。所谓"刚强孟浪之人必不能害政"，是王安石在程昉事件中一开始就坚持、绝无任何妥协余地的刚愎之见。

神宗坚持己见，强调为官为人不能太嚣张，应当有"温柔"的一面。于是王安石讽刺皇帝，"陛下所谓温柔"，恐怕只是被小人迷惑，错把迎合当成温和柔顺。但这次，神宗没有让步。[1]

熙宁六年十二月，河北官员韩宗师控告程昉扒开滹沱河堤，让滹沱河水漫灌农田，希望河水中的泥沙淤积下来，增加农田的肥力，事实上却对广大地区的禾苗造成了伤害，而程昉在给中央的报告，多处欺骗朝廷。于是神宗要求程昉详细汇报相关举措的前因后果。

韩宗师所揭发的程昉蒙蔽皇上的情况之一，是程昉之前的报告，声称引滹沱河水淤田是百姓主动要求的，但韩氏实地调查发现，老百姓根本没有提出请求。程昉赖不过去了，改口说只是派人到涉及的各县考察，拿到了县政府代表民众提出的申请，并没有挨家挨户询问意愿。

对此，王安石这样辩护：已经派官员下去考察，又拿到了各县政府的申请，就够了，没必要挨家挨户征求意见。程昉所奏老百姓

---

[1] 《长编》卷238，神宗熙宁五年九月己酉，第5793—5795页。

主动要求淤田既然没有确证，真相如何已经说不清了，但程昉为国家出力，淤田面积达到四千多顷，**"假令奏状称人户乞淤田一句不实，亦无可罪之理"**，即便不实，也没有问罪的道理。

接着，王安石又使出了惯用的一招，转而批评神宗：**"陛下于谗慝小人尚能容覆**，如何为国宣力之人，乃不录其功，惟求其一言半句之差，便以为罪？"陛下对邪恶的奸佞之人都能包容，怎么能苛责真正为国效力的人，不仅没有奖赏，反而抓住一句半句言词上的纰漏，就要治他的罪呢？

神宗大概习惯了，没有生气，只是说：如果淤田果然有成效，小小过失，"岂可加罪"？不过，不知道淤田效果究竟如何。王安石回答，对淤田成绩的考察，是韩宗师派人去的，绝不会包庇程昉，结果查到四千余顷田地受益，"陛下犹以为不知淤田如何"，臣实在不明白陛下什么意思。

确实，王安石说得很有道理，但语气太冲了。即便普通朋友相处，长此以往对方也受不了。不过，神宗并不介意，表态说：如果韩宗师的控告不符合事实，我一定处理他。[1]

熙宁七年二月，神宗感慨，选拔优秀将领太难了。王安石回答："今人材乏少，当由陛下是非、好恶、赏罚不明"，导致官员得过且过，混日子，不愿为国出力。接着，他又为程昉打抱不平，说他在河北兴修水利，主持了好几个大工程，整个河北官场也就他竭尽全力为国家服务，却因为一个小小的失误，差点被抓起来了。挑程昉刺的人就是赵子幾，他到处宣扬，说陛下极力称赞他有勇气弹劾程昉。赵子幾原来在开封地区工作，"真能不畏强御（有权势的人）"，

---

[1] 《长编》卷249，神宗熙宁七年正月甲子，第6073—6075页。

秉公执法，那时候陛下每每因为众人诽谤，对他产生怀疑，还是臣多次为他辩解。没想到他到了河北，就专门收拾为朝廷尽力的官员，以此"取悦流俗"，结果陛下这才开始欣赏他。像这样，还有哪个官员不去混日子呢？

神宗说，朝廷对程昉褒奖有加，他怎么能不尽力呢？朕身边有宦官对程昉羡慕得不得了，急切希望得到程昉那样的机会，为国效力，也去争取朝廷给程昉的恩宠。比如说，作为宦官，程昉取得了荐举京官的资格，[1] 这是宋朝开国以来从未有过的。

于是王安石质问皇上，程昉荐举京官，属于他的职责，是为朝廷出力的方式之一，难道他受贿了吗？如果没有受贿，却要承担被推荐人犯罪自己也要受到同样处罚的风险，举官对程昉本人到底有什么好处呢？如果别的宦官也有能力干出程昉的业绩，陛下为什么不直接用他取代程昉呢？

如此咄咄逼人，神宗似乎终于有点受不了了。他说太宗朝宦官王继恩带兵平定四川李顺叛乱，那才叫难得，程昉不过兴修水利罢了。王安石当然不服，反驳说，人材各有各的用处，并抬出上古圣王，说兴修水利是为了百姓，连古圣王都非常看重，难道非得平定叛乱才算给老百姓造福？接下来又挤对神宗：陛下这样看待人材、培养人材，现在"人材乏少"，我可不承担责任。[2]

这年十月，王安石已经罢相，程昉再度升迁。[3] 神宗并没有因

---

[1] 荐举是任命官员的一种方式，由有资格的官员推荐人选。京官是宋代前期下层文官的官阶，可以笼统地理解为级别。如果被荐举的官员后来犯下了贪赃枉法等罪行，推荐人也得接受同样罪名的责罚。

[2] 《长编》卷250，神宗熙宁七年二月丁丑，第6089—6090页。

[3] 《长编》卷257，神宗熙宁七年十月丙子，第6273页。

为和王安石就程昉有分歧，屡屡受到无情嘲讽，而对程昉心存芥蒂。相反，他始终对程昉委以重任，只是强调要警惕其缺点而已。

熙宁八年五月，这时王安石已经重新出任宰相，又在神宗面前为程昉鸣冤叫屈，说他为国家尽心尽力，却被很多人攻击，陛下不辨是非，居然要调查他，以后还有谁愿意"为陛下尽力"？神宗解释说，程昉确实能干，"但不循理"。王安石回答：**"程昉举吕公孺诚为不识理分，然于国事有何所损？"** 和神宗一样，王安石也认为程昉荐举吕公孺，确实不妥，却为他开脱，搬出了"于国事有何所损"的老一套。

接下来，王安石依然是惯常套路。他说，文彦博荐举刘庠，陈升之荐举林旦，那才应该责罚，可陛下对这两位多好！这两位到底给国家做出了什么贡献，居然敢荐举刘庠、林旦这样的人？实在太放肆了！陛下不去处理他们，反而追究程昉，恐怕轻重倒置了。怎么可以对程昉这样吹毛求疵呢？

王安石历来护短心切，主要武器就是反过来攻击神宗：我的人有点小毛病不假，可没给国家造成损失啊，可你呢，身边那么多坏蛋，问题比我的人大多了，为什么不处理？这样的论辩逻辑，恐怕称得上古今独步。

尽管如此，神宗心平气和，试图以理服人，他指出，程昉升迁已经够快了（"如程昉数年间致位至此，昉亦足矣"）。结果引来王安石的质疑：程昉的功劳和其他同样升官的人相比，要大出好几倍去，"岂得谓足"？这还不算，一有人捕风捉影攻击他，就立案调查，"但能令人叹息而已"！程昉对臣说："宰相大人您不必着急为我辩护，大不了罢官，他们（诬蔑我的人）就心满意足了。要不然，没完没了。我只是想为朝廷出力，造福百姓而已。如果因此罢官，也有办法混口饭吃，不至于饿肚子，相公您不用太担心！"陛下听听，程昉是仗着宰相撑腰横行无忌的人吗？陛下忠奸不分，赏罚不明，天下太平从何谈起？比如老臣我，也只能尸位素餐，哪有机会实现平生梦想的宏伟蓝图啊！[1]

多年来，尽管一直存在争议，程昉仍不断升迁，足以证明神宗虽然对他有所警惕，但并没忽视他的功绩。在程昉甜言蜜语之下，王安石步步紧逼，大放厥词，神宗始终不予计较。很难想象这是臣下指摘君王，更像是君主问责臣下。关于程昉，王安石多年如一日，几乎不放过任何借此攻击神宗的机会。

最后，再举一例。熙宁六年，陕北以延安为中心的鄜延路宋军的后勤供应出了问题，统帅赵禼和负责后勤的转运使杨蟠互相指责。官司打到中央，王安石认定，因为杨蟠多次揭发军队系统的非法事宜，所以赵禼故意给转运司制造难题。[2]神宗则怀疑杨蟠是个"奸险小人"，赵禼的要求"甚善"。

王安石勃然大怒，说：**"陛下既以为善，何故不行？臣既备位宰相，不敢不布所怀，若陛下不以臣言为可，何必用臣言决事？"**既然陛下认为赵禼是对的，那干吗不按他说的做？既然您让臣做了宰相，我不敢不交代真实想法，如果陛下不认可臣的意见，干吗非得来问我？

接着神宗谈到，准备给鄜延路的弓箭手分发喂马的草料，王安石不同意，再次发飙："**若陛下要支与，有何不可，何必黾勉从臣所**

[1] 《长编》卷264，神宗熙宁八年五月丙子，第6469—6470页。

[2] 《长编》卷246，神宗熙宁六年八月丁酉，第5998—5999页。

言也?"[1] 陛下要给,谁也拦不住,何必勉强听我的呢?不管谁对谁错,这样的小事,王安石如此放肆,不也太过分了吗?

反观神宗,几天后,宰执汇报完国家大事,皇上专门问王安石:听说卿子王雱生病好久了,现在好点没有?王安石回答说,王雱得的是疑难杂症,找遍京城的大夫都看不好,最近请了个江苏泰州的医生,有点效果,稍好些了。神宗接着夸奖王雱:"卿子文学过人。昨夕,尝梦与朕言久之。今得稍安,良慰朕怀也。"[2] 所谓昨晚梦见王雱和自己谈了好久,所谓很高兴听到王雱病好点了的消息,即便是假的,也是为了安慰王安石,同样能说明神宗对这位师臣尊崇有加,而且细心体贴、关怀备至。

一个已成年、心智健全,且有雄心壮志的君主,并非因为大权旁落受制于权臣,主动放低姿态,忍受大臣的训斥,仍对其尊宠备至,长达八年之久。其后王安石虽罢相,尊宠依旧,神宗绝无一丝怨恨之情、报复之意。这不能不说是个奇迹。

三、初罢相与两宫太后

熙宁七年三月,反对派利用大旱,展开了对新法的猛烈攻击,矛头主要指向市易法。最初宋神宗似乎很受反变法派影响,对市易法产生怀疑,主动派遣曾布调查。曾布调查的结果,对市易法加以否定,遭致王安石的强烈反对。但神宗力挺曾布,王安石因此被迫辞职。

---

[1] 《长编》卷247,神宗熙宁六年九月乙巳,第6009—6010页。

[2] 《长编》卷247,神宗熙宁六年九月癸丑,第6012页。

传统观点认为，王安石这次罢相，是神宗对新法产生动摇所致。与此不同，王广林指出，神宗只是利用市易法事件逼迫王安石辞职："如果说宋神宗对新法动摇了，为了平息反变法派的进攻，他首先应该停止市易法的实行，而不是罢去王安石；起码，随着王安石的罢相，也应废弃或修改市易法。都没有。宋神宗没有理会反变法派的进攻，在王安石罢相后的第三天，下诏……公开声明，要坚持变法改新路线。"不仅如此，王安石罢相后，神宗态度陡变，极力反对曾布继续追究市易法的问题，并将其贬官外放，而支持市易法的吕惠卿则出任副宰相参知政事。王先生将曾布称为神宗"阴谋的牺牲品"，[1] 甚为允当。[2]

---

[1]　王广林：《试论王安石两次罢相》，《史学集刊》1986 年第 3 期，第 23—24 页。

[2]　笔者还可以为王说补充两条证据。这年十一月，"端明殿学士、兼翰林侍读学士、龙图阁学士、知河阳韩维落端明殿学士，以侍御史知杂事张琥言维与孙永同定夺免行钱不当，故责及之"。(《长编》卷 258，神宗熙宁七年十一月庚子，第 6289 页。) 韩维、孙永都反对新法，是除曾布外，参与调查市易法的主要官员。十二月，"虞部员外郎、新知常州吕嘉问提举河北籴便粮草，复理提点刑狱资序，以检正中书户房公事张谔讼嘉问不应黜陟故也"。(《长编》卷 258，神宗熙宁七年十二月乙亥，第 6301 页。) 吕嘉问正是市易法的主持人。

　　仲伟民以为，神宗与王安石始终在市易法上意见不同，主要证据来自《长编》卷 262 神宗熙宁八年四月甲申条 (第 6407 页)："金部员外郎、检正中书户房公事吕嘉问兼提举市易司。王安石言：'近京师大姓多止开质库，市易摧兼并之效似可见，方当更修法制驭之，使就平耳。'上曰：'均无贫固善，但此事难尔。'"仲先生以为，所谓"此事难尔"，表明神宗不大相信市易法能抑制兼并的说法。见氏著《宋神宗》，长春：吉林文史出版社，1997 年，第 143 页。

　　笔者认为，神宗只是对王安石希望在市易法的基础上再采取进一步措施的想法有保留意见，担心未必像王安石想象的那样容易见效而已，并非对市易法本身有所怀疑。相反，神宗对市易务官员的酬奖史不绝书。如《长编》卷 277 神宗熙宁九年九月辛未条 (第 6783—6784 页) 载："中书言，市易务收息钱、市利钱总百三十三万二千余缗，法应酬奖。诏提举官、金部员外郎吕嘉问，太子中允吴安持各迁一官，升一任，赐钱三百千，嘉问更减一年磨勘，余监官以下等第推恩，仍自今三年一比较。"

王安石第一次罢相，还牵涉到一个重要问题，即是否与两宫太后（仁宗曹皇后，此时的太皇太后；英宗高皇后，此时的皇太后）有关。《长编》中有这样一条记载：

> 上一日侍太后，同岐王颢（神宗的弟弟）至太皇太后宫，太皇太后谓上曰："吾闻民间甚苦青苗、助役钱（即免役钱），盍罢之？"上曰："此以利民，非苦之也。"太皇太后曰："王安石诚有才学，然怨之者甚众，上欲保全，不若暂出之于外，**岁余复召**可也。"上曰："群臣中，惟安石能横身为国家当事耳。"……不乐而罢。（李焘注：此据邵伯温《闻见录》，云是司马光记富弼语。然伯温云："时宗祀前数日，太皇太后曰：'天气晴和，行礼日如此，大庆也。'帝曰：'然。'太皇又曰：'吾昔闻民间疾苦，必以告，仁宗常因赦行之，今亦当尔。'帝曰：'今无他事。'太皇又劝帝因赦罢青苗、助役钱。"按四年九月祀明堂时，太皇未必有此言，七年九月祀明堂，则安石以四月去相位矣。此时必有错误，今略加删削，使不相抵牾。）
>
> ……他日，**太皇太后及皇太后又流涕**为上言新法之不便者，且曰："王安石变乱天下。"[1]

上引记载明确说两宫太后反对新法，太皇太后曹氏甚至委婉地要求神宗罢免王安石——为了不过分刺激神宗，说现在反对声浪太大，先让王安石避避风头，过段时间可以再让他回来。根据李焘的注，这一说法出自《邵氏闻见录》，邵伯温在书中交代，是司马光听

---

[1] 《长编》卷252，神宗熙宁七年四月丙戌，第6169页。

富弼说的。

不过，李焘已经指出，《闻见录》所记录的事情发生时间肯定是错的。方诚峰认为："即使曹氏某时有某些言论，已经离开京师的富弼（鹄按：熙宁二年罢相）如何能详道宫中之语，又是一个难以确认的问题。实际上，《邵氏闻见录》所记王安石父子之事，基本都难以采信。李焘明知不可信，仍然删削采用，与《长编》一书在王安石变法问题上的立场有关。"[1]

两宫太后在神宗面前为此流泪，又见于宋高宗绍兴年间重修的《神宗实录》所附《王安石传》。旧说在并无实际证据的情况下，断言这一情节是伪造的。[2]

然而，我们注意到，《邵氏闻见录》记载此事时，说得清清楚楚："（徽宗）崇宁中，蔡京等修哲宗史，为《王安石传》，至以王安石为圣人，然亦书慈圣光献后（太皇太后曹氏）、宣仁圣烈后（皇太后高氏）因间见上，流涕为言安石变乱天下，已而安石罢相。"[3]不仅崇宁本《王安石传》在时间上早于《闻见录》，而且主持修撰的蔡京自认为是王安石的衣钵传人——犹如李鸿章之于曾国藩，一心要将王氏塑造为圣人。有意思的是，传中也记载了两宫太后因为变法而流泪这件事。这至少证明，这一说法不可能是邵伯温无中生有，编出来诽谤王安石的。

笔者以为，虽然《邵氏闻见录》在细节上有出入，但王安石罢

---

[1] 方诚峰：《北宋晚期的政治体制与政治文化》，第283—284页。

[2] 蔡上翔：《王荆公年谱考略杂录》卷1《君臣考》，载《王安石年谱三种》，裴汝诚点校，北京：中华书局，1994年，第596页；裴汝诚：《论宋元时期的三个〈王安石传〉》，载《半粟集》，保定：河北大学出版社，2000年，第126—128页。

[3] 邵伯温：《邵氏闻见录》卷3，李剑雄、刘德权点校，北京：中华书局，1983年，第25页。

相由两宫太后促成，恐怕是事实。当时富弼虽然不在汴京，但作为三朝元老，通过某种渠道得知宫中发生的事，并非没有可能。更重要的是，有其他材料可以证明两宫太后的态度及对神宗的影响。

熙宁七年三月戊午，关于市易法，神宗告诉王安石："**两宫乃至泣下**，忧京师乱起，以为天旱更失人心如此。"[1] 两位太后听说京城百姓对市易法很不满，偏偏又发生了旱灾，担心出乱子，在皇上面前都哭了。第二天，王安石向神宗汇报工作进展，也特别提到"陛下昨宣谕**两宫忧致乱**"。[2]

熙宁八年十月，王安石已经重新出任宰相，因为天有异象，神宗下诏，让天下的官员对朝廷措施不当之处直言不讳（古人迷信，认为天象对应人事，天有异象意味着朝廷工作有缺失）。王安石上书，旁征博引，指出异常星象没什么可担心的，但也提到"窃闻两宫以此为忧"。[3] 显然，曹、高二太后以为，正是变法导致了异象。

又，熙宁九年，王安石实行货币改革，推广折二钱（折合两枚小钱的大钱）。据《长编》记载，有传言说开封地区百姓很抵触，不愿接受折二钱，因此神宗有过动摇，一度欲停止推行折二钱，但被王安石说服，"乃令复行之。然两宫讫不欲用折二钱，故折二钱未尝进入禁中。安石争不能得，退遂移疾不出，上使人谕之曰：'朕无间于卿，天日可鉴，何遽如此！'安石乃出"。

尽管神宗最终接受了王安石的意见，但两宫太后拒不妥协，生性孝顺的皇上因此禁止折二钱流入宫中，以免惹得两位太后不高兴。

---

[1] 《长编》卷251，神宗熙宁七年三月戊午，第6124页。

[2] 《长编》卷251，神宗熙宁七年三月己未，第6127—6128页。

[3] 《长编》卷269，神宗熙宁八年十月戊戌，第6598页。

王安石对此极为不满，跟神宗争辩一番没有达到目的，就推托生病，拒绝履行宰相职责。于是皇上派人安抚他说："皇天在上，朕对卿绝没有任何猜疑，干吗这样呢？"王安石这才出来工作。

李焘在注中说，"然两宫迄不欲用折二钱"之前的一大段话，出自哲宗绍圣年间重修的《神宗实录》（朱本）[1]，而王安石跟神宗闹别扭，出自《涑水记闻》。[2]恰恰"然两宫迄不欲用折二钱，故折二钱未尝进入禁中"这一句，李焘没有交代史料来源。

司马光在《涑水记闻》中，提到"宗室及诸军不乐，有怨言"[3]，说在京城居住的皇族成员以及驻扎开封地区的军队对折二钱不满。李焘没有采用司马光的说法，而是强调两宫太后的态度，并且补充了神宗因此禁止折二钱流入宫中的具体情节，应当是有根据的。笔者以为，出处恐怕就是成书于哲宗元祐年间的《神宗实录》初修本（墨本）。因为《长编》神宗部分最主要的史料来源，就是墨本，[4]所以李焘交代了源自朱本和其他文献的材料后，没有必要再就此加以

---

[1] 实录是官方修撰的前任皇帝在位时期的大事记，史料价值极高。《宋神宗实录》最初修撰于其子哲宗元祐年间，当时实际执掌朝政的是神宗的母亲高太后，她起用了一大批反对王安石变法的大臣，彻底颠覆了神宗的政治遗产。高太后一死，哲宗亲政，改元"绍（继承）圣（先帝神宗的圣政）"，政局再度发生了一百八十度的转弯，元祐时代被彻底否定，变法派重新崛起。因为元祐年间主持修撰《神宗实录》的是反对变法的大臣，政治倾向非常明显，绍圣年间变法派重修《神宗实录》，用朱笔在元祐本的墨字上删添修改。史称元祐本为"墨本"，绍圣本为"朱本"。后来宋高宗绍兴年间，在政治上对王安石下了最终的否定判决，于是有了又一个版本的《神宗实录》，史称"新本"。

[2] 《长编》卷276，神宗熙宁九年六月壬辰，第6745页。

[3] 司马光：《涑水记闻》卷16，第312页。

[4] 参燕永成：《〈续资治通鉴长编·神宗朝〉取材考》，《史学史研究》1996年第1期，第61—65页。

说明。[1]

总之，太皇太后曹氏、皇太后高氏不满新法，在熙宁七年利用天灾对神宗施加压力，应当是可靠的事实。偏偏神宗是个孝顺孩子，这种情况下，他决定让王安石暂时离开中枢，缓和局势。但以王安石的倔强，神宗不能将想法和盘托出，不得已制造大力调查市易司的假象，安抚反对派，同时逼迫王氏主动辞职。

而《闻见录》曹太后"岁余复召"的话，恐怕也确有其事。神宗最初希望王安石辞去宰相后，继续留在汴京，但王氏坚决要求去外地，并称"至于异时或赐驱策，即臣已尝面奏，所不敢辞"（将来如果需要我再出来工作，之前已经跟陛下当面说过了，我愿意效劳）。[2] 神宗最终表示体谅王安石的难处，安排他去金陵休养，叮嘱他"朕体卿之诚，至矣，卿宜有以报之……无或食言，从此浩然长往也"（朕对卿的体恤，出自至诚，卿也得同样对待朕，可不能食言，一走就不回来了）。也就是说，王安石罢相时，神宗就有让他重新出山的意向。

此外，神宗还要求王安石离京前与继任者韩绛会面，交代"方今人情政事之所宜急者"，并让王安石给他一手提拔的正在西北拓边的王韶写信，告诉王韶虽然自己离开了中枢，朝廷政策不会改变，勉励他继续施展才华。[3] 这也表明，王安石这次罢相很不寻常，君臣间似乎有很深的默契。而就在王安石正式罢相之前几天，神宗陡然

---

[1] 李焘固然反对新法，但并未因政治立场有意歪曲事实。详参本书第九章。

[2] 王安石：《临川先生文集》卷44《答手诏留居京师札子》，王水照主编：《王安石全集》第6册，第833页。

[3] 《长编》卷252，神宗熙宁七年四月丙戌，第6170页。

转变态度，不再支持曾布追查市易法。[1]

根据这些线索，笔者怀疑，神宗通过曾布，把市易法案闹得沸沸扬扬，迫使王安石辞职后，又不希望王氏误会，和自己决裂。所以他在同意王安石辞职时，可能和他有过深入沟通：一方面表示自己过去受曾布蒙蔽，现在明白了，会立刻中止对市易法的调查，以示安抚；另一方面向王安石说明，鉴于两宫太后的压力，他还是暂时离职为好。"岁余复召"，本来就是太皇太后的建议。曹太后的本心，未必愿意如此，但为了避免给神宗造成过大压力，弄巧成拙，把事情闹僵，才想出了这一策略。而神宗将计就计，王安石罢相不到一年即复出，想来太后也无话可说。

关于王安石复相，《邵氏闻见录》称他接到委任状后，迫不及待，"自金陵溯流七日至阙（宫阙，指汴京）"。[2] 李焘已经发现，这根本不可能，因为从金陵到汴梁，正常情况下陆路大约需要二十二天，水路约十四天。[3] 当代学者大多认为，这又是邵伯温胡编乱造，诬蔑王安石。[4] 不过，邓广铭这么理解："当他（王安石）接到恢复相位的诏命之后，虽然不是像有人所说，溯流一周而至开封，可的确是在接到这一诏命之后，以最积极快速的行动而赶往开封重登相位的。"[5]

笔者赞同邓先生的意见。神宗宣布重新任命王安石为宰相，发

---

[1] 《长编》卷 252，神宗熙宁七年四月甲申，第 6159 页。

[2] 邵伯温：《邵氏闻见录》卷 9，第 92 页。

[3] 《长编》卷 260，神宗熙宁八年二月癸酉，第 6336 页。

[4] 如高纪春：《关于吕惠卿与王安石关系的几点考辨》，《河北大学学报（哲学社会科学版）》1997 年第 3 期，第 42 页。

[5] 邓广铭：《北宋政治改革家王安石》，第 244—245 页。

生在二月癸酉（十一日），第二天皇上就派遣宦官带着诏书赶赴金陵。[1]使者赶到金陵，快的话也得二月底了。而三月一日，王安石已经从金陵启程赴京，最晚十四日就已到达。[2]可资对比的是，治平四年（1067）九月，刚刚即位不久的神宗任命王安石为翰林学士，当时他也在金陵，一直拖到第二年四月，才来到汴梁。邓先生将这次王安石的表现称为"最积极快速的行动"，恰如其分。

王安石迅速复出，甚至让他最亲密的变法助手吕惠卿都感到惊讶。熙宁八年九月，这位在变法事业中重要性仅次于王安石、宋神宗，王氏一手提拔的副宰相，已经和重新担任宰相不久的王安石彻底闹掰了（详下节）。吕惠卿在神宗面前攻击王氏，说王安石在金陵时，疑心他贪图权力，试图阻止自己复出，"故速来如此"，所以这么着急就赶回汴京了。[3]吕氏万万没想到，王安石火速赴京，不是对他产生了怀疑，而是罢相时君臣已有默契。为了在太后面前演得逼

---

[1] 《长编》卷260，神宗熙宁八年二月癸酉，第6336页。

[2] 刘成国：《新见史料与王安石生平行实疑难考》，《文学遗产》2017年第1期，第79—80页。刘成国根据《临川先生文集》所存两通《辞免除平章事昭文馆大学士表》，认为王安石启程前，曾经两度推辞，表示不愿担任宰相。从时间上看，恐怕不太可能。即便使者抵达金陵后，王氏立刻就上第一通表，但三月一日启程前也绝不可能收到神宗驳回请求的批示，接着上第二通表。笔者怀疑，至少第二表应当是王安石抵达汴梁后才呈递皇上的。《长编》卷261神宗熙宁八年三月丙午（十四日）条（第6359页）载："召辅臣对资政殿。是日，清明节也。"李焘注："王安石云云。"刘成国据此判断，清明这天王安石已经到东京了。但王安石《日录》中记载的君臣对话，则开始于三月己未（二十七日）。李焘根据谈话内容判断（第6365—6366页），这应当是王安石复相后第一次进宫见到神宗。王安石到达京城后并没有立即履任，而是再度推辞，正好可以解释丙午至己未的时间差。这说明，王安石的推辞，只是当时人常见的表示谦逊的一种方式，并不具备真正的政治意义。《辞免除平章事昭文馆大学士表二》曰："或令补阙拾遗，追参侍从，尚能罄竭，小补绪余。"（《临川先生文集》卷57，《王安石全集》第6册，第1077页。）可理解为虽辞相仍进京的形式上的解释。

[3] 《长编》卷268，神宗熙宁八年九月辛未，第6563页。

真，神宗导演的这场戏几乎骗过了所有人。

四、复相与再罢相

王安石重新回到朝廷，神宗对他的尊重与景仰一如既往。[1]

熙宁八年五月，神宗谈到国子监引领士人风气的关键作用，对当时国子监负责人深表不满，认为他败坏风气，并对王安石说："**卿与提举，则士人自然化服。**"如果由你来兼任国子监的领导，有这么一个楷模，读书人自然心悦诚服接受教导。委任状都已经颁布了，因为王安石坚决推辞，神宗才收回成命。[2]

这年六月，王安石最重要的著作《三经新义》成书。这部著作由王安石、王雱父子主持修撰，代表了官方认可的对《尚书》《诗经》《周礼》这三部儒家经典唯一正确的解释，编成后颁发全国，成了读书人的教科书和科举考试标准答案的来源。因为修书有功，神宗给王安石提升行政级别（官阶）[3]，王氏推辞，皇上说，这不仅是为了酬劳卿为阐明圣人经书本义所付出的辛劳，也是希望借此表彰卿的人品学问，作为天下士大夫的表率（"乃欲**以卿道德倡导天下士大夫**"）。[4]

---

[1] 《长编》记录的宋神宗与王安石的对话，主要来自王安石《日录》（王安石本人记录的熙宁年间他和神宗的对谈）。《日录》的下限是熙宁九年六月，而李焘见到的《日录》又非全本，缺熙宁八年九月至九年四月。（孔学：《绪言》，《王安石日录辑校》，成都：四川大学出版社，2015年，第7—8、20页。）因此，相关时期《长编》几乎看不到神宗与王安石的对话，不代表君臣关系有所改变。

[2] 《长编》卷264，神宗熙宁八年五月丁亥，第6479页。

[3] 宋代官员担任的实际职务和行政级别并不一一对应，属于不同的序列。同样是宰相，行政级别可以有不小的差别，存在一个升迁序列。

[4] 《长编》卷265，神宗熙宁八年六月辛亥，第6495页。

王安石在为《诗经新义》所写的序中，称颂神宗，将其比作周文王，神宗谦逊，以为不妥，但王氏并没有修改。定稿进呈后，神宗说："以朕比文王，恐为天下后世笑。**卿言当为人法，恐如此非是。**"卿的一言一行，都应当是众人效仿的对象，这样比拟不伦，恐怕影响不好。[1]

另一方面，王安石复相后，迅速与变法的主要助手韩绛和吕惠卿先后决裂，在相关冲突中，神宗始终站在王安石一边。

熙宁八年三月，王安石回到朝廷，出任首相，原来独相的韩绛退居次相。[2] 韩绛曾是王安石的盟友，王氏罢相时，推荐韩绛继任，又让神宗任命他最赏识的吕惠卿担任参知政事（副宰相），辅佐韩绛。王安石不在朝廷这将近一年中，两人"于安石所为，遵守不变也。时号绛为'传法沙门'，惠卿为'护法善神'"。[3] 表面上，似乎韩绛深得王氏信任。其实不然，韩氏出任宰相，是王安石不得已的选择，因为吕惠卿资历尚浅。

王安石复相不久，就遇上了赵世居案（详参第一节）。涉案官员王巩是韩绛的亲戚，有关他的司法文书在正副宰相办公机构中书门下搁置了三天，没有及时处理。韩绛被怀疑做了手脚，后来查清跟他没关系，事情就过去了。对此，吕惠卿在神宗和王安石面前发过一通牢骚，说如果王巩是臣或王安石的亲戚，碰上这种情况，恐怕事情就没完了。[4] 可见韩绛并不被视为与王安石休戚与共的人。

后来吕惠卿与王安石决裂，他向神宗申诉，说自己在王氏罢相

---

[1]　《长编》卷265，神宗熙宁八年六月甲寅，第6514页。

[2]　北宋前期，宰相最多的时候可以同时有三位，排名分先后。

[3]　《长编》卷252，神宗熙宁七年四月丙戌，第6169页。

[4]　《长编》卷263，神宗熙宁八年闰四月壬子，第6447页。

期间，一心一意维护王安石的政治遗产，劳苦功高，而韩绛则和反对派冯京（另一位副宰相）一道，试图破坏变法成果。[1]

韩绛不属于王安石的嫡系，并非吕惠卿一人之见，也是神宗及王氏本人的共识。王安石刚回到汴梁时，神宗告诉他，卿走之后，想搞破坏的小人多极了，"独赖吕惠卿主张而已"，[2] 没有提韩绛。而王安石在金陵，也主要依靠和吕惠卿而非韩绛的通信，遥控政局。[3]

王安石回中枢后，很快和韩绛爆发严重冲突。起因是件小事。市易司前负责人刘佐，因犯下严重过失被罢免，但继任者能力不行，市易司收入大不如前。于是王安石想让刘佐回来接着干，韩绛坚决不同意，认为这是对制度的破坏。神宗想出了一个折中办法，先让刘佐以临时身份行使职权，等时机成熟，再正式任命。韩绛还是不同意，而且表现非常激烈，当场辞职，声称："如此，则宰相不可为。"神宗很惊讶，不解地劝他，说这不过是件小事，没必要这样吧？韩绛回答：**"小事尚弗能争，况大事乎？"**

这时，王安石为刘佐辩解，说只是违反了公文制度，并没有犯下不作为的罪行，"何足深责"！言外之意，现在大量官员不作为，而刘佐勇于任事，难能可贵，怎么能因为一个小过失就弃之不用呢？

接着，王安石又拿出对神宗惯用的那一招对付韩绛——举韩氏

---

[1] 《长编》卷265，神宗熙宁八年六月戊申，第6489—6490页。

[2] 《长编》卷261，神宗熙宁八年三月己未，第6365页。据李焘注，此事出自王安石《日录》，但由于李焘相信吕惠卿力阻王氏还朝之说，故怀疑其可靠性，实则大可不必（详下）。

[3] 熙宁八年闰四月，讨论一次人事任命时，王安石提到："以田募役不便，臣自江宁以书与吕惠卿言之。不敢深言利害者，以在外，不欲极论朝政得失故也。"（《长编》卷263，神宗熙宁八年闰四月癸丑，第6448页。）"不敢深言利害""不欲极论朝政得失"云云，恐怕是粉饰之辞，王安石幕后操纵政局，由此可见一斑。

　　　　　　　忧患：边事、党争与北宋政治

欣赏的杜纯为例，与刘佐进行对比，发起反冲锋。他说：王韶在西北为国家开疆拓土，却被当地另一个重要官员郭逵诬陷，陛下亲自挑选杜纯，让他去调查。杜纯刚接受这一任务，枢密院就给他升官，臣问枢密院，这么做有制度依据吗？回答说没有，但这是皇上的旨意。臣那时就一直觉得，杜纯一定不会秉公办事（"臣当是时，固疑纯必不直"）。果不其然，杜纯不替王韶洗刷冤屈，反过来落井下石，也诬蔑王韶。最后还是中书门下将前前后后的相关奏章逐一详细审阅，找到明确证据，才还了王韶一个清白。杜纯这样欺骗陛下，受到了和刘佐同样的处罚，但韩绛根本没理会杜纯受了处罚，给了他一项新的职务，这跟今天讨论的让刘佐回原来工作岗位的事，有分别吗？和刘佐相比，杜纯的问题更严重，更不应该宽恕。

王安石话里话外，除了拿杜纯攻击韩绛，还表现出对神宗的不满与讥讽。

这时，韩绛终于说出了对王安石不满的真正原因：王氏复相后，安排他非常信任的吕嘉问进入中书门下，给了一个非常重要的职位，大概吕氏仗着王安石撑腰，比较嚣张，得罪了韩氏。愤愤之中，韩绛说："臣若不去，又是一冯京。"参知政事冯京刚于年初王安石还没有回朝廷时，在吕惠卿排挤下被罢免了。

王安石一方面为吕嘉问辩护，另一方面似乎还想避免和韩绛决裂，他说："韩绛用心必与冯京不同，但此一事所见与臣异尔。"冯京是一心破坏变法大业的小人，韩绛当然和他不同，只是这一件事和臣的看法有分歧罢了。

话虽这么说，眼看着韩绛坚决辞职，王安石并没有退让的意思，他接着在神宗面前强调，刘佐是理财能手，正好是目前急缺的人才。韩绛马上反驳说，臣以前担任过主管财政的三司使，国家财政资金哪里匮乏了？这句脱口而出的话被反应迅速的王安石抓住了把柄——当年为了应付军队开支，郑州曾发生百姓被逼贱卖产业的事，这可是韩绛亲自经历的。

此时韩绛大概后悔不迭，只能改口，说当时确实财政有困难。但他又不甘心认输，做了最后的抵抗：只有小人才懂如何谋利，这种人不能用。这给了王安石击溃对手的绝佳机会——市易司是商业机构，不懂谋利，怎么管理？[1]

就这样，尽管王安石主动将韩绛和冯京切割，但他寸步不让，将韩绛驳斥得体无完肤，颜面扫地。在皇帝面前，贵为次相的韩绛尚且如此，平日里王安石如何对待同僚下属，就可想而知了。韩绛没有神宗的修养，欲挂冠而去，良有以也。于是他称病辞职，闭门不出。

不过，王安石后来改变主意，决定放弃刘佐，挽留韩绛。反倒是神宗一开始还不愿意，王安石劝他说：这么小的事，如果因为臣的坚持，导致宰相辞职，臣于心不安，"后有大于此，则不可容"。[2]

王安石的这一让步，只让矛盾缓和了四天。五月二十二日，两人又因为吕嘉问在神宗面前大起争执。[3] 月底，单独接见王安石时，神宗动容地对王安石说："卿任事无助，极不易。"称他一个人苦苦支撑大局，太不容易了（这时候，吕惠卿也已经和王安石闹翻了，详下）。皇上接着表示，得让韩绛走，不然会"扇动小人"，"大害政事"。反而是王安石坚持要求再等等看，如果韩绛还是不配合，

---

[1] 《长编》卷264，神宗熙宁八年五月丙子，第6467—6468页。

[2] 《长编》卷264，神宗熙宁八年五月戊寅，第6475页。

[3] 《长编》卷264，神宗熙宁八年五月壬午，第6476—6477页。

罢免他也不晚。[1] 拖到八月，韩绛终于带着对王安石的满腔怨恨离开了。[2]

完全出人意料，熙宁八年五月，刚回到朝廷三个月的王安石和韩绛爆发冲突时，吕惠卿与王氏的关系也出现了裂痕。[3]

上文提到，熙宁八年三月，王安石刚回到朝廷，神宗在他面前夸奖吕惠卿，说王氏不在中枢，全仗吕氏维护王安石的政治遗产。接着皇上又称赞吕惠卿、吕升卿兄弟难得，王安石回答说，吕氏几个兄弟都很难得，臣原来不认识吕和卿，来开封的路上他来见我，还一直送我到开封郊区，"道中与语，极晓时事"。[4]

---

[1] 《长编》卷264，神宗熙宁八年五月丁亥，第6480页。又同书卷265神宗熙宁八年六月戊申条（第6491页）载："都提举市易司言，汉州积滞茶至千五百七十七驮，不如雇步乘，乞选官体量。诏遣都官郎中刘佐，维州团练推官、都水监句当公事杜常往究利害以闻。王安石初欲遣佐，以韩绛所恶，乃乞用常。既而上令佐与常同往。"也可以看出神宗的态度。

[2] 《长编》卷267，神宗熙宁八年八月庚戌，第6551页。

[3] 据《长编》卷260神宗熙宁八年二月癸酉条（第6336页）记载，王安石初罢相后，出任参知政事的吕惠卿野心膨胀，使用种种手段，"凡可以害安石者无所不用其智"，试图堵死王安石回归的可能。对于这条材料和其他涉及吕惠卿力阻王安石复相的史料，高纪春已有精彩考辨，指出并不可信，参阅《关于吕惠卿与王安石关系的几点考辨》，《河北大学学报（哲学社会科学版）》1997年第3期，第41—42页。另参古丽巍：《宋神宗元丰之政的形成及展开》，第55页。

[4] 《长编》卷261，神宗熙宁八年三月己未，第6365页。后来，神宗对吕惠卿谈道："闻升卿求安石进用，以谓有复相之功。"吕惠卿坚决否认："升卿刚介自守，理必无之，可质诸神明。"为了避免吕氏怀疑王安石进谗言，神宗特意声明："此乃他人言之，非安石也。"（《长编》卷268，神宗熙宁八年九月乙酉，第6574页。）不论吕升卿是否真的曾向王氏邀功请赏，至少可以证明吕氏兄弟不仅没有阻止王安石还朝，还积极促成此事，否则神宗根本不可能相信这一说法。

吕惠卿被罢免后，将在朝时和神宗的谈话记录（即《日录》）进呈皇上，为自己鸣冤叫屈。《长编》卷268神宗熙宁八年九月辛未条（第6567页）注引陈瓘《答刘羲仲书》云："吕太尉《日录》未之见，但于《宛丘奏议》中，见其（转下页）

但很快，神宗对吕氏兄弟的印象大为改观。五月份，就在王安石放弃刘佐，换来韩绛复出的同一天，吕惠卿请求离开朝廷，去地方视察，没有得到神宗的允许。[1] 月末，御史蔡承禧上书弹劾吕惠卿、吕升卿兄弟，神宗召见王安石和吕惠卿时，单单看着王氏，"称其独无私"。第二天，吕氏递上了辞职信。神宗单独召见王安石，对他说，吕惠卿不行，不是能帮他的人。王氏追问，到底吕惠卿做了什么，让陛下不满意？神宗批评吕氏过于好胜、处事不公，并举例说沈括等人，虽然品行并不端正，卿"不废其所长"，而吕惠卿则"每事必言其非"。王安石赶紧为吕氏辩护，说沈括是个奸佞小人，吕惠卿在陛下面前屡屡指出沈括的问题，恰恰是忠心的表现。

神宗又说，吕惠卿、吕升卿兄弟都有妒贤嫉能的毛病。吕惠卿在朕面前大讲练亨甫（在王安石身边工作的下属）的坏话，就是因为练亨甫"颇机警晓事"，吕氏兄弟"但才能过己便忌嫉"。王安石又百般辩护，且称颂吕和卿性格平和又有能力，还劝神宗，像吕惠卿这样的人才，是国家栋梁，怎能因为一点小事就给他脸色看（指神宗在吕惠卿面前大赞王安石"独无私"），弄得他只好辞职呢？在王氏劝说下，神宗没有接受吕氏的辞呈。[2]

到了六月份，神宗对王安石谈道："吕惠卿甚怪卿不为升卿辨

（接上页）《进日录札子》尔。盖自其与荆舒（王安石）反目以后，既进二手简，又进《日录》四卷。"又卷278神宗熙宁九年十月戊子条（第6794页）注引陈瓘《尊尧录》曰："惠卿进《日录》三策，其《进日录札子》曰：'臣私记策子皆有其事，其事多出于陛下之德音，与所亲闻，宜不废忘，而其文非一二日可以撰造者也。'"《长编》这一时期记载的神宗与吕惠卿的对话，主要出自吕氏《日录》，除个别地方可能存在记忆失误外，内容应当非常可信。

[1] 《长编》卷264，神宗熙宁八年五月戊寅，第6476页。

[2] 《长编》卷264，神宗熙宁八年五月丁亥，第6480—6481页。

事，言卿前为人所诬，极力为卿辨，今已为人所诬，卿无一言。"又说不知道为什么，吕惠卿老疑心练亨甫陷害他。王安石表示，他不敢保证练亨甫品行端正，至少到日前为止，没看出问题，陷害吕惠卿的事他不知道。但王安石并没有因此怀疑吕惠卿的人品，只是强调吕氏兄弟有个缺点，总把人想得太坏。他说自己屡次劝过吕氏兄弟，有人明明白白干了坏事，该怎么处理就怎么处理，如果还没干坏事，仅仅因为怀疑就压制他，疑心过重，嫉恶过甚，恐怕到头来自己反而会受害。

神宗则对练亨甫深信不疑，认定有人挑拨练氏和吕家兄弟的关系。最后，皇上还向王安石透露，吕惠卿自视太高，抱怨王安石老请病假，政务积压成堆，全得他来处理，根本忙不过来，又抱怨王安石被练亨甫这样的小人蒙蔽。[1]

九月，王安石、吕惠卿终于决裂了。

《诗经新义》本由王雱拟初稿，王安石逐一细细审定，后来吕惠卿、吕升卿也参与编撰，对王氏父子的观点有所改动，六月份进呈神宗的定本就是吕氏兄弟改动后的本子。据王安石说，书刊刻发行后，很多学者对吕惠卿兄弟的解释不以为然，所以他在九月辛未给神宗上书，请求停止《诗经新义》的刊行，重新颁布吕氏兄弟改动前的本子。

而吕惠卿也找神宗诉苦，说王安石在金陵时，怀疑臣有意夺权，回到汴梁，一定是陛下跟他沟通了，他又找我借陛下和臣的谈话记录看过，才消除了误会。两天前忽然有人告诉我，王安石因为臣改动了他的《诗经新义》，非常生气。事实上，改动的地方之前都征求

---

[1] 《长编》卷265，神宗熙宁八年六月丁未，第6488—6489页。

过他的同意。一定是练亨甫挑拨离间捣的鬼。[1]

王、吕关系就此正式破裂，吕惠卿又上书攻击王安石专横。这时，作为最高决策群体的宰执，宰相只有王安石一人，枢密使是吴充，副宰相为王珪、吕惠卿二人，枢密副使是王韶。吕惠卿说，吴充虽然有时候会和王安石有些小的意见分歧，不过是为了保住官位，故意装装独立性罢了，王珪是个老好人，王韶则对王安石感恩戴德，什么都听他的，如果臣再不坚持原则、不苟同，还有谁认真对待国家大事？

吕惠卿还说，自己有不同意见，"才与（王安石）商量便恶发（发怒）"。他提到："安石常言用兵须严名分，使虽有志者不敢出诸口，则事归一。安石之意不徒为军，为国亦欲如此。天下即是敌人，虽能禁近者言，其如天下何？"王安石经常说，打仗必须严格纪律，下级要无条件服从上级，即便有志气的人也不敢讲出自己的不同想法，这样才能保障事权归一。吕惠卿对此加以发挥，说王安石不仅认为军事必须这么办，治理国家也要如此。他讥讽说，王安石妄图禁止所有不同声音，把天下人都当成敌人，虽然他可以不让身边的人发言，能管得住天下人的嘴吗？

吕惠卿试图挑拨神宗和王安石的关系，提醒他注意王安石在神宗本人面前的跋扈。吕氏先举自身的例子，说自己有建议，如果皇上一时不理解，一定会详细解释，直到神宗完全明白，才去执行。王安石则不然，臣见过他向陛下汇报，陛下稍一迟疑，他就闹脾气，说什么"你（指神宗）既如此，须是无心始得"（你这样，那只有不想做事的人才受得了）——并不因为还有他人在场，就给神宗留点颜面。

---

[1] 《长编》卷268，神宗熙宁八年九月辛未，第6563—6564页。

　　　　　　　　　　忧患：边事、党争与北宋政治

吕惠卿还语带玄机地说，自古以来只有君主因为居住深宫，和外界接触太少，容易被身边小人蒙蔽，听信谗言，没想到王安石居然也这样，"每日只被吕嘉问、练亨甫几个围合了，练亨甫东面一向守却王雱，吕嘉问才不去，便守却安石，其余人更下语言不得"。他感慨，自己和王氏"如此许多年相知，厮共（一起）做了许多事，下梢却怎地（却落得这样的下场）"。[1]

按照吕惠卿的说法，他和王安石闹掰，是因为王氏重新回朝后，被吕嘉问和练亨甫包围、蒙蔽，只听这两人的，其他人的意见一概听不进去，包括曾经的一号心腹吕惠卿本人。

吕惠卿没想到，神宗对王安石的尊重与信任坚如磐石，他居心险恶的挑拨离间只会加重神宗对他的厌恶和鄙视。而且，可笑的是，王安石一贯刚愎自用，容不得不同意见，对神宗如此，对同僚更是如此，罢相前如此，罢相后依然如此，吕惠卿怎么会不清楚，怎么现在才开始抱怨？这是因为，罢相前的王安石，身边扮演吕嘉问、练亨甫这一角色的，正是吕惠卿本人。

不论王、吕决裂责任在谁，和王、韩产生矛盾时一样，神宗坚定地站在王安石一边。不仅吕惠卿本人被赶出了中央，而且一批和他关系密切的官员也都遭遇了贬官的命运。[2]

---

[1] 《长编》卷265，神宗熙宁八年六月戊申条注引吕惠卿《日录》，第6490页；卷268，神宗熙宁八年九月乙酉，第6573—6575页。

[2] 御史蔡承禧上章弹劾吕惠卿时，称其"有滔天之恶"，"章惇、李定、徐禧之徒皆为朋党，曾旼、刘泾、叶唐懿、周常、徐伸之徒又为奔走"。(《长编》卷269，神宗熙宁八年十月庚寅，第6589页。）熙宁八年十月，吕惠卿被罢免。当月，章惇受到牵连，贬官外放。(《长编》卷269，神宗熙宁八年十月庚子，第6598—6599页。）其后，同样被视为吕氏党人的曾旼、王庭老、张靓、陈睦等相继被罢黜。(《长编》卷269，神宗熙宁八年十月壬寅，第6601页；癸丑，第6607页；卷270，神宗熙宁八年十一月辛未，第6622页。）（转下页）

神宗对吕惠卿的不齿如此强烈，多年后，谈到一个和吕惠卿有关系的官员李稷，神宗评论说："稷，吕惠卿所荐，人物甚似惠卿，可诛，好大言，无诚实，外似刚直，质极污邪。"又直接批评吕氏："惠卿性极贪鄙。"[1]

熙宁九年十月，也就是吕惠卿被赶出朝廷整整一年后，王安石宠信的御史中丞邓绾和练亨甫相继于五天内贬官外放。[2] 邓绾的罪名是"论事荐人，不循分守"，具体而言是替王安石的子侄、女婿钻营官职，又建议朝廷赏赐王氏大宅子，而且在推荐彭汝砺担任御史一事上前后矛盾，暴露了讨好王安石的意图。王安石很欣赏彭氏的《诗经》著作，邓绾因此推荐他，后来练亨甫因为和彭汝砺有过节，骗邓绾说王安石对彭氏产生不满了，邓绾赶紧上书自我批评，说刚

（接上页）虽然吕惠卿被赶出了朝廷，事情并没有就此结束，针对他以权谋私的调查仍在进行。《长编》卷276神宗熙宁九年六月辛卯条（第6742—6743、6744页）云："安石既与惠卿交恶，令徐禧、王古等按华亭狱，不得惠卿罪，更使周辅按之。安石子雱犹恐弗得，切责练亨甫、吕嘉问，亨甫、嘉问共议取邓绾等所条惠卿事，杂他书下制狱，安石初不知也。惠卿素结堂吏，吏遽告惠卿于陈，惠卿即自诉，且讼绾及安石，前后凡数十纸……上既以惠卿所诉事示安石，安石谢无有，归而问雱，雱乃言其情，安石始咎雱。雱先病疽，忿恚增剧，而嘉问等相继得罪。安石由是愧，上疏求去，上待安石自是意亦稍衰矣。"此说疑不确。《长编》同卷六月丁酉条（第6747页）载："权检正中书五房公事吕嘉问、检正刑房公事张安国、提点五房公事刘岩、刑房堂后官张奕各展磨勘二年，主事黄九皋以下各降罚有差。以吕惠卿言推究弟温卿杞子误带出御史中丞等疏内因依，下两浙制勘院故也。"李焘注："朱本取《王雱传》所书附此云：'时方下两浙制狱鞫吕惠卿，未具，而嘉问等乃以邓绾乞责降其弟和卿疏杂它书行下，执政初不知，堂吏遽告惠卿于陈，惠卿以闻，特旨罚之。'"所谓"邓绾等所条惠卿事"，实即"邓绾乞责降其弟和卿疏"。

[1]　《长编》卷326，神宗元丰五年五月辛卯，第7847页。

[2]　王安石刚回朝廷时，对邓绾印象很差。（参《长编》卷263，神宗熙宁八年闰四月己亥，第6433页。）但此人善于逢迎，很快挽回了局面。

刚发现彭汝砺有问题，自己推荐他过于草率，恳请神宗责罚。于是，邓、练二人双双被贬。[1]

十四天后，王安石再度罢相。

蹊跷的是，邓绾暴露谄媚嘴脸，练亨甫仗势欺人，不过是小问题，而且责任不在王安石，为什么一直以来对王氏无比信任的神宗，突然如此大动干戈，竟将王氏罢相？而且，终神宗余生，王安石再没被起用，尽管皇上对在野的他始终优礼有加，尊崇备至。

我们注意到，王安石离开政治舞台后的第二个月，拖延了三年之久的宋辽边界谈判最终落幕，宋方割地数百里，换取和平。而熙宁八年王安石回朝重任宰相后，关于宋辽边界纠纷的处理，是他和神宗之间唯一的重大分歧。这不能不让人怀疑，王安石二度罢相并不再复出，与此有关。不过，在详细分析宋辽边界事件之前，还是先来检讨神宗的对夏策略。

---

[1] 《长编》卷278，神宗熙宁九年十月戊子，第6794、6795页；卷278，神宗熙宁九年十月壬辰，第6797—6798页。

附　记

再论王安石的政治作风

导言提到，美国史大家刘祚昌曾于20世纪80年代，撰文讨论王安石的政治作风，认为他没有宰相肚量。几乎与刘先生同时，许维勤也发表大作，指出王安石刚愎自用，认为这是导致变法失败的重要原因："作为一场振聋发聩、开创中兴局面的变法的主持者，除了必须具有过人的经邦济世之才，还必须具有宽容豁达的襟怀和气度，王安石显然缺少了这种襟怀和气度。"[1]

不过，这样评价王安石，还有很大争议。罗家祥以为，王安石主政后，一开始表现非常大度，"在宋神宗不同意的情况下坚持要求任用一些反变法派官员，以缓和矛盾，希望得到他们的理解与支持"，"只是在保守派官僚对新党新法以各种形式恣意攻击、使新法难以推行时，变法派的态度才逐步趋于强硬"，这一转变大致始于熙宁三年四月。罗先生还强调，熙宁年间，"新党对旧党的打击与排斥一般表现为将其从最高统治集团的要害位置上排挤出去，防止其以'异论相搅'，阻挠新法的实施，并没有像'元祐更化'时旧党对新

---

[1]　许维勤：《王安石的品格作风与熙宁变法的失败》，《福建论坛（文史哲版）》1986年第5期，第59页。

党那样，采用许多无情倾轧的手段（鹄按：详参本书第七章），而是采取了相对宽大和较为宽容的种种措施"。[1]

本章用了相当大的篇幅讨论王安石的政治作风，但主要关注王安石如何对待神宗和变法助手，较少涉及如何对待反对派，也没有专门对宋代以来备受关注的王氏任用小人问题加以分析。本文将在这两方面展开探讨。

一、对政敌宽大？

熙宁二年（1069）二月，王安石出任参知政事，变法拉开序幕。八月，三位御史刘述、刘琦和钱顗因为反对新法获罪，刘琦、钱顗贬官外放，而刘述牵涉其他案件，等待结案再予处理。[2]这一处罚结果是王安石亲自拟定的，当时宰相曾公亮就觉得处罚过重。[3]

于是司马光上书神宗，举了两个最近发生的情况相近的中央官员受处分的例子，两位当事人一位因为"贪"，一位因为"猥"（办事琐碎繁杂，不识大体，即不胜任），同样贬官外放，但得到的新职位比刘琦、钱顗还要好。而刘琦、钱顗不过是持有不同政见，却受到了更严厉的处罚，司马光深表不满。[4]

同样不满的还有范仲淹的儿子范纯仁。他指出，制度上御史允许"风闻言事"，即没有确凿证据，仅仅基于道听途说，也可以弹劾

---

[1]　罗家祥：《朋党之争与北宋政治》，武汉：华中师范大学出版社，2002 年，第 53、57 页。

[2]　杨仲良：《续资治通鉴长编纪事本末》卷 58《吕海劾王安石》，第 1891 页。

[3]　《宋史》卷 321《刘述传》，第 10432—10433 页。

[4]　《司马光集》卷 41《论责降刘述等札子》，第 909—910 页。

官员，如果情况不属实，免于追究。也就是说，即便刘琦等对王安石的指责全是错的，也不应该受到惩罚。王安石这么做，是党同伐异，威慑反对者，压制不同声音。[1]

对于暂时还没处理的刘述，王安石更是穷追猛打，一心想把他抓起来，只是在司马光、范纯仁强烈反对及神宗本人干预下，刘氏才免去了牢狱之灾。范纯仁不久也因此贬官外放。[2] 从刘琦到范纯仁，王安石对谁宽大了呢？

罗家祥论证王安石有意缓和矛盾时，特别举了刘挚的例子。[3] 熙宁四年二月，刘挚在王安石手下得到了一个重要职位。对于这一任命，神宗最初很犹豫，因为这时刘挚的政治倾向还不明朗，而王安石表示，先让他试试，如果阻挠新法，就罢免他。[4] 果不其然，刘挚就职后大力抨击新法，于是很快被贬。[5] 所谓宽大，如果只是拉拢，一旦发现不能改变对方，就转变态度，给予严惩，恐怕谈不上宽大。

相反，王安石屡屡劝神宗除恶务尽，认为神宗太宽容了，一再表示不满。熙宁四年六月，早已离开中枢去地方任职的前首相富弼，因为下属不愿推行新法遭受处分，被免去了一项非常重要的荣誉头衔。王安石仍不满意，对神宗抱怨说，富弼虽然受到处罚，依旧享有荣华富贵，哪能威慑那些有意阻挠变法的奸人啊？那么，在王氏心中，正确的处理方式是什么呢？他引经据典说："鲧以方命殛，共

[1] 范纯仁：《范忠宣奏议》卷上《论刘琦等不当责降》，《景印文渊阁四库全书》第1104册，台北：台湾商务印书馆，1986年，第758—759页。

[2] 《宋史》卷321《刘述传》，第10433页；杨仲良：《续资治通鉴长编纪事本末》卷58《吕诲劾王安石》，第1893页。

[3] 罗家祥：《朋党之争与北宋政治》，第53页。

[4] 《长编》卷220，神宗熙宁四年二月辛酉，第5337页。

[5] 《长编》卷225，神宗熙宁四年七月丁酉，第5488页。

忧患：边事、党争与北宋政治

工以象恭流，弼兼此二罪。"[1]大禹的父亲鲧因为违背了尧的命令被处死，另一个善于伪装的奸臣共工则被流放，这两人的罪行富弼兼而有之。这样类比，言外之意，不很显然吗？

熙宁八年闰四月，王安石刚回汴京不久，神宗和他谈到文彦博，说文氏受国厚恩，却荐举小人刘庠，居然还夸他正直，实在太过分了，但又感慨道："要治此等事，不可胜治。"王安石赶紧煽风点火："群臣欺陛下，陛下岂宜容忍！"要从情感上激起神宗的恨意。接着说："天讨有罪，天叙有德。陛下非有私心，奉承天之所为而已，何难之有？且任之重，遇之厚，则**责之尤宜厚**。"[2]有罪的人得到应有惩罚，有德的人得到应得酬奖，这是老天爷要做的事。陛下惩治文彦博这类人，并不是出于个人恩怨，只是执行上天的命令而已，有什么难的呢？为了给神宗鼓劲，王安石抬出了老天爷，在理性层面替神宗打造不能宽恕反对派的合法性和必要性。最后，他从文氏角度分析，强调既然国家给了他这么高的职位、这么好的待遇，犯了错自然也要得到相应的严厉惩罚。这仍是在理性层面论证文彦博咎由自取，以打消神宗的疑虑。王安石这番话，理智、情感双管齐下，又从神宗、文氏的不同角度多方剖析，堪称说服他人的经典案例。

王安石指责政敌时，往往上纲上线，乃至加以诬蔑。熙宁七年二月，因为宋辽边界纠纷有加剧的态势（详参第五章），神宗考虑把武将郭逵从西北调到河北，为可能出现的军事冲突做准备。但郭逵

---

[1]　《长编》卷224，神宗熙宁四年六月甲戌，第5454—5455页。

[2]　《长编》卷263，神宗熙宁八年闰四月己亥，第6433页。神宗原话为："邓绾，两制犹之可也。如文彦博，任遇更重，乃举刘庠，屡陈谠论。要治此等事，不可胜治。"标点疑误，应作："邓绾两制，犹之可也。……乃举刘庠屡陈谠论。"

和西北的另一重要将领、王安石鼎力支持的王韶不合，不认同王韶开拓西北的军事计划，因此王安石坚决反对神宗对郭逵委以重任。

王韶挺进河洮时，计划利用吐蕃政权唃厮啰的分裂，借助河洮地区吐蕃首领木征等人，控制这一区域（详参第四章）。郭逵当时是秦凤路主帅，王韶名义上的上司。熙宁五年，郭逵向朝廷报告，木征找他控诉王韶，说王韶曾和木征诅咒发誓，不会侵入木征的势力范围，但现在背地里收买木征手下的人，试图夺取木征控制的领土。木征扬言，要联合原本矛盾重重的唃厮啰政权首领董毡，夺回被王韶侵占的土地和吐蕃部族。郭逵抱怨说，王韶给他制造了一个两难处境：拒绝木征，就违背了王韶自己立下的誓言，而满足木征的要求，那宋军的努力就白费了。郭逵借口自己没有能力，把难题推给了朝廷，实际上是在表达对王韶的不满。[1]

时隔两年，王安石旧事重提，做出了不同的解读。他故意上纲上线，说郭逵挟虏自重，拿木征要挟朝廷，将郭逵和王韶间的个人恩怨，变成郭逵对抗朝廷、蔑视皇上。王安石接着提醒神宗，如果郭逵调到河北，手握重兵，"外挟契丹"，那时陛下还控制得了他吗？[2]

对于处置政敌，王安石甚至不讳言"诛杀"。熙宁三年，一个叫唐坰的小官上书神宗，扬言青苗法不能有效推行，"宜斩大臣异议者一二人"，得到了王安石的赏识、提拔。[3] 五年闰七月，王安石当面质问神宗，太祖很有魄力，"敢于诛杀"奸邪，即便如此严厉、坚

---

[1] 《长编》卷230，神宗熙宁五年二月癸亥，第5595页。

[2] 《长编》卷250，神宗熙宁七年二月丙子，第6087—6088页。

[3] 《长编》卷213，神宗熙宁三年七月癸巳，第5170页。

决，还是免不了被史珪、丁德裕这样的小人欺骗，"不知陛下于欺罔之人，**能有所诛杀否？**"[1]

《邵氏闻见录》有这样一则记载：

> 荆公（王安石封爵荆国公）置条例司（制置三司条例司，熙宁初年主持变法的机构），初用程颢伯淳（伯淳是程颢的字）为属。伯淳贤士，一日盛暑，荆公与伯淳对语，（王）雱者囚首跣足，手携妇人冠以出，问荆公曰："所言何事？"荆公曰："以新法数为人沮，与程君议。"雱箕踞以坐，大言曰："枭韩琦、富弼之头于市，则新法行矣。"[2]

清人李绂早已指出，这一记载的很多细节都不可信。[3]但笔者以为，尽管时间、场合等问题上有误，从上文揭示的王安石对政敌的态度来看，其子王雱说出这样的话，并非没有可能。当然，王氏父子如此云云，不必理解为真欲置政敌于死地，可能只是为了推动神宗加大惩罚反对派力度而采取的语言策略。即便如此，王安石对政敌谈不上宽大，则可定论。

总之，熙宁时期对反对派的处理相对克制，并非王安石宽容，而是神宗竭力掌控局面的结果。[4]

---

[1]　《长编》卷 236，神宗熙宁五年闰七月乙丑，第 5747 页。

[2]　邵伯温：《邵氏闻见录》卷 11，第 121 页。

[3]　李绂：《穆堂初稿》，纪宝成主编：《清代诗文集汇编》第 232 册，上海：上海古籍出版社，2010 年，第 589—590 页。

[4]　关于神宗掌控局面，可参罗家祥：《朋党之争与北宋政治》，第 58、76—79 页；仲伟民：《宋神宗》，第 177—179 页。

二、自信反被自信误

王安石的政治风格，还有一点颇堪玩味：他欣赏、提拔的，大多是小人。罗家祥指出，变法派中除王安石外，再也没有一个坚定不移、有操守的人。[1] 而王氏本人，也坦承"智不足以知人，而险诐常出于交游之厚"，暗算自己的老是身边的人。[2]

事实上，对于身边多小人，王安石向来心知肚明，甚至是有意为之。熙宁五年，御史弹劾王氏提拔的王子韶生性奸佞，王安石在神宗面前承认，王子韶确实品行不端，但比起其他小人，"尚有尺寸之能"，而且"顽然为奸不变者尚多"，无可救药、不知悔改的奸邪之人多的是——言外之意，王子韶还有希望改造，所以姑且用他试试。[3]

王安石放胆任用小人，是因为他对驾驭小人有绝对自信。王安石曾对神宗说："义可以使君子，利可以使小人。陛下诚操义、利之权，而施之不失其当，贤若孔子，不肖如盗跖，皆可使。"[4] 在王安石看来，义、利都可以作为用人的工具，义可以调动君子，利可以驾驭小人，只要手腕足够纯熟，"贤若孔子，不肖如盗跖"，都可以操纵自如。这是他对神宗的期待，当然也是自我肯定。

熙宁七年，如上所述，王安石否决了神宗将郭逵调到河北的设想，皇上问他，那该用谁？王安石推荐薛向，但"上（神宗）谓

---

[1] 罗家祥：《朋党之争与北宋政治》，第 64—65 页。

[2] 王安石：《临川先生文集》卷 73《与参政王禹玉书二》，王水照主编《王安石全集》第 6 册，第 1313 页。

[3] 《长编》卷 239，神宗熙宁五年十月辛巳，第 5807 页。

[4] 《长编》卷 241，神宗熙宁五年十二月己卯，第 5876—5877 页。

（薛）向不忠信，不如赵禼"。王氏回答："禼与向亦不相远，陛下知其不忠信，若以道御之，则狙诈咸足使，如其不然，则中才以下孰不为诞谩者。"赵禼和薛向不过半斤八两，陛下既然知道他不老实，只要按照正确的方式对付他（指的应该就是上面说的"利可以使小人"），再狡猾奸诈的人也都可以用，如果不采用正确办法，那连中等才能以下的人也没有不肆行欺诈的。最后，神宗听从了王安石的意见，起用薛向。[1]

王安石的绝对自信，不仅体现在敢于大量起用小人，还体现在一心一意为这些小人护短，体现在容不得半点不同意见——哪怕出自皇上。

最终呢？他不得不承认，"智不足以知人"。

行文至此，笔者不禁想起宠信宦官的唐宪宗。大臣李绛提醒宪宗，宦官飞扬跋扈，谗毁忠良，宪宗同样自信满满，根本听不进去，回答说："此属安敢为谗！就使为之，朕亦不听。"[2] 后来，因为宦官刘希光受贿案发，牵连到在宪宗跟前很得宠的宦官头子吐突承璀，宪宗把他赶出了宫廷，去做淮南监军。为此，宪宗非常得意地在李绛面前吹嘘，说吐突承璀不过是"家奴"而已，以前只是因为长期服侍朕，抬举抬举他，"若有违犯，朕去之轻如一毛耳！"[3]

结果呢？宪宗死于宦官之手！[4]

---

[1] 《长编》卷250，神宗熙宁七年二月丁丑，第6089页。

[2] 《资治通鉴》卷238，唐宪宗元和四年十月，第7668页。

[3] 《资治通鉴》卷238，唐宪宗元和六年十一月丙申，第7686页。

[4] 尚小明在《宋案重审》一书中一针见血地指出："用'小人'者，往往又要冒受制于'小人'之风险。"（北京：社会科学文献出版社，2018年，第95页）一代枭雄袁世凯也是如此。

第四章

先夏后辽：神宗的对夏策略

在宋神宗、王安石的设想中，征服辽朝，首先必须征服西夏。

神宗即位后，长期僵持的宋夏局势有了重大变化。当时西夏的南部边境，除宋朝外，西南方还有一个不可小视的对手，即占据了今甘肃与青海部分地区的吐蕃政权唃厮啰。神宗熙宁间，王安石极为赏识的王韶，提出了征服唃厮啰，从侧翼威胁西夏的战略构想，并在神宗大力支持下付诸实施。战争的结果，熙宁六年，北宋从唃厮啰手中夺取了熙河地区（今甘肃大夏河、洮河流域），拓地千里，取得了宋朝自平定北汉后，近一百年来仅有的重大军事胜利。熙河大捷后，神宗几度试图彻底征服西夏，迎来的却是元丰年间灵州（今宁夏吴忠）与永乐城（今陕西米脂西北）两次惨败。

对于熙河之役、灵州之战与永乐城之战的具体过程，学界已有相当多的研究，成果非常丰富，但也存在关键性的争议。比如熙河之役，有研究者认为是宋朝扭转对夏劣势的关键一步，[1]而另外一些学者则认为并未达到宋神宗的预设目标，不仅没有置西夏于死地，

---

[1] 赵涤贤：《试论北宋变法派军事改革的成功》，《历史研究》1997 年第 6 期，第 151 页；李华瑞：《宋夏关系史》，第 201—202 页。

而且没能断其右臂，灵州、永乐两度大败就是证明。[1] 从长远角度看，神宗之后的哲宗朝，在西线扭转对夏战局，取得优势，[2] 无疑离不开熙河之役的奠基作用。但就宋神宗的目标而言，熙河之役的确远远没有达到他的预期。

要准确把握熙河开边的历史意义，我们不能仅仅停留在宋人提出的据熙河以断西夏右臂的笼统说法上，而要仔细推求，神宗等所设想的断夏右臂，计划通过什么方式实现，再进一步考察北宋占据熙河后如何行动。也就是说，我们对神宗等人的战略构想及实际成果，要有非常具体的分析。

再如关于灵州、永乐城两战中神宗的失误，研究已很充分。但为什么同一个神宗，熙河开边时力排众议，英明果断地支持王韶，取得辉煌胜利，却在灵州和永乐城犯下那么大的错误？这一问题，迄今未见有人提出，仿佛大捷与惨败间，不存在任何联系。从大捷到惨败，真只是偶然吗？还是其中隐藏着我们尚未察觉的关键性勾连？

不论熙河之役，还是灵州、永乐之战，背后的最高决策者都是宋神宗。神宗个人在对夏军事策略上的一些基本特点，无疑既会在熙河大捷中有重要表现，也会深深影响灵州与永乐城之战。本章试图从这一视角出发，重新检讨神宗朝与西夏有关的几次重大军事行

---

[1] 王曾瑜：《王安石变法简论》，《中国社会科学》1980 年第 3 期，第 149 页；祝启源：《青唐盛衰：唃厮啰政权研究》，西宁：青海人民出版社，2010 年，第 61 页；黄纯艳甚至认为："宋神宗开边是北宋中后期最大规模的开边活动，以损失兵夫数十万，没有达成任何战前预定目标而结束。"参黄纯艳：《宋神宗开边的战争责任与政治解说——兼谈古代东亚国际关系研究中的历史逻辑与现代话语》，《厦门大学学报（哲学社会科学版）》2016 年第 6 期，第 41 页。

[2] 曾瑞龙：《拓边西北：北宋中后期对夏战争研究》，北京：北京大学出版社，2013年，第 115—131 页；孙方圆：《宋夏战争中的水资源》，博士学位论文，首都师范大学历史学院，2017 年，第 136—148 页。方圆兄惠赐大作，谨致谢忱！

动，从而更细致地展现宋神宗的特点。当我们把神宗对待王安石的态度、他在西夏问题上的表现，和他对宋辽边界纠纷的态度（详下章）拼接到一起，会重新发现一个让人难以捉摸、难以理解的神宗。

一、从大捷到惨败——熙河开边与灵州之战

熙宁元年（1068），宋神宗即位的第二年，在西北游历以寻找出人头地机会的王韶，给皇帝献上了《平戎策》。王氏云："国家必欲讨平西贼，莫若先复河湟，则李氏背腹皆受敌，表里交击之患，不攻而自覆矣。"所谓西贼，即西夏李氏。所谓河湟，指今青海东部、甘肃西南部黄河干流（河）与支流湟水流域（湟），这是吐蕃唃厮啰政权的领土。由于紧邻西夏，唃厮啰政权成立初期，面临的最大威胁就来自这个邻居。因此宋朝一向注意拉拢唃厮啰，赐以封爵，共同对付西夏。而唃厮啰虽是独立政权，但承认宋朝的宗主国地位，双方结成了不对等的同盟关系。

宋神宗之前，宋夏间的战事，主要以陕北横山为界，展开拉锯战。王韶建议宋廷改变思路，将视线往西转。如果能控制河湟地区，就可以同时从东西两线夹击西夏，所谓"背腹受敌""表里交击"就是这个意思。尽管唃厮啰是宋朝的同盟和名义上的附属国，毕竟是独立政权，宋朝对唃厮啰的指挥并不能得心应手。所以，王韶认为，应当将河湟地区直接并入宋朝版图，从而为突破宋夏僵局创造条件。

那么，如何从唃厮啰政权手中夺取河湟呢？这时政权的建立者唃厮啰已死（时人及史籍仍沿用其名称呼该政权），其子董毡继位，内部分裂，"沿边诸侯自为种落"，"皆分离散处，不相统一"。因此，王韶提出以下计划：

此正可以并合而兼抚之。诚能厚以恩信，结其宗党，使其倾心向慕，欣然有归服之意。但得大族首领五七人，其余小种，皆可驱迫而用之矣。诸种既服，嘉勒氏（指唃厮啰政权）虽盛，其敢傲睨而不归我？嘉勒氏既归于我，则西河李氏（西夏）在吾掌股中矣。急之，可以荡覆其巢穴。缓之，可以胁制其心腹。[1]

唃厮啰的法定继承人董毡仅能控制河湟地区，东南面是河洮地区（宋朝收复这一区域后设立熙州，又称熙河地区），再往东就是宋朝领土。宋军欲挺进河湟，河洮首当其冲。这一地区盘据着诸多拒不服从董毡的吐蕃势力（所谓"沿边诸侯"），但都比较弱小，相互间矛盾重重，"不能自立"。王韶认为，这给宋朝提供了一个绝好机会。他建议宋廷主动派遣熟悉当地情况、能力出众的官员进入河洮地区，用种种手段加以笼络，吐蕃人就会"倾心向慕"，乐于归顺宋朝，这是第一步。只要有五到七个大部落接受了宋廷统治，就可以迫使剩下的小部落听命于大宋，这是第二步。一旦宋朝全面控制河洮，力量对比发生巨大变化，董毡再桀骜不驯，也只能乖乖就范，臣服宋廷，这是第三步。至此，河湟不战而下，稳稳收入大宋囊中。

王韶还特别提到，河洮地区互不统属的各部族中，唃厮啰的孙子、董毡的侄子木征势力最大，建议重点扶植木征，派人劝说他进驻靠近宋朝国境的武胜军（今甘肃临洮，宋朝后来在此地设立熙州）

---

[1] 彭百川：《太平治迹统类》卷16《神宗开熙河》，《景印文渊阁四库全书》第408册，台北：台湾商务印书馆，1986年，第427页。是策见于《宋史》《长编》《东都事略》《宋朝诸臣奏议》《太平治迹统类》等书，各有详略，无一完整。参李华瑞：《宋夏关系史》，第76页。

或渭源城（今甘肃渭源），"辅以汉法"，接受宋朝制度，再挑选一名文武双全的官员留在木征身边，辅佐他招抚各部族。有不愿接受招抚的，就命令木征用宋朝名义震慑。

《平戎策》关于征服河湟的具体举措到此就结束了，王韶没有进一步解释第三步如何操作，似乎认定董毡除高竖白旗外没有别的选择了。奏疏中提到的相关措施，几乎都是水到渠成，宋朝只需要派出几个能干的官员，折冲樽俎，纵横捭阖，就可以顺利实现既定目标，不需要既劳民又伤财地出动军队远征。

王韶同时乐观地认为，只要河湟纳入大宋版图，西夏就成了宋朝股掌之上的玩物。如果宋廷决意迅速解决西夏问题，可以东西两路发兵，直捣西夏都城兴庆府（今宁夏银川）；如果采取稳健策略，缓步推进，宋军可以河湟为基地，从侧翼对西夏形成威胁。

在《平戎策》中，还能看到，王韶热情洋溢的设想，焦点集中在可以利用的数量巨大的吐蕃士兵——仅仅目前宋朝泾原、秦凤两路境内散处的蕃部，[1] 他估计就能组织起十几万蕃兵为我所用。蕃人有事为兵，无事则自食其力，国家不需要像养活职业兵那样支付巨额的养兵费用（军费是宋朝财政支出的大宗），如此一来，堪称完美。[2]

---

[1]　泾原路是宋朝以渭州（今甘肃平凉）为中心，包括今甘肃东部、宁夏南部部分地区的一个军分区。秦凤路在泾原路之南，以秦州（今甘肃天水）为中心，包括今甘肃东部、陕西西部部分地区。

[2]　赵汝愚：《宋朝诸臣奏议》卷141文彦博《上神宗论进筑河州》所附王韶奏议，上海：上海古籍出版社，1999年，第1590—1591页。我们现在根据不同文献拼凑出的《平戎策》文本，可能有部分重要内容已经阙失。现存文本总论部分谈的是规取河湟，而六条具体建议中，只有第二条与之直接相关，讨论如何招抚河洮地区的蕃人，其余长篇大论，说的都是如何组织、控制宋朝境内的蕃兵，总论和具体建议之间似乎缺少过渡。《平戎策》最后谈到，河湟、河洮一带土地肥沃，如果能得到有效开发，其作用不仅仅是可以控制蕃兵。这透露出，王韶应当是准备将计划在宋朝境内实施的组织、控制蕃兵的方法，挪用到未来的占领区域。

《平戎策》打动了神宗，王韶在边疆得到了一个重要职位，但年轻的皇帝还没有下定决心正式实施王韶的计划。熙宁四年八月，神宗终于参照《平戎策》的构想，设立洮河安抚司，命王韶主持"招纳蕃部"，正式拉开了熙河开边的序幕。

当时枢密使文彦博有异议，建议谨慎行事："如曩时西事，初不谓劳费如此，后乃旋生。"以前针对西夏的行动，事先也往往认为不需要大的财政支持，但随着事态发展，支出不久就越来越大。但神宗坚持己见："西事本不令如此，后违本指，所以烦费。"他反驳说，以前所以会出现这种情况，是因为行动负责人违背了朝廷的最初设计。言外之意，这次由方案的提出者王韶本人负责执行，自然不会发生类似情况。力挺王韶的王安石附和说："如起兵事，则诚难保其无后患。若但和附戎狄，岂有劳费在后之理？"[1]如果用兵开战，确实后果难料，现在只是去招抚蕃部，怎么可能演变成旷日持久、耗费巨大资源的泥潭呢？显然，神宗和王安石最初和王韶一样乐观，以为河湟唾手可得。

事态很快就超出了神宗等人的预期，向文彦博担忧的方向发展。王韶计划的第一步——招抚木征，就遭遇了失败。木征不仅没像他想象的那样，成为宋朝招抚蕃部的助手，反而对大宋介入河洮事务极具戒心，极力抵制。尽管此前与董毡矛盾重重，但在木征看来，宋朝势力延伸入其控制区，是比董毡更大的威胁。因此他扬言，如果王韶不停止招抚蕃部，他将转而联合董毡对抗宋朝。

消息传到宋廷，文彦博担心，如果继续招抚，会爆发军事冲突。而半年前信誓旦旦，认为不可能引发危机的王安石，改口说："若果

---

[1]　《长编》卷226，神宗熙宁四年八月辛酉，第5501—5502页。

合兴兵，亦有所不得已。"继续支持王韶，表示开战也在所不惜。神宗也持相同立场："有天下国家，即用兵亦其常事。"[1]

局势日益明朗，由于木征坚决抵制招抚，宋军若想控制河洮，大规模军事冲突在所难免。更糟糕的是，尽管河洮一带并非董毡控制区，且他原本与木征不和，但王韶的招抚也引起了董毡的强烈担忧，因为一旦宋军进入河洮，下一步显然就是河湟。

从唃厮啰时代起，吐蕃就与北宋结盟，共同对付西夏。熙宁三年（1070）西夏大举入侵宋朝，宋军伤亡惨重。此时董毡乘西夏西线空虚，沿边侵扰，为宋军解围助了一臂之力。现在王韶西进，却让董毡感到了比西夏更大的威胁。原本矛盾重重的木征和董毡，并未像王氏预期的那样，一一束手降服。在宋军压力面前，他们反而暂时搁置争议，一致对外。不仅如此，董毡还转变政策，和累世结仇的西夏交好，与之联姻。[2]

这时朝廷对形势的估计，依然非常乐观。熙宁五年五月，王安石在神宗面前夸口："如木征极易取，但令边将先阴厚抚结木征下首领，使其心内向，又善抚初附，令彼首领见而慕羡，则木征孤特，若取之则取一夫而已，何难之有？木征既取，则董毡、夏国皆知惧，如董毡亦非难取也。"[3] 在王安石看来，拿下木征轻而易举，根本不用出兵打硬仗，只要收买他手下的大小头目，优待最早归附宋朝的蕃人，形成宣传效应，他们会一心一意向往宋朝，木征就成了孤家寡人。解决木征，可以震慑董毡乃至西夏，而董毡也不难捕取。

---

[1] 《长编》卷230，神宗熙宁五年二月癸亥，第5595—5596页。

[2] 祝启源：《青唐盛衰》，第40—49、58页。

[3] 《长编》卷233，神宗熙宁五年五月癸未，第5648页。

四天后，王安石意气风发地谈到，只要擒获木征，河洮一带的蕃兵"皆当为朝廷致死，无所不可"，因为他们平日最敬畏贵族，现在眼看着木征被拿下，不敢不死心塌地为宋朝卖命，指哪儿打哪儿。[1]

又过了四天，神宗说"木征须早剪除"，王安石回答："岂但木征，董毡、夏国皆在我所措置而已。"[2]连董毡、西夏也逃不出我们的手掌心。

七月，王韶出兵讨伐木征。历时月余，攻占要地武胜军。初战告捷，宋廷就下一步行动展开讨论。这时木征还控制着河州（今甘肃临夏）一带，但王安石认为，他已经走投无路，只有投降宋朝了。尽管文彦博颇不以为然，远没有如此乐观，神宗还是相信王氏判断。[3]于是宋朝派人通知木征，限其一个月内投降。

王安石的预言再次落空，木征没有投降。熙宁六年二月，王韶攻克河州和周边要塞香子城（今甘肃和政）等。不过，木征极力反扑，围攻香子城。宋廷商讨对策时，文彦博非常担心军事行动逐步升级，宋军被拖入泥潭："向王韶料河州必不用兵，乃过河杀六七千人，韶所计未必是。"他指出，最初王韶口口声声无需用兵，就可以拿下河州，事实却相反。因此他提醒神宗，不能轻信王韶。王安石则一以贯之地给予王韶无保留的支持，对木征表示蔑视，认为他只

[1] 《长编》卷233，神宗熙宁五年五月丁亥，第5651页。

[2] 《长编》卷233，神宗熙宁五年五月辛卯，第5655页。

[3] 《长编》卷238，神宗熙宁五年九月丁未，第5792—5793页。文彦博强调，宋军"深入险阻"，后勤保障非常困难，如果战事拖延下去，会造成极大的财政负担。王安石轻描淡写地回应说，这不可能。事后证明，文彦博是对的。参视祝启源：《青唐盛衰》，第63页。

是垂死挣扎，根本不会对香子城构成威胁。[1]

不料这年七月，木征重新夺回河州，宋军被迫放弃香子城。但八月王韶卷土重来，用调虎离山之计，再次攻克河州，并相继占领河洮地区的其他重要城邑。经过了这番大波折，宋军终于如愿全面控制河洮。神宗龙颜大悦，解下身上系的玉带，赐给王安石，表彰他对王韶坚定不移的支持。从此，宋朝疆土上，多了一块熙河地区。

但这并不代表《平戎策》提出的战略目标，已经达成。《平戎策》的战略目标只有一个，非常明确，就是"讨平"西夏。所提供的战术手段也只有一个，同样非常明确，就是占领河湟，与陕北横山形成东西夹击。夺取熙河，只是挺进河湟的前奏而已，在王韶的设想中熙河并非西路的重心所在。

而王安石的认识，似乎与王韶有很大不同。熙宁五年八月，当洮河上的要塞武胜落入宋军手中时，王安石就向神宗宣称，"洮河据

---

[1] 《长编》卷243，神宗熙宁六年三月丁卯，第5924—5925页。李华瑞先生以为："王安石在经制西夏问题上的思想可归纳为三个要点：1. 不急于求成，欲速则不达。2. 深化国内军政的改革为当务之急。3. 增强国力然后伺机而动。"（《宋夏关系史》，第71页）李先生提出的第一、三两点，似乎还有商榷的余地。王安石固然强调，内政为本，内政修则外患平，但这不表明他是持重之人。相反，不论是内政改革还是消除外患，王安石一向以为，只要皇帝完全依照他的设想行事，天下太平可迅速达致，灭亡西夏乃至辽朝易如反掌。《长编》卷236神宗熙宁五年闰七月壬申条（第5752页）记载了神宗和宰执的一段对话，其中王安石说："夏国非难经略，顾陛下策画安出尔。"参知政事冯京质疑："夏国与契丹唇齿之国，必相连结救援。"王安石反驳道："孙武以为善用兵者，役不再籍，粮不三载，又以为举秋豪不为多力。盖经制敌国，必制胜于无形之中，如举秋豪，故不再籍，不三载而已矣。若不能如此，致其结相援而后图之，非善计也。""役不再籍，粮不三载"，"如举秋豪"，充分表明了王安石蔑视西夏的心态。又如《长编》卷241神宗熙宁五年十二月己丑条（第5883页）记载，神宗称赞"夏人善战"，王安石不屑地回答："夏国安能用兵？但中国未修纪律故尔。"只不过我大宋军政制度太糟糕，所以军队表现太差了。神宗又说："夏国屡败契丹。"主要指的就是宋仁宗庆历年间辽朝伐夏大败这件事。王安石表示，"契丹虽大而无能"，"宜其败"。

　　　　　　　忧患：边事、党争与北宋政治

夏国上游，足以制其死命"，"陛下必欲经略夏国，及秉常幼稚之时，正宜汲汲"，"天下事机，变动无穷，及可为之时不可失也"。[1] 这牵涉两个问题。第一，洮河在黄河流经兰州前汇入干流，黄河从兰州到西夏首府兴庆还有近千里，为什么控制洮河流域就等于扼住了西夏咽喉，不仅王安石这里没有说明，一直到熙宁九年彻底离开政治舞台，也没有就此给出过具体解释。第二，这时西夏统治者李秉常的确不过十岁出头，但另一方面，在凶悍的母亲梁太后执政下，西夏连年发动侵宋战争，就在两年前，一度威胁西北重镇庆州（今甘肃庆阳），宋廷大震。不知何故，王安石认为，此时正是荡平西夏的绝佳时机，催促神宗尽快行动。

这年九月，王安石又一次对神宗提到："今不取夏国，则四夷旅拒如今日，非所以宁息中国。"不赶紧剿灭西夏，周边的蛮夷还会像现在这样不臣服大宋，国家就得不到安宁。他还扬言，"破秉常与破木征无异也"。[2] 如上所述，这时木征尚盘据河州，但王安石认为他除投降外已无路可走。在王氏看来，现在要抓紧准备的是下一步扫荡西夏的行动，这会像他预期的轻松进占熙河一样容易。

熙宁六年十月，熙河地区全部被宋军控制，成功拓边千里，让宋朝最高决策圈极其振奋，信心满满，都受王安石影响，把《平戎策》抛到了脑后，认为时机已经成熟，可以着手平定西夏了。

就在赐王安石玉带后的第五天，神宗谈到，熙河地区吐蕃人数量众多，如果抚驭得法，都能变成为我所用的蕃兵，可以"坐制西夏"，这就是所谓以夷制夷。他又志得意满地设想，可以经常性地在

---

[1] 《长编》卷237，神宗熙宁五年八月壬辰，第5769页。

[2] 《长编》卷238，神宗熙宁五年九月癸亥，第5800页。

153

宋夏边境不同地点集结吐蕃士兵，进行军事演习，制造准备进攻西夏的假象，迫使西夏军队频繁调动，疲于奔命。这样持续几年，不用动手，西夏就会困顿疲惫，不堪一击，这是兵法所谓以逸制劳。大臣冯京、王珪随声附和，大赞神宗的设想，表示如果采取这一策略，一两年后，西夏军队就会不战而溃，然后宋军出动，可以如入无人之境，轻松征服西夏。[1]

尽管想象中的前景如此美好，神宗仍不满意，嫌这样操作，耗时太长。这年十二月，他感慨说："（殷商）高宗伐鬼方三年，而周公东征亦三年，何其久也？"[2] 这位志大的英主，连三年也等不及。于是，熙宁七年二月，他对王韶委以重任，[3] 有意让他统领西路大军，进图西夏。

对此，神宗和王安石有过一场讨论。让人惊讶的是，王安石突然变得保守、慎重，他说，"今陛下欲讨灭夏国，夏国诚为衰弱，可以荡除"，但目前恐怕还办不到。最主要的原因，是他对王韶在用人、管理军队等方面很不满意，认为眼下军队的状态还难以战胜强敌。而神宗仍跃跃欲试，反驳道："若不试之于坚，即兵何时可用？"如果现在不找机会挑战强劲对手，那什么时候才可以用兵呢？神宗太过低估西夏军事实力，对宋军则太高估了，他迫不及待希望硬碰硬来场大战，充分展露了渴望一举荡平西夏的急切心情。当然，最后神宗还是听从了王安石的意见。[4]

此时前线传来了令宋廷大为震惊的噩耗。王韶夺取熙河让董毡如

---

[1] 《长编》卷 247，神宗熙宁六年十月丙戌，第 6025 页。

[2] 《长编》卷 248，神宗熙宁六年十二月乙亥，第 6053 页。

[3] 《长编》卷 250，神宗熙宁七年二月己巳，第 6080 页。

[4] 《长编》卷 250，神宗熙宁七年二月辛卯，第 6103—6104 页。

坐针毡，他派遣大将鬼章率众数万进入洮河以西地区，与木征互为表里，试图收复失地。就在这个月，鬼章大败宋军于踏白城（今甘肃积石山），王韶的副手景思立战死沙场。形势急转直下，刚刚到手的熙河地区又有易主的危险。神宗此时才明白，"熙河边事未有安靖之期"，[1] 宋军对熙河的稳固统治尚是未定之数。此后数年，吐蕃与宋朝争夺洮西，情况一度相当危急。直到熙宁十年（1077）六逋宗之役宋人大胜后，局势才开始稳定下来，董毡也重新向宋朝称臣纳贡。[2]

这时，王安石已经罢相，一度入朝任枢密副使的王韶也已经离开了中枢，如何利用稳固统治后的熙河地区发起针对西夏的攻势，成了宋神宗一个人的独角戏。元丰四年（1081）包括熙河在内的五路伐夏，就是神宗交出的唯一一份答卷，也是极其失败的答卷。

毫无疑问，由王韶发端，得到神宗、王安石高度认同的从西线威胁西夏的策略，为宋朝带来了制伏西夏的希望。而由王韶主持的开边行动，也取得了拓地千里的丰硕成果。但神宗也罢，王安石也罢，王韶也罢，似乎都不清楚，熙河的真正战略价值何在。

就王韶而言，他完全没预料到征服河洮的艰难，似乎已放弃了继续夺取河湟的想法。他在《平戎策》中大书特书，神宗、王安石

---

[1] 《长编》卷250，神宗熙宁七年二月丙申，第6105页。

[2] 曾瑞龙：《拓边西北》，第63—64、70—86页；祝启源：《青唐盛衰》，第63—64页。董毡虽然降服，也曾在元丰四年宋朝五路伐夏时出兵，但并不真心实意帮助宋朝。神宗对此有清醒认识。元丰四年六月，部署伐夏之役时，神宗手诏指示熙河路主帅李宪，董毡如果"犹豫不肯如期出兵，致误朝廷虚有调发，即相度机便移兵讨除"。（《长编》卷313，神宗元丰四年六月辛巳，第7592—7593页。）又元丰七年二月，神宗下诏熙河路曰："朝廷素知董毡事力，不能大抗西贼，但不与夏人结和，已于边防有助。委李宪自今所与蓄书，不须过当督责。"（《长编》卷343，神宗元丰七年二月庚辰，第8241页。）董毡死后，其子阿里骨一度与西夏联合，试图收复熙河故地。（参《长编》卷404，哲宗元祐二年八月戊戌，第9841—9842页。）

都寄予厚望的蕃兵，也没有大的收获。至于如何以熙河为基地挤压西夏的生存空间，没看到他有什么特别建议。

而对王安石来说，最初甚至比王韶还乐观，仅仅攻占武胜就让他欢呼灭亡西夏的时刻已经到来。尽管后来改变想法，阻止神宗讨伐西夏，他担心的只是宋军将帅的能力和士兵的状态，并没有对出动大军荡平西夏这一作战方式有所质疑。

在王安石的劝说下，宋神宗暂时放弃了从熙河出兵的计划。随后几年熙河地区的持续动荡，更让这一宏伟计划无法实施。但他征服西夏的迫切心情、在西夏面前的盲目乐观，没有任何改变。尽管开边过程一波三折，多次把神宗不切实际的乐观估计撞得粉碎，他并没有从中吸取教训。恰恰相反，作为宋朝近百年来仅有的重大军事胜利，熙河大捷似乎给年轻气盛的神宗注入了一剂终生有效的强心剂，始终让他存有幻想。灵州之战就是在这样的背景下发生的。

元丰四年，宋神宗得知西夏发生政变，调集熙河、泾原、环庆、鄜延[1]、河东五路共四十万大军，从甘肃到山西，数千里战线上同时出兵，深入敌境，兵锋直指西夏都城兴庆府和它的屏障重镇灵州[2]，试图一举灭掉西夏。

这样大规模的行动，组织协调、后勤补给存在巨大难题。鄜延路近十万大军，从陕西绥德出塞，一度夺取银州（今陕西横山）、夏州等地，终因军粮不继，以及大雪导致的严重非战斗减员，不得不撤退，途中发生溃逃，最终入塞仅三万人。河东路六万大军，也因粮草问题，出师不久就被迫撤军。这是东北方向两路大军的结局。

---

[1]　环庆路以庆州为中心，包括甘肃东北部和陕西西部部分地区。鄜延路则是以延州（今陕西延安）为中心的陕北军分区。

[2]　参见本书第 44 页图二。

西北方向，熙河路十余万大军虽有斩获，但直到战役结束，都没能进入主战场。

五路大军中，真正到达既定目标的，只有会师灵州城下的环庆、泾原两路共十三万人。宋军围城十八天，久攻不下。西夏掘开黄河，水淹宋军，又抄绝粮道，于是宋军不战而溃，大败而归。途中遭夏人尾随追杀，最后回到宋朝国土的只有一万三千人。这就是著名的灵州之战。[1]

灵州之战宋军失败的原因，学界已有很多探讨，将帅不和、指挥失误要负很大责任。[2]曾瑞龙还特别提到，宋军在战役组织上还不成熟，且有轻敌的嫌疑。[3]孙方圆对战役过程进行了详细分析，明确指出，神宗决策有误，大兵团快速突进、寻机决战的冒险策略，实非宋军所长。[4]江小涛也认为："战前未作充分的动员和准备，未作周密的计画和部署，出兵失之于仓促草率……宋朝的战争决策者既不能很好地知己，更没有做到知彼。其对于敌方内部的了解是非常浅薄的，至少是流于表面的。其发动战争的依据，除自身的冲动和野心外，往往寄托于敌方虚弱的假设之上，因而轻敌的心理，侥幸以求一逞的心理，在所难免。"[5]

---

[1]　西夏政权的奠基人李继迁在宋太宗、真宗之际曾发动对灵州的攻击，并最终据为己有，学界一般将李继迁攻灵州称为"第一次灵州之战"，而将宋神宗朝的这次战役称为"第二次灵州之战"。参李华瑞：《宋夏关系史》，第166—169、180—186页。由于本章不涉及第一次灵州之战，不会产生误解，为避免繁琐，径称第二次灵州之战为灵州之战。

[2]　参程龙：《北宋西北战区粮食补给地理》，第256—258页；曾瑞龙：《拓边西北》，第139页。

[3]　曾瑞龙：《拓边西北》，第153页。

[4]　孙方圆：《宋夏战争中的水资源》，第111—123页。

[5]　江小涛：《元丰政局述论》，《隋唐辽宋金元史论丛》第七辑，第154—155页。

对于学界已取得的这些成果，笔者深表赞同，这里想补充的是，神宗的冒进和机会主义，固然跟急于利用西夏内乱这一心态有关，但也是因为熙河大捷带来的盲目自信与大意轻敌。[1]

此外，关于神宗的办事风格，有几段花絮值得细细品味。元丰四年七月，神宗给熙河路主帅宦官李宪下了道命令，指出洮河地处黄河上游，讨伐西夏时可以利用水路，要求李宪制造船只，到时用于运输士兵或军粮，或者用于火攻。[2]实际上等于要求李宪建立一支水军。这在北宋西北战区没有先例。而这时离预定的五路大军出征只有两个月了，赶造船只恐怕都来不及，更别提水军需要训练，神宗却希望能在大战中派上用场，显然只是不切实际的忽发奇想。[3]

更有意思的是，虽然这一次没有实现水陆联合作战，既然神宗有此想法，按理说事后应该亡羊补牢，积极筹备。可事实上，此后再也没有见到神宗就打造熙河路水军有任何举措。他只是一时兴起，事先无准备，事后随即抛之脑后，形同儿戏。

再来看这次大会战中熙河路的角色。如上所述，熙宁七年时，神宗一度对熙河寄予厚望，准备让王韶以此为基地，发起扫荡西夏的总攻。因为王安石的劝阻，以及时局突变，他放弃了这一想法。但自熙宁十年以来，熙河日渐稳固，理论上神宗可以考虑实施原计

---

[1] 战争动员令中，神宗明确许诺，如果能"荡除贼巢穴，当比熙河赏功三倍"。（《长编》卷314，神宗元丰四年七月庚寅，第7600页。）

[2] 《长编》卷314，神宗元丰四年七月癸巳，第7603—7604页。

[3] 方震华谈到另一个类似的可笑例子。出兵前神宗颁布了"营阵法"（行军扎营规范），要求各路人马都按照阵法操作，而前线将领们对以文字形式表现的阵法不太理解，要求朝廷火速派专人指导。这时离出兵只有一个月，即便文字表达非常清晰，在短时间要求部队改变战场上的习惯操作，也是极其不负责任的行为。参《和战之间的两难：北宋中后期的军政与对辽夏关系》，北京：社会科学文献出版社，2020年，第157页。

划了——当初他热情洋溢支持开边，不就是认为可以从这里找到制伏西夏的"终南捷径"吗？

结果呢？也许是热情冷却已久，皇上再也没有重提当年的想法，这块耗费了宋朝巨大人力、物力才取得的土地，除了展示大宋的威武外，在神宗的眼中似乎不再具有核心战略价值。

在这次神宗亲自策划的五路伐夏、试图一举定乾坤的大手笔中，熙河只是一个可有可无的配角。其余四路的任务非常明确，就是直捣敌人腹心，[1]而下达熙河路的命令则仅仅是就近攻击西夏境内新修的军事据点——大概是为了牵制夏军。如果西夏主力没有前去救援，"则相度机便，率兵东下，径趋巢穴，或北取甘、凉"。[2]由前线主将根据情况自主决定，或者东下与四路大军会合，或者调头西进，夺取河西走廊——这是个无关大局的任务，因为如果能像神宗设想的那样，宋军主力攻陷兴庆府，河西走廊的归属就只是时间问题了。只能承担这一角色的熙河，当初有必要为它搞一场声势浩大的开边吗？神宗等人有必要为之欣喜若狂吗？

这年九月，大战已经发动，神宗突然有了新的批示。最初战况进行顺利，神宗认为很快可以拿下黄河东岸的灵州，下一个目标就是西岸的兴庆府，这时他才意识到，军队渡河需要船只。于是皇上下令熙河路做好准备，一旦接到通知，就驾驶船只顺流而下，帮助四路大军渡过黄河。[3]这场出动四十万大军，旨在一举灭夏的宏大战役，居然事先没有考虑过如何渡河这一关键环节，临时求助于一个

---

[1] 《长编》卷 314，神宗元丰四年七月庚寅，第 7600—7601 页。

[2] 《长编》卷 314，神宗元丰四年七月癸巳，第 7603—7604 页。

[3] 《长编》卷 316，神宗元丰四年九月壬子，第 7653 页。

根本不可能实现的办法，真是让人大开眼界！[1]

二、换汤不换药——永乐城的悲剧

灵州惨败后，宋神宗没有气馁，随即又一次着手准备平定西夏的大规模军事行动。究其所以，还是因为熙河大捷的鼓励。[2]

就在元丰四年底，鉴于灵州之战五路大军难以协调，熙河路主帅李宪建议将各路人马集中到泾原，攻其一点，寻求突破。具体方案是从泾原路宋夏边界的桥头堡熙宁寨出兵，沿葫芦河谷推进四百里，沿途修筑城堡，直抵黄河岸边的鸣沙城[3]。鸣沙城在灵州西南，离兴庆府也不远，一方面可以寻找机会夺取灵州，另一方面也可以等待黄河结冰，渡河一举攻占西夏首府。

李宪选择泾原而不是其他方向作为突破口，确实有眼光。当时宋朝在宋夏边境一共设置了五个军分区，从东到西依次是河东、鄜延、环庆、泾原、熙河。河东和熙河偏处一隅，宋军集中兵力于这两路，发起对西夏政权中心地区的进攻，显然不太合适。而与鄜延和环庆两路相较，泾原的地理环境优越得多。从鄜延、环庆两路进

---

[1] 方震华指出："神宗与将领在出兵之前，并未对进军路线、作战策略等具体事项进行良好的沟通"；"神宗在决策上缺乏一致性，动辄改变心意，造成将领的困扰，几乎各路统帅都面临此类困境"；"神宗在作战与后勤的规划上的疏漏重重，往往未考量可行性，又经常改变指示，平添执行上的混乱"；"发兵之初即无强攻坚城的准备，显然是低估西夏军的防御能力与决心。难怪在包围灵州后，宋军既无攻城的器械，军中也没有熟悉制作的工匠"；神宗"因缺乏实战经验，对情势的判断往往过度乐观"。（《和战之间的两难》，第159、160、161、163页。）

[2] 元丰五年，神宗谈到对夏策略时说："灵州之役，士气至今不挫者，由熙州成功故也。"（《长编》卷327，神宗元丰五年六月戊辰，第7880页。）

[3] 参见本书第44页图二。

入西夏领地，"土多沙脉，古称旱海"，基本属于沙漠地带，宋军往前推进，即便修筑大量城堡，也很难守住，因为后勤供应非常困难。而从泾原路北上，属于河谷地带，形势有利得多。[1]

日后哲宗朝在西线取得对夏军事优势，正是通过沿着葫芦河边修城堡边推进这一方式。近二十年后，经过精心准备，泾原路主帅章楶出兵，沿葫芦河北上。尽管其余各路多方努力，佯攻以吸引西夏注意力，夏方仍集中了全国约一半兵力，应对泾原的威胁。双方大战，西夏败退，宋军得以修筑平夏城和灵平寨。随后西夏倾国反击，出动了三十多万大军，发动了一场组织完善、战术灵活、充分彰显军事智慧的狂攻。平夏城一度险象环生，但在章楶的周密部署下，终于屹立如故。此后宋军再由平夏城继续推进，全面控制战略要地天都山，兴修天都寨（今宁夏海原）。对此，曾瑞龙给予了高度评价："由葫芦河谷向北拓展至天都山，每进占一个核心地点后，即兴筑城寨，并在外围建立堡障，连点成线，化线为面，可谓北宋后期规模最大，策划也最为精心的作战计划之一。"并盛赞章楶的谨慎和精细。[2]

即便如此，宋军沿葫芦河向北推进的距离，还不到熙宁寨至鸣沙城的一半。尽管李宪从泾原路突破的思路，的确找准了西夏的命门，但他当日的雄心，比二十年后的成功者章楶大得多。同样是进筑城堡寨，李宪并不主张稳扎稳打，步步为营，而是试图毕其功于一役，直抵鸣沙城，甚至希望以此为跳板，攻占灵州乃至兴庆府。

---

[1] 《长编》卷321，神宗元丰四年十二月戊寅，第7750—7753页。另参《宋会要辑稿》兵二八之二五至二七，熙宁五年六月五日条，北京：中华书局，1957年，第7282—7283页。

[2] 曾瑞龙：《拓边西北》，第120—130、150—163页。

这和哲宗朝的成功经验恰恰相背（详参第三节），难逃轻敌冒进的嫌疑。如果真按李宪的计划实施，结果如何很难预料，又一次大败并非没有可能。

虽然神宗一度采纳李宪的建议，并定下了出兵的具体日期，[1]由于后勤部门极力反对，[2]加上派到西北实地调查的宦官李舜举回到汴京后，"为上泣言，若再出师，关中必乱"，[3]说陕西等地的老百姓不堪后勤重负，会出大乱子，神宗终于在战斗即将打响之前，下诏取消了行动。

吊诡的是，深入西夏腹地的冒险计划搁置后，李宪提出了更为务实的策略，建议攻取天都山，作为阶段性目标，却被神宗断然拒绝，理由是"所图至小"。[4]

应当说，神宗在灵州大败后并未丧失斗志，初衷不改，其坚韧值得钦佩。但另一方面，他没有吸取教训，急功近利、大意轻敌的心态没有改变，执意一举灭夏，对务实方案不屑一顾。永乐城的悲剧，就是在这种情况下发生的。

神宗策划出兵泾原时，鄜延路主帅沈括、副帅种谔上书建议，利用宋军出师泾原，西夏无暇东顾，鄜延方向也可以乘机寻找突破口。他们首先检讨了制约鄜延路宋夏边境双方军事行动的根本因素：

---

[1] 《长编》卷 322，神宗元丰五年正月辛亥，第 7769—7770 页；卷 326，神宗元丰五年五月丙申，第 7851 页。

[2] 《长编》卷 325，神宗元丰五年四月庚辰，第 7832—7834 页；卷 326，神宗元丰五年五月乙酉，第 7841—7843 页。

[3] 《长编》卷 327，神宗元丰五年六月乙卯，第 7868—7869 页。

[4] 《长编》卷 328，神宗元丰五年七月丁酉，第 7902 页。

"利害全在沙幕（漠）。若彼率众度幕入寇，则彼先困；我度幕往攻，则我先困。"既然沙漠的存在是双刃剑，越过沙漠进攻非常危险，为什么此前西夏频频穿越沙漠，成功侵扰宋朝呢？沈括、种谔指出，关键在于西夏控制了漠南横山一带，建立了可攻可守的据点。因此，当务之急是占领横山，这样夏人南下越过沙漠后，没有立足之处，只能无功而返。

怎样才能夺取横山呢？沈括、种谔主张沿横山北麓修筑城堡，并建议重修"最当要冲，土地膏腴，依山为城，形势险固"的乌延城（今陕西榆林横山区南），以此为基点，徐图进取，将来再收复夏州，就可以全线控制横山。他们特别强调，要趁泾原出兵时，抢修乌延城。否则西夏从泾原腾出手后，恐怕不会轻易让宋军占据横山。[1]

沈括、种谔的这一设想，确实把握住了宋夏边境东段的基本特点，在充分考虑西夏实力的情况下，主张抓住时机，稳步前进，非常务实。对于推进的具体路径，后来种谔的想法稍有变化。他建议先占据银州，再修乌延城，然后夺取夏州，最后的目标锁定为拥有盐池、极具经济价值的盐州（今陕西定边），这样可以把西夏势力完全挤出横山地区。[2]

元丰五年五月，神宗安排中央官员徐禧和宦官李舜举去陕北实地考察。[3]徐禧的到来改变了种谔的策略，他放弃银州，选择永乐城为突破口，给宋军带来了灾难性后果。

---

[1]　《长编》卷 326，神宗元丰五年五月丙午，第 7856—7858 页。

[2]　《长编》卷 328，神宗元丰五年七月丙戌，第 7894 页。

[3]　《长编》卷 326，神宗元丰五年五月丙午，第 7859 页。

八月，尽管种谔极力反对，徐禧仍固执地率领八万大军进筑永乐城，迅速完工后留下四千人戍守，大军回撤。此时，西夏在泾原方向等候宋军出塞决战的三十万（一说二十万）大军，闻讯直奔永乐。徐禧领兵二万五千返回永乐，试图守城，随即被夏人团团围住。永乐城依山无水，依靠城外的无定河提供饮用水。西夏攻势凌厉，宋军为保护无定河水源所立水寨很快失守。水源断绝十余日后，永乐城破，徐禧等战死，"蕃汉官二百三十人、兵万二千三百余人皆没"。[1]

诚如孙方圆所论，永乐之败的原因非常复杂，"西夏大军全力来攻、宋军将帅挟私不睦、战场一线兵力不足、主帅轻敌指挥不当，甚至'大雨濡城'的恶劣天气，共同造就了宋军的永乐之败"，"而选址不利导致的饮用水匮乏"，也是关键因素之一。[2]

徐禧所犯的错误，不仅是选址不当。西夏大军直扑永乐时，"边

图三　永乐城及周边（底图根据谭其骧主编：《中国历史地图集》第 6 册《宋辽金时期》，第 19 页）

---

[1]　《长编》卷 330，神宗元丰五年十月戊申，第 7945 页。关于此战经过，详参李华瑞：《宋夏关系史》，第 187—190 页。

[2]　孙方圆：《宋夏战争中的水资源》，第 36 页。

人来告者前后十数，徐禧等皆不信，且曰：'贼若大至，是吾立功之秋也。'"[1] 大将曲珍意识到敌军来势凶猛，为慎重起见，建议徐禧和李舜举离开前线，在后方调度、指挥作战，反被徐禧嘲笑说："曲侯老将，乃尔怯耶？"[2]

很显然，永乐惨败，徐禧大意轻敌，要负很大责任。让人不解的是，在轻率的徐禧和长期在鄜延任职、熟悉当地情况的种谔之间，神宗居然选择了前者，这是什么缘故呢？让我们先来看看，徐禧何许人也。

徐氏本是一介书生，小舅子是赫赫有名的文豪黄庭坚。在苏轼、苏辙兄弟成名之前，徐禧的文章一度很受人追捧。[3] 但这位文坛上的成功人士，并不甘心终老于书斋，他"为人狂疏而有胆气，尤喜言兵，以为西北唾掌可取，但将帅怯懦耳"。[4]

而神宗对这位喜好纸上谈兵的书生的赏识，由来已久。元丰二年（1079），徐禧出任泾原路主帅，神宗下诏称赞他"恻怛慷慨，谋国不顾""异日为一代良臣矣"，[5] 对其寄予厚望。所谓"恻怛慷慨"，即"有胆气"。所谓"谋国不顾"，即不计个人得失，一心为国。这些确实是徐禧的优点。

之后几年，徐禧扶摇直上，一度出任要职御史中丞。不过，就在永乐筑城前夕，徐禧因为和吕惠卿关系密切，有结党营私的嫌疑，

---

[1] 《长编》卷 329，神宗元丰五年九月甲申，第 7926 页。

[2] 《长编》卷 329，神宗元丰五年九月丙戌，第 7927 页。

[3] 黄士毅编，徐时仪、杨艳汇校：《朱子语类汇校》卷 133，上海：上海古籍出版社，2014 年，第 3162 页。

[4] 《长编》卷 330，神宗元丰五年十月乙丑，第 7955 页。

[5] 《长编》卷 297，神宗元丰二年三月丙戌，第 7222 页。

被免去了御史中丞。[1]尽管如此，神宗仍很信赖徐禧的能力，因此在沈括、种谔上书后，派徐禧和李舜举代表朝廷实地调查，[2]最终不顾种谔的激烈反对，采纳徐氏方案，酿成悲剧。

不过，就个人品行而言，徐禧在永乐城的表现可圈可点。在敌人重重包围、朝不保夕的孤城中，徐禧"日怀二烧饼，往来巡城，亲以矢石击贼，困则枕卒股假寐"，实在支持不住了就枕着士兵的大腿打个盹。曲珍建议突围，被徐禧严词拒绝，并招致谴责："曲侯已败军，又欲弃城耶？"这表明了徐氏誓与永乐城共存亡的决心。西夏强攻，在徐禧身先士卒的坚决抵抗下，伤亡很惨重，因此试图劝说宋军投降。徐禧最初派遣下级军官吕文惠虚与委蛇。夏人嫌吕氏地位不够，要求改派高级军官进行谈判。大将景思谊主动请行，徐禧很犹豫："万一蹉跌，恐伤国体。"[3]担心西夏侮辱景思谊，会让国家蒙羞。在已成瓮中之鳖的情况下，首先想到的是国体，而非个人安危，徐禧确实是个值得称道的大丈夫。

更何况，徐禧的使命只是筑城，守城并非他的职责。西夏大军到来之际，他主动带兵返回危城，因此遇难。所以徐禧死后，神宗感慨系之，不仅放过了他和吕惠卿结党的问题，也完全没有追究他在永乐惨败中的责任，反而追赠极高的荣誉头衔，并对家属优厚抚恤。[4]

但是，战场上仅凭一腔热血远远不够，甚而会导致悲剧，带来不必要的牺牲。在军事策略上，神宗偏信徐禧。即便事实证明，徐

[1] 《长编》卷326，神宗元丰五年五月己丑，第7845页。

[2] 《长编》卷330，神宗元丰五年十月乙丑，第7955页。

[3] 《长编》卷329，神宗元丰五年九月戊戌，第7936页。

[4] 《长编》卷330，神宗元丰五年十月乙丑，第7955页；癸酉条李焘注引《吕惠卿家传》，第7962页。

禧错了，神宗仍只注意到永乐之战中他个人一往无前的英雄气概，忽视了他的大意轻敌给宋军带来的灾难。这说明，很大程度上，神宗与徐禧惺惺相惜，意气用事是他们的共同特点。

为了更好地检讨永乐惨败中宋军的失误和神宗的责任，有必要将永乐之战与非常相似的平夏城之战做一比较。曾瑞龙提到，"有别于永乐城之惨败"，宋军在进筑平夏城与灵平寨的"二十二天工程中，能进一步控制附近有利地带"。[1] 曾先生还总结说："章楶充分了解到西夏军事力量的强劲。……章楶后来追述此战，曾经透露作战过程一度险象环生，'欲如永乐之事'。……幸而他早就集结了泾原、环庆、秦凤、熙河四路兵力，作严密部署。"[2]

而永乐之战时，神宗与徐禧一样，对西夏的猛烈反扑缺乏应有预见。直到得知西夏出动大军，神宗才意识到情况危急，下诏泾原、环庆、秦凤、河东各路增援，[3] 但已缓不济急。永乐城破，李舜举殉国而死，死前撕下了一片衣服，写上了给皇帝的临终遗言："臣死无所恨，愿朝廷勿轻此敌！"[4]

吊诡的是，宋朝和西夏相邻各路，原本有互相增援、策应的安排。正是徐禧呈请神宗废除了这一制度。结果永乐之战时，邻近战区明知战况危急，却不敢贸然出兵，只能等待朝廷的指示。而皇上的命令到来时，已经来不及了。所以，当时人称徐禧"自罹其害"，[5]

---

[1]　曾瑞龙：《拓边西北》，第 122 页。

[2]　曾瑞龙：《拓边西北》，第 153—154 页。

[3]　《长编》卷 329，神宗元丰五年九月甲午，第 7932 页。

[4]　《长编》卷 329，神宗元丰五年九月戊戌，第 7937 页。

[5]　《长编》卷 331，神宗元丰五年十一月戊子，第 7972 页；卷 368，哲宗元祐元年闰二月己亥，第 8885—8886 页。

神宗又何尝不是如此！

尽管徐禧的确是永乐惨败的直接责任人，但神宗对徐禧的轻信，背后有着深刻的个人心态基础。在这一意义上，也可以说，神宗必须为永乐之败承担主要责任。

灵州、永乐两度大败，付出了这样惨痛的代价，可还是没能促使神宗自我反省，认清敌我力量对比的现实，慎重行事。直到临死之前，他仍在策划极为冒险的军事行动。元丰七年（1084）八月，神宗忽发奇想，时隔十年后又把眼光重新投向了熙河。他命令熙河路调查从兰州沿黄河到灵州，再渡过黄河北上到兴庆府，有哪些通道，以及这些通道各自的路程等等。[1]

十月，神宗下手诏给李宪，夸奖他提供的关于西夏国内状况的情报——引发灵州之战的西夏政变余波未平，高层矛盾重重。接着发出豪言壮语："乘此机隙，朝廷内外并力一意，多方为谋经略，除此祸孽。"[2] 那么，彻底解决西夏问题，途径何在呢？

神宗兴奋地告诉李宪，昨天刚收到泾原路的报告，意外得知从兰州渡过黄河北上，离西夏都城兴庆府很近。因此，他计划来年四五月间，乘西夏军队不在最佳状态，[3] 出其不意，令大军在兰州抢渡黄河，直扑西夏首府，即便不能擒获西夏君主，枭首示众，也一定可以"残破其国，使终不能自立"，摧垮西夏立国的根本。神宗对这一奇思妙想非常得意："昔王濬取吴，高颖平陈，曹彬等下江南，

---

[1] 《长编》卷348，神宗元丰七年八月戊子，第8349—8350页。

[2] 《长编》卷349，神宗元丰七年十月癸巳，第8375—8376页。

[3] 北方民族的支柱军事力量是骑兵，骑兵仰仗马匹。秋高马肥是军队战斗力最强的时候。

莫不出此计，卒皆能立奇功，除一时巨患。"自认为可以和历史上西晋灭吴、隋朝灭陈及宋初平定江南这些成功范例相提并论。

不过，兰州到兴庆府，直线距离也长达三百多公里。大军深入敌境，又有黄河阻断，后勤如何保障？一旦受挫，如何善后？这个异想天开的奇袭计划，如果付诸实施，后果如何，似乎不难想见。

在这份手诏中，神宗还提到了李宪提供的另一份情报——西夏境内有势力联络宋军，倡议里应外合，颠覆西夏政权。神宗对此也寄予厚望，感慨"时者难得而易失"，授意李宪"加意置心经营"，"若委如所谋，从中而起，外以汉兵"，"则大事成矣"，"巨患可除，国愤纾有日矣！"[1] 这类往往夸诞无实的信息，在神宗的迫切心情下，居然也被想象成了荡平西夏、一雪国耻的法宝。

这年十二月，李宪向神宗报告，兰州一带黄河对岸聚集了一批夏人，有机可乘，建议发兵偷袭。神宗再度颁下手诏，批准了这一行动。诏书对如何行动给出了具体指示："但使劲骑四散，取利抄掠。"命骑兵渡河后，四散攻击，重在掳掠人口、牲畜等。也就是说，这批人只是平民，不是军队，这只是一次目标非常有限、并无战略意义的小战斗。可皇上还是从中看到了"贼之灭亡，想无日矣"的希望，并在上述"抄掠"指示后又建议："或选健将部而东上，逼贼枭巢，使上下震恐奔骇，则不世之功，庶几可立矣！……今来所为，至重至大，非平常边事之比，其审念之！敬之重之！"[2] 认为也可以考虑让这支过河的部队提前执行明年奇袭西夏国都的计划，直奔兴庆府。可以说，在征服西夏的问题上，神宗一直生活在不切实

---

[1] 《长编》卷349，神宗元丰七年十月癸巳，第8375—8376页。

[2] 《长编》卷350，神宗元丰七年十二月辛未，第8393页。

际的幻想中。

元丰八年三月，神宗英年早逝。不幸耶？幸耶？

三、神宗与哲宗对夏军事策略的比较

为了更清晰地展现神宗对夏军事策略的问题所在，本章最后拟概述曾瑞龙对宋夏战争的精湛分析，尤其是神宗之后哲宗朝的成功经验，和神宗朝进行对比。明了哲宗何以成功，有助于认清神宗失误何在。

宋夏战争前期（神宗之前的真宗、仁宗时期），宋军屡败。究其所以，宋朝"将从中御"的家法固然负有不可推卸的责任，[1]但北宋防线过长，分割为鄜延、环庆、泾原、秦凤四路，又因地形阻隔，相互间难以快速增援，从而给灵活机动的西夏集结大军，在局部战场以多胜少提供了机会。此外，宋军野战能力较差等短期内难以解决的客观问题也是重要原因。[2]因此，宋军劣势明显，对夏以防御为主。

曾瑞龙援引西方军事学研究成果，指出防御战大体有三种形式：前沿防御（又称战线防御）、纵深防御和弹性防御（又名机动防御）。前沿防御即拒敌于国门之外。纵深防御则是最大限度增加敌人占领和推进的困难，节节抵抗，尽可能减低入侵收益。弹性防御则不然，更为灵活，不执着于一城一地之得失，在局部战场集中优势兵力，击溃或歼灭敌人。[3]

---

[1]　李华瑞：《宋夏关系史》，第209—213页。

[2]　曾瑞龙：《拓边西北》，第47—51页。

[3]　曾瑞龙：《经略幽燕：宋辽战争军事灾难的战略分析》，北京：北京大学出版社，2013年，第213—217页；《拓边西北》，第41—43页。

由于地理形势的限制，宋夏边界并不适合前沿防御，宋人更倾向于弹性防御。针对地理环境限制沿边各路互相支援这一弱点，早在宋仁宗庆历元年，王尧臣就提出了遮断的设想，作为落实弹性防御的重点之一。西夏军事虽占优势，但很难大面积占领宋朝领土，入侵主要是为了掳掠，退兵时战斗力往往严重下降。王氏建议宋军避其锋芒，在其退兵时"以精兵扼险"，"旁设奇伏，断其首尾，且逐且击"，[1] 曾瑞龙将这样的应敌策略称为"遮断"。与此同时，范仲淹等人又提出了浅攻（不深入腹地，在边境地区骚扰、扫荡）的方案。一路受到西夏攻击，其他各路难以快速增援，从内线合兵会战；但从外线各自进入西夏领土进行反击，则完全可以做到。这样，即便被攻击的一路遭受故军破坏，只要主力没有受到重创，其他各路的浅攻又取得一定成果，未必不能得失相抵。西夏经济基础薄弱，没有可观的战利品，根本无法承受长期战争。只要遮断、浅攻两种策略运用得当，即便战斗中西夏没有太大伤亡，只要挫败其掳掠的目的，对宋朝而言，就是战略层面的胜利。

问题在于，弹性防御要求野战军拥有较机动化的能力和较高的战术水平，北宋前期的士兵和将领都无法胜任。经过长期的摸索和锻炼，到哲宗朝，宋军对遮断、浅攻的运用才真正成熟。在弹性防御大师章楶的统帅下，宋军取得了洪德城（今甘肃环县西北）等一系列防御战的胜利。

与此同时，宋人更成功地把弹性防御的潜能发挥到极致，利用战术上的防御形式来进行攻势作战，不断侵入西夏领土，修筑城堡，缓缓推进，逐步蚕食。西夏的致命弱点是地狭人少。章楶等人明确指

---

[1] 《长编》卷 132，仁宗庆历元年六月己亥，第 3143 页。

出，占领西夏的可耕地虽然不一定对宋有利，但对西夏经济是严重的破坏。在这样的指导思想下，哲宗朝筑城战略与以往不同，将原本单纯防御性的城堡变成了占领西夏领土的据点。蚕食西夏的可耕地，削弱其经济基础，是哲宗朝对夏战略最重要的目标。这一目标的最终实现，有赖于章楶、范纯粹等长期奉行的精细谨慎的战役计划。[1]

总结宋哲宗朝军事成就时，曾瑞龙指出，军事经验"必须在长期战争中慢慢累积，不能说变就变"。他特别强调："范纯粹和章楶，处事都较为小心。在他们的思考过程中，盲目乐观和机会主义所起的作用大为减少，为宋军的未来军事成就谱下新章。""稳健的军事策略"是哲宗朝"终于取得对外战争胜利的原因。相反，南宋以打击武将来求和，以军事冒险来求战的表现，可以说是瞠乎其后了"。[2]宋神宗固然没有"以打击武将来求和"，但"以军事冒险来求战"，"盲目乐观和机会主义"，则可以不折不扣地挪用来形容他。

笔者并非否定神宗朝的军事成就。熙河开边，使宋军逼近兰州。在灵州之战中，西夏由于中央战线受到威胁，收缩侧翼，李宪得以轻松取得兰州。这为哲宗朝西线转守为攻打下了坚实基础。当章楶挺进葫芦河，控制天都山后，熙河宋军从兰州往东，成功修筑城堡，和泾原路连成一片，有效压制西夏，使得攻守易势难以逆转。[3]

---

[1] 曾瑞龙：《拓边西北》，第49—53、115—120页。当然，李宪在元丰四年末提出的进据鸣沙城方案中，已经注意到西夏耕地问题："臣观河南故地，惟兰会至灵州川原宽广，土脉膏腴。今兰州贼中窖积悉经官军开发，所余无几。今若扼其川口，据其上游，并出锐兵讨杀，使左右前后不得耕获，则灵州一带窖积既空，复无岁望，贼党离析，其为利一也。"（《长编》卷321，神宗元丰四年十二月戊寅，第7751页。）

[2] 曾瑞龙：《拓边西北》，第120、131、190页。

[3] 曾瑞龙：《拓边西北》，第191—192、194、209—212页。

但对熙河与兰州的战略价值，胜利者神宗本人并没有清楚认识。他始终不愿正视西夏的军事实力，不愿承认西夏是个需要长期周旋的强大对手，而是一心一意活在一举荡平西夏的幻梦中。他不仅以"所图至小"为由拒绝了李宪进取天都山的建议，也没有真正关注兰州的长期安全问题。[1]

无可否认，神宗性格刚毅，屡遭大败，矢志不移，这是难得一见的优点。但另一方面，他刚愎自用，缺乏反思精神、反省能力，执迷于冒险举动。具体战术层面，神宗往往心血来潮，产生一些异想天开的"灵感"，事先无准备，事后随即抛之脑后，形同儿戏。

神宗面对西夏的盲目乐观、征服西夏的迫切心情，固然与熙河大捷的强烈刺激有关，但为什么这针强心剂能在神宗身上持续发生作用，即便两度惨败也唤不醒他呢？

如上章所揭示的，神宗在王安石面前如此谦恭、理性、克制，远远超出我们对一位年轻气盛、雄心勃勃的君主的正常期待，这和本章所展现的神宗形象完全相反，判若两人。哪个神宗才是真实的呢？

为了揭开这个谜团，我们最后来检讨熙宁年间宋辽边界纠纷。

---

[1] 兰州东面苑川河流域拥有大量良田，可以为兰州提供必要的粮食，否则宋军必须依赖代价极其高昂的粮食转输。宋军为此在该流域修筑了智固寨和胜如堡，但很快神宗下诏以"不堪守御"为由，废弃了这两个据点，以致哲宗元祐时期，二堡一再成为宋夏冲突的焦点。参曾瑞龙：《拓边西北》，第182、184、194页。

第五章

创巨痛深：宋辽边界纠纷

庆历增币后，和平又维持了整整三十年。宋神宗熙宁五年
（1072），争端再起，宋辽在河北边界发生了一系列旷日持久的纠纷。
熙宁七年，辽朝向北宋派遣专使，指责宋朝河东路侵占契丹领土。
最终，宋方割地数百里。[1]关于这一系列事件，研究成果丰富，尤
其是邓广铭《北宋政治改革家王安石》和陶晋生《宋辽关系史研究》
两部大著，对事件的来龙去脉做了清晰的勾勒和详细的分析。[2]

以往研究的重中之重，是王安石在外交纠纷中的态度与作用。
邓广铭指出，河北问题爆发时，王安石主张退让，"始终以为，应把

---

[1]　割让土地面积，宋朝文献有五百里、七百里和数百里三说。李之勤认为，这是反
　　　变法派为诬蔑王安石而编造的不实之词，宋方割让的只是"几小块领土"（《熙宁
　　　年间宋辽河东边界交涉研究》，《山西大学学报（哲学社会科学版）》1980年第1
　　　期，第22—24页）。不过，21世纪初出土的辽朝参与边界谈判的官员梁颖的墓
　　　志铭，明确说得地"东西八百余里"。（杨卫东：《辽朝梁颖墓志铭考释》，《文史》
　　　2011年第1辑，第180页。）当然，作为胜利者，辽也许夸大了胜利成果。彭山
　　　杉根据宋方文献，对宋朝丢失的土地做出了精细考证，值得参考，见《封陲之
　　　守——宋辽河东熙宁划界诸层面》，硕士学位论文，复旦大学历史学系，2012年，
　　　第54—58、63—64页。

[2]　邓广铭：《北宋政治改革家王安石》，第219—238页；陶晋生：《宋辽关系史研
　　　究》，第108—128页。

　　　　　　　　　　　　忧患：边事、党争与北宋政治

主要力量用在对付西夏的军事上，应以对西夏的军事胜利制止契丹的制造衅端，并争取时间大修攻守之备以待契丹，而不应就事论事地专在移置口铺（鹄按：边防哨所）问题上与之斤斤计较"。但河东纠纷时，王安石改变了立场。邓先生认为："这分明是一桩（辽朝）无理取闹的挑衅行为，而就北宋王朝来说，也分明是可以有理有据地与契丹力争的一桩事情。"因此高度评价王安石的强硬态度。[1]但邓先生没有解释，为什么适用于河北的西夏优先原则不适用于河东，为什么王安石的态度会发生变化。

晚近黄纯艳撰文，没有提到王安石的立场存在前后变化。他以为，"在未完成'恢复'西夏的计划以前"，"神宗和王安石都主张暂时忍让、以退为进"，"始终在必胜辽朝的大目标上满怀信心，而在策略上则主张柔静持重"。[2]但黄文没有说明，河东边界纠纷中王安石绝不退让的主张，该如何解释。

的确，就宋朝主动出击而言，王安石主张先夏后辽。但这是否意味着，平定西夏之前，面对契丹挑衅一味退让呢？历史与现实告诉我们，很多时候，退让并不是避免冲突、维护和平的有效途径。

熙宁四年，宋夏大战，据传西夏向辽朝求援，契丹暗里调发了三十万大军。宋神宗询问宰执，传言是否可信。王安石回答说，"虽有此不足怪"，在宋夏交兵时乘机南侵，对辽朝来说有利无害。值得注意，王安石接着就以轻蔑语气提到，"但恐其（契丹）无远略"，不会想到采用这样好的策略，显示出他对辽朝高层的政治判断力不以为然。

---

[1] 邓广铭：《北宋政治改革家王安石》，第 219—220、222、225—228 页。

[2] 黄纯艳：《"汉唐旧疆"话语下的宋神宗开边》，《历史研究》2016 年第 1 期，第 36—37 页。

神宗追问，如果契丹真的出兵，宋朝该如何应付。王安石曰："陛下诚以**静重**待之，虽加一契丹，于边事亦不至狼狈。若欲进取，非臣所知。且我坚壁清野，积聚刍粮以待敌，则敌未能深为我患。"王安石的确提到了"静重"，但并不是建议退让。他主张，目前不能主动进攻辽朝，所谓"若欲进取，非臣所知"，就是这个意思。但契丹想趁火打劫，宋朝也没必要恐慌，即便两线作战，"亦不至于狼狈"，不至于对付不了。只要"坚壁清野"，辽朝占不了大便宜。所谓"静重"，有两重含义。第一，要有自信，不惊慌。第二，不能鲁莽，不可冒进。

这时参知政事冯京插话："恐其如庆历时事。"冯氏底气不足，害怕契丹又会像庆历增币那样，敲诈勒索。王安石这样回应："庆历自是朝廷失节，以致嫚侮。"[1]自信的王安石对冯京的担忧很不屑，他批评庆历时宋廷向契丹低头，自取其辱，言外之意当然是万一这次辽朝也有类似举动，宋朝绝不应退让。

固然，王安石的这番言论，发生在宋辽河北纠纷出现之前，但有鉴于此，笔者以为，王安石在河北边界问题上的忍让姿态，需要重新审视。而只有弄清了为什么王氏主张让步，才能理解为什么后来对于河东纠纷，他始终坚持不能退让。

此外，还有一个迄今没有引起学界足够重视的奇怪现象，就是在西夏面前自信得不可理喻、盲目乐观到可怕地步的宋神宗，在他终身尊崇、无比信任的宰相王安石和众多元老一致强烈反对让步的情况下（这是熙宁年间极其罕见的一幕，反变法派大佬们和王安石意见一致），懦弱地接受了割地要求。在契丹面前，神宗的自信消失

---

[1]　《长编》卷220，神宗熙宁四年二月庚午，第5350页。

得无影无踪，他走向了违背理性的另一端——不可理喻的自卑。为什么？

一、从力排众议到达成共识——王安石态度的变化

先从河北纠纷说起。熙宁五年四月，契丹在界河（拒马河，也称白沟河）制造事端，射伤宋军，而且时不时派遣骑兵进入宋朝领土。[1] 北宋边境官员建议武力驱逐越境辽军，"示之以强，彼乃帖服"。神宗也表示，"彼兵直过河，距雄州城下数里，不驱逐非便"。但王安石不同意。

对于局势，王安石有两点基本判断。首先，他认为冲突的起因是雄州组建乡巡弓手（由民兵组成的边境巡逻队），进入辽朝疆界巡逻，引起对方怀疑和不满。换句话说，责任在宋方。其次，王安石认为，辽方反制不会是辽廷授意，"戎主非有倔强"，只是"疆吏生事"，即边防官员过度反应。也就是说，在他看来，这只是一场两国

图四　宋辽边境地区（底图根据谭其骧主编：《中国历史地图集》第6册《宋辽金时期》，第16—17页）

---

[1]　关于界河争端的背景，参周立志：《宋朝外交运作研究》，博士学位论文，河北大学宋史研究中心，2013年，第15—19页。

边境官员这个低层级上因误会引发的小冲突。这样的前提下，王安石建议，"正须静以待之，若争小故，恐害大计"，小题大做反而会让事件恶化升级。他还特别针对神宗的忧虑解释说："就令彼巡兵到雄州城下，必未敢攻围雄州。若我都不计较，而彼辄有卤掠侵犯，即曲在彼，我有何所害？"[1]就算契丹巡逻队到了雄州城下，我们也不用管他，如果他们敢放肆，理亏的是他们，我们不会有什么损失。

另一次御前会议上，王安石更明确主张，"今我不须问彼来与不来，但一切罢乡巡弓手"，主动解散巡逻队，拔本塞源，消除争端。冯京担心没了巡逻队，辽朝借机侵占边境上的两属户（两国正式控制区之间有缓冲带，居住这一地带的百姓称为两属户）。王安石以为"必无此理"，"料彼非病风狂，岂可非理自骚扰钞掠两属人户"？他批评冯京斤斤计较，认为"两属人户才四千余，若朝廷有大略，即弃此四千余户，亦未有损"，还特别开导神宗说："若陛下处心自以为契丹不可吞服，西夏又不可吞服，只与彼日夕计校边上百十骑人马往来、三二十里地界相侵，恐徒烦劳圣虑，未足以安中国也。自古四夷，如今日可谓皆弱。于四夷皆弱之时，小有龃龉，未尝不为之惶扰，若有一豪桀生于四夷，不知何以待之？"[2]

黄纯艳引用王安石这段话，试图证明王安石主张在未完成灭夏任务前，对辽应当暂时忍让，以退为进。[3]笔者以为，这有误读之嫌。首先，这一言论不涉及先夏后辽。王安石想说的是，必须着眼于"吞服"契丹和西夏的大战略、大格局，不能纠缠于边境上

---

[1] 《长编》卷234，神宗熙宁五年六月丙子，第5692页。

[2] 《长编》卷235，神宗熙宁五年七月戊子，第5700—5701页。

[3] 黄纯艳：《"汉唐旧疆"话语下的宋神宗开边》，《历史研究》2016年第1期，第36页。

"百十骑人马往来、三二十里地界相侵"这类两国边境官员间的小摩擦（"小有龃龉"）。所谓"四夷皆弱"，强调的正是当今辽廷主政者乃无能之辈，意在说明边界纠纷不会是辽廷深谋远虑，有意为之。

其次，王安石先断言"必无此理"，然后才提到"即弃此四千余户，亦未有损"，很大程度上，这只是彰显冯京不识大体的形象说法，他并不真的认为事态会恶化到这种地步。在王安石看来，既然冲突不是出于辽廷决策，只要宋方没有过激反应，这种类似擦枪走火的小摩擦不可能发展到辽朝独占两属户的严峻局面。下引材料可证明这一点。

上引君臣议政发生后不久，雄州传来情报，说宋军有两位叛国投敌的士兵诬蔑宋朝准备进攻燕京，辽方因此调集大军。这件事虽然并不可信，但王安石借此告诫神宗，如果让契丹意识到我方有进取计划，因此加强战备，兵强马壮后，反而产生侵扰宋朝的想法，就糟了。他强调，不能打草惊蛇，否则后患无穷，主张"小事不宜与争，以生其疑隙"，避免让对方产生疑心。

所谓"小事"，包括乡巡弓手和两属户问题。王安石坚持认为，应该主动解散边境巡逻队，他说："中国每见契丹好生事争强之状，又如争乡巡弓手，朝廷但见边吏奏北界差巡马过来生事，北界亦必但见边吏奏南朝添差乡巡弓手生事。"两国边境官员眼中都只看到对方过错，意气用事，互不相让，酿成冲突。问题的根源，出在宋朝组建边境巡逻队这一举动上。关于两属户，王安石也认为宋方边防官员措置不当："昨见雄州奏分人户差役，中国所占户多，北人所占户少，臣以既是两属户，若要分，宜与平分，分外占得十数百户，于中国有何利？徒使其有不平之心。"症结还是边境官员贪图小利，引起辽方不满和猜疑。

总而言之，王安石认为，当前首要任务，是不能让契丹察觉宋朝的崛起计划。两国边防部队间的小摩擦，如果过于计较，反而可能让小事变成大事，惊动辽廷，"疑我有侵取之谋"，从而整顿军备，对宋朝构成真正威胁。而边境上的小冲突，宋方要负主要责任。这种情况下，约束己方边防军，稍作退让，事态自然会平息。

但冯京和时任枢密使的文彦博等人与王安石判断迥异，担心退让后辽方得寸进尺，进一步深入宋朝边境地区，且独占两属户。王氏则反复强调，契丹"惟欲无事，非敢倔强也"，只要主动让步，"北人必不差巡马过河"。针对同僚的质疑，他说："假令已罢乡巡弓手，北人尚差巡马过河，我都不与计校，于事体有何所伤？……任彼巡兵过河，我都不问，彼必不敢寇掠人户，即彼巡兵虽来，有何所利？"他不相信辽方会独占两属户，"如此即全无理，虽用兵与争，亦所不免"，"料契丹主亦必不容边吏如此非理生事也"。[1] 王安石坚信冲突只是边防部队的摩擦，而非辽廷授意。

需要注意的是，王安石提到，万一宋方的克制没有得到辽朝的善意回应，契丹独霸两属户，"虽用兵与争，亦所不免"，似乎与上文所引"即弃此四千余户，亦未有损"矛盾。笔者认为，两者都不能代表他的真实想法。这时候王安石根本不相信契丹有意尽占两属户，没有认真思考发生这种情况后的对策，不管是这里的"用兵与争"，还是上面的"弃此四千余户"，都只是与人争辩时根据对方的不同情况设计的说辞而已。

这年闰七月，契丹巡逻队再度越境进入宋方领土，宋朝边防军用武力将其驱逐出境。王安石表示不满，神宗则支持边防官员，认

---

[1] 《长编》卷235，神宗熙宁五年七月戊子，第5703页。

　　　　　　　　　　　　　忧患：边事、党争与北宋政治

为如果不阻拦驱逐，"彼将移口铺向里也"。由于事态始终没得到缓解，神宗担忧加重，他怕辽朝借机侵占宋朝领土，将岗哨据点推进到宋方境内。王安石坚持己见，辩称如果辽廷有意侵略，不会仅限于"移口铺"，而如果越境只是契丹边防军对宋方组建乡巡弓手的报复，即便不出兵驱逐，他们也不会在宋朝境内设立哨所。言外之意，他不相信辽朝有在宋方土地上建立据点的企图。但另一方面，生怕神宗做出过激反应，他又强调："假令便移口铺，不与争亦未妨大略。"[1] 这时，"用兵与争"又变成了"不与争"。

也就在这个月，雄州长官张利一上奏，我方停止巡逻后，契丹越境巡逻的情况反而更严重了，且有传闻辽方在策划霸占两属户。尽管效果与预期相反，执拗的王安石反而怀疑边境官员执行政策不力，指责张利一只是"权罢"（暂时停止巡逻），而非"直罢"（直接解散巡逻队），没有展现足够诚意。在他影响下，神宗也怀疑局势恶化是张利一"阴有以致之"，阳奉阴违，背地里搞鬼所致。

王安石重申他的主张："但罢乡巡弓手，从彼巡马过河，有何所损哉？我既遇之以静，彼自纷扰，久亦当止。"神宗说："若遂移口铺来占地，则如之何？"王氏回答："我所以待之已尽，彼有强横非理，即我有辞矣，自可与之必争。"同样，前面刚说"不与争亦未妨大略"，这里又改口称"自可与之必争"。王安石生性执拗，不是善变的人。在这个问题上态度屡变，究其所以，只能是他排除了辽廷有意侵犯宋朝的可能性后，面对他人就此发难，不得已根据不同对象、时机，为一个他认为根本没有意义的问题相机作答。

冯京再度表示异议，担心辽朝尽占两属户。王安石驳斥说，契

---

[1]　《长编》卷236，神宗熙宁五年闰七月戊申，第5725页。

丹君主如果真有雄才大略，不会在这些蝇头小利上做文章。他认为神宗即位以来，"未有失德"，辽朝不可能有"陵蔑"之心。相反，"契丹修城、畜谷，为守备之计，乃是恐中国陵蔑之故也"。在王安石看来，柔弱无能、见识短浅的辽道宗既没有意识到宋朝"吞服"契丹的长远目标，也没有眼光与能力去干涉大宋平夏大业，只是出于弱者的自我保护本能，对宋朝有所防范而已。"契丹主即位已二十年，其性情可见，固非全不顾义理，务为强梁者也。然则，陛下以柔静待契丹，乃所以服之也。"面对这样的辽朝皇帝，只要宋方不摆出咄咄逼人的架势，辽廷不会主动挑衅。他反复强调，边界纠纷只是两国边境官员不够克制："为中国边吏与契丹边吏所见略相同故也。若中国边吏变旧态以应之，则彼所以应我亦当不同，不知契丹所以纷纷如此者为何事？"[1] 只要宋方主动改变策略，不去刺激辽朝边防官员，从而消除他们的疑心，事态自然会慢慢平息。

但事情继续朝和王安石预期相反的方向发展。很快，边境传来辽朝准备出兵，到界河以南十五里的地方设立哨所的情报。王安石仍固执己见，认为辽道宗做皇帝快二十年了，所作所为大家都看得很清楚，"必不肯无故生事"。他又这样论证："契丹苟务卑辞厚礼以安我而兼并夏国，陛下乃当忧惧，为其有深谋故也。今夏人国弱主幼，无纪律，可兼并之时彼尚无意兼并，如何乃敢南牧？"王安石认为，这时西夏衰落，是可乘之机，如果辽道宗耶律洪基是有为之君，就应当用"卑辞厚礼"迷惑宋朝，腾出手来吞并西夏。现在辽廷没有这么做，说明耶律洪基只是无能之辈。既然决策者是无能

---

[1] 《长编》卷236，神宗熙宁五年闰七月丙辰，第5733—5735页。另参《长编》卷236，神宗熙宁五年闰七月甲子，第5745页。

之辈，边境纠纷就不可能是契丹妄图南侵的前奏。这就是王安石的逻辑。

这样的认识前提下，他指出，现在西夏有机可乘，"时不可失"，而"经略西方则当善遇北方（辽），勿使其有疑心"，"愿陛下于薄物细故，勿与之校，务厚加恩礼，谨守誓约而已"。

这里王安石的确提到了先夏后辽的大原则，但要注意，前提是他认定辽道宗"必不肯无故生事"。他所说的"善遇北方，勿使其有疑心""薄物细故，勿与之校"，意思并不是灭亡西夏前，对辽朝的种种挑衅乃至侵犯都隐忍退让，只是重申以往意见，强调边界纠纷只是小摩擦，不是契丹朝廷的决策，我方不能过度反应，让辽廷产生疑心，改变目前对宋友好的政策，在宋朝讨伐西夏时站在西夏一边。所谓"厚加恩礼，谨守誓约"，不是主张忍让，而是反对盲动。

对此，冯京并不认同，他以为辽廷不可能像王安石想象的那样低能，一定会在宋朝伐夏时施以援手。王氏自信满满，这样回答："孙武以为善用兵者，役不再籍，粮不三载……若不能如此，致其相结相援而后图之，非善计也。"[1] 他引用《孙子兵法》的作者兵圣孙武的话，说善于用兵的人，一战定乾坤，等辽廷醒悟过来，为时已晚，大局已定！显然，王安石太乐观了。过于自信，低估对手，恐怕是造成他误判形势的关键原因。

到了八月份，事态不仅没有缓解，反而有升级的趋势。但王安石仍执迷不悟，向神宗夸口，"臣保契丹无它"，"若纵边臣生事，臣恐以争桑之小衅，成交战之大患"。[2] 所谓"争桑"的故事，出自

---

[1] 《长编》卷236，神宗熙宁五年闰七月壬申，第5752页。

[2] 《长编》卷237，神宗熙宁五年八月壬午，第5761页。

《史记·吴太伯世家》："楚边邑卑梁氏之处女与吴边邑之女争桑，二女家怒相灭。两国边邑长闻之，怒而相攻，灭吴之边邑。吴王怒，故遂伐楚。"[1] 说的是两国边境两户普通人家生活上的小冲突，先是引发了边境官员的相互仇视和军事冲突，最终酿成了国家之间的大战。枢密副使蔡挺对此不以为然，断言"此必是契丹朝廷意指，涿州（与雄州地区接壤的辽朝边境城邑，今河北涿州市）何敢如此？"认为辽方边境官员不可能胆子大到这样贸然行事，一定是出于辽廷指示。王安石不为所动。[2]

十几天后，神宗和宰执再度磋商此事。王安石还是认为，都是雄州张利一惹的祸。他说："能有所纵，然后能有所操；所纵广，然后所操广。契丹大情可见，**必未肯渝盟**。陛下欲经略四夷，即须讨论所施先后。……陛下若能经略夏国，即不须与契丹争口铺，**契丹必不敢移口铺**；若不能如此，虽力争口铺，恐未能免其陵傲。"[3]

黄纯艳以为，王安石这一言论，是主张在平定西夏前，以退让来避免和辽朝发生正面冲突。[4] 这一解读不无偏颇之嫌。"有所纵"的前提，是王安石认定契丹"必未肯渝盟""必不敢移口铺"，换言之，辽廷既无意干涉宋军伐夏，也无意侵占宋朝领土。所谓"有所纵"，仅仅是指灭夏前，不能因为"争桑之小衅"过度反应，主动破坏和辽朝的友好局面而已。

到了九月，雄州再度传来契丹可能出兵宋境、强行建立口铺的

---

[1] 《史记》卷31《吴太伯世家》，北京：中华书局，1959年，第1462页。

[2] 《长编》卷237，神宗熙宁五年八月甲申，第5762页。

[3] 《长编》卷237，神宗熙宁五年八月丁酉，第5772—5773页。

[4] 黄纯艳：《"汉唐旧疆"话语下的宋神宗开边》，《历史研究》2016年第1期，第36页。

消息。文彦博、蔡挺等人认为，如果真建立哨所，一定得要求他们拆掉（"必争令拆却"），绝不能让步。神宗问："拆却若不休，即须用兵，如何？"万一辽方不妥协，就得出兵，该怎么办？蔡挺答道："不得已，须用兵。"至此，边界纠纷大有山雨欲来风满楼、一触即发的态势。

对于蔡挺的建议，神宗顾虑重重，他苦苦思索辽廷的意图究竟何在："彼如此，何意也？"这时，王安石发生了重大转变，终于承认纠纷的产生有可能不是契丹边境官员的个人行为，而是出于辽廷授意。他对契丹朝廷的意图，给出了三个推测。第一种可能，听信辽方边境官员的一面之词，恼羞成怒。第二种可能，心虚，担心北宋看破契丹衰落的现实，故意装出强悍的样子。第三种可能，意识到宋朝国势蒸蒸日上，将来辽朝不是对手，趁现在情况还可控，先下手为强。

于是，王安石开始认真思考，如果辽廷有意找麻烦，宋朝该如何应对。他首先提供了一条原则性意见——"今河北未有以应，契丹未宜轻绝和好"，为应对方案定下了基调。值得注意，王安石完全没有提到西夏，保持克制的原因只有一个：河北宋军还没有做好应敌的准备。

具体来说，王安石建议，如果辽朝发难是出于第一或第二种可能，也就是受边防官员煽动，或者故作强悍，"但以宽柔徐缓应之"，先别撕破脸，用外交手段争取时间，"急修攻守之备"，赶紧加强河北战备。换言之，只要河北在军事上做好准备，就可以跟契丹针尖对麦芒了。而在河北战备得到充实前，"虽**并雄州不问**，未为失计"。[1] 即便辽军威胁雄州，暂时也得忍让。

不过，王安石特别强调，"宽柔徐缓"针对的只是辽廷三种可能意图中的前两种。也就是说，"宽柔徐缓"的策略有非常特定、明确的实施前提，就是契丹还没有意识到宋朝长远目标是制伏辽朝，目前的冲突并不是先发制人。那么，对于最为糟糕的第三种可能，宋廷该如何应对呢？蹊跷的是，王安石没有就此提出建议。这表明，他清楚意识到，如果事情发展到这一步，宋军是否准备好，都只能硬碰硬了，因为契丹不会给宋人拖延的机会。

当然，王安石只是开始接受边界纠纷存在出于辽廷授意的可能，而非确信这一点。所以，第二天他和文彦博爆发了激烈争论。庆历年间，辽朝在宋方境内建立了一个哨所，一直沿用。文彦博等人认为，这时应当向契丹表明态度，要求他们拆毁这个非法哨所，以显示宋朝绝不可能容忍他们进入宋朝领土再建新哨所。王安石坚决反对，认为辽朝究竟有没有这种企图还不能确定，即便有也不排除是我方边境官员张利一惹的祸，如果这时要求拆毁由来已久的旧哨所，反而会激化矛盾。

面对文彦博的质疑，王安石说出了一番对于理解他的主张非常重要的话："若要用壮亦柔之，俟其不可柔服然后用壮，即曲在彼，彼或自反。若便用壮，恐不能止其争气。"他认为，冲突爆发最可能的原因还是双方边境官员都太好胜，在小事上斗气，互不相让，至少目前还不能排除这一可能。这样的前提下，他主张先采取克制、退让的应对方式（"柔之"），如果没有效果，再表明强硬立场（"用壮"）也不晚。先礼后兵，朝廷可以光明正大地指出，责任完全在对

---

[1] 《长编》卷238，神宗熙宁五年九月丙午，第5787页。

方，说不定辽朝会自我反省。如果一上来就强硬，对方不可能冷静下来。

这时神宗也表示担心文彦博的对策会引发两国间的战争。文氏回答："交兵何妨？"王安石驳斥道："河北未有备，如何交兵无妨？"又说："朝廷若有远谋，**即契丹占却雄州，亦未须争**，要我终有以胜之而已。……自古大有为之君，**其歙张取与必有大过人者。**非特中国，虽四夷之雄亦必如此。冒顿邻国请其所爱阏氏，乃曰与人邻国，奈何爱一女子！至请弃地，乃发兵遂灭邻国。其操纵如此，此所以能当汉高也。**若但一口铺尺寸之地而必争，恐非大有为之略。**"[1] 黄纯艳根据王安石的这番话，认为他出于先夏后辽的策略，主张对辽妥协，连雄州也可以放弃。[2] 这似乎也与王氏本意不相吻合。王安石给出的理由，是"河北未有备"，与西夏无关。

王安石关于雄州的"歙张取与"言论，以及上引这年八月"能有所纵，然后能有所操"等说法，还牵涉到一个关键问题。据邵伯温《闻见录》记载，后来宋辽河东边界发生纠纷时，"（王安石）曰：'将欲取之，必固与之也。'以笔画其地图，命天章阁待制韩公缜奉使，举与之，盖东西弃地五百余里云"。[3] 这是宋代以来颇为流行的王安石是河东割地的罪魁祸首这一说法的来源之一。

这一记载完全错误（详下节）。邓广铭因此认为，纯粹是邵伯温无中生有，造谣诽谤。[4] 陶晋生则以为，"王安石也许确实说过'将

---

[1] 《长编》卷238，神宗熙宁五年九月丁未，第5790—5791页。

[2] 黄纯艳：《"汉唐旧疆"话语下的宋神宗开边》，《历史研究》2016年第1期，第36页。

[3] 邵伯温：《邵氏闻见录》卷4，第36页。

[4] 邓广铭：《北宋政治改革家王安石》，第232—238页。

欲取之，必固与之'一类的话"，"本意并非向敌人投降，而是要神宗分辨轻重，决定行事的先后次序，不应当为了小事而误了大谋"，"邵伯温引他的话有断章取义、故入人罪的毛病"。[1]

首先要说明的是，邵伯温应该只是记录了听到的传闻，本人并没有编造谎言或者故意歪曲王安石的话。成书远早于《闻见录》的苏辙《龙川略志》就有这样的记载："闻契丹遣泛使求河东界上地，宰相王安石谓咫尺地不足惜，朝廷方置河北诸将，后取之不难。"[2]因此，李之勤认为，污蔑王安石的是苏辙而非邵伯温。[3]不过，我们真有证据可以断定苏辙凭空捏造了这一谣言吗？

如上所述，类似欲取姑与的话，正是王安石在河北边界纠纷中力排众议，多次说过的。他的本意，只是相信边境冲突是两国边防官员不够克制而产生的小摩擦，力主息事宁人，避免事态升级。尽管后来他的想法有所改变，不排除辽廷授意的可能，即便如此，考虑到河北宋军还没有做好应敌准备，还是主张用"宽柔徐缓"的方式应对，暂时避免正面冲突，以外交手段力求拖延，争取时间加强战备。

至于所谓"占却雄州，亦未须争"，只是王安石和人辩论时的夸张说法，不代表他的真实想法。一旦雄州丢失，意味着河北防线被撕开了一个大口子，门户洞开，危险迫在眉睫，还谈什么"徐缓"？这时用再快的速度"急修攻守之备"，恐怕也来不及了。

---

[1] 陶晋生：《宋辽关系史研究》，第127、128页。

[2] 苏辙：《龙川略志》卷4"契丹来议和亲"条，俞宗宪点校，《龙川略志·龙川别志》，北京：中华书局，1982年，第20页。

[3] 李之勤：《最早污蔑王安石弃地的不是邵伯温而是苏辙》，《西北大学学报（哲学社会科学版）》1980年第3期，第65—69页。

王安石只是借此夸张地强调，宋廷应当保持克制，力图给过于激进的决策气氛浇上一盆冷水。他真正想说的，是不能在口铺这类小问题上斤斤计较。引入雄州这个话题，只是为了更形象生动地说明这点——连雄州都应当大度地放弃，还死死咬定口铺这类小节不松口，不显得很可笑吗？换言之，这只是修辞手段、语言艺术，不是真实主张。

由于王安石一再在神宗和宰执议事时发表上述言论，可以想象，这些话会在士大夫中间传播开来。众所周知，口头传播极易失真，甚至面目全非。更何况，作为修辞艺术，王安石的话本就容易让人误解——包括笔者在内的现代学者，对此不也有理解上的分歧吗？日后神宗在满朝元老、重臣一致反对的情况下，仍然选择向契丹屈服，割让了河东数百里土地。而在憎恨王安石的反变法派口口相传的过程中，他在河北纠纷时放弃雄州的话被想当然地嫁接到了河东割地事件上（宋朝在河东边界让出了数百里土地，似乎对边防没有造成很大影响，而丢失雄州对河北防线会是沉重打击，两相比较，如果王安石的言论代表了他的真实想法，给宋朝带来的伤害要远远大于河东割地），屈辱的割地求和这笔账也算到了他的头上。除非能找到某人无中生有、刻意诬蔑王安石的证据，笔者更倾向于认为，这是传播过程中，反对王安石的士大夫在情感的作用下，逐渐加加减减形成的集体成果。

再回到正题。王安石和文彦博这场大辩论发生二十天后，代替张利一出掌雄州的冯行己向朝廷报告，契丹巡逻马队仍然没有停止进入宋方领土，冯请求允许向辽方边境官员"移牒约栏"，递交正式抗议，警告他们停止行动。王安石认为："牒固无害，然巡马过河亦无害。"虽然他依旧表示不用太在乎对方的越界行为，但这次没有坚持"都不计较"，同意边境官员向辽方表明立场。而神宗感慨说，"只为自来无此故也"，[1]都是因为以前没有抗议，没有警告，才闹到现在这个地步。王安石没有反驳。这进一步证明，九月初以来，他对纠纷性质的认识，的确发生了关键性变化。

九个月后，至熙宁六年六月，事态仍然没有平息，雄州报告说，"北界巡马五百余骑入两属地"。神宗怀疑接下来契丹会有大动作，对河北宋军很不满意，担心难以应付辽朝进攻。这时王安石没有再力排众议，而是和其他宰执达成一致意见，认为目前河北战备情况还不错，尤其对民兵寄予厚望，"少饬边备，顾亦不难"，再加一把劲，就足以对付契丹了。[2]

这年七月，宋朝边防军武力驱逐越界辽军，射伤了契丹军官。但有官员向朝廷反映，怀疑射伤对方时他们已经退出了宋朝控制区。王安石对神宗说，"此事未可知，然不可不察"，怀疑这种说法不一定有根据，但还是得弄清楚。他并不反对武力驱逐，只是希望避免不必要的过激行为。调查结果不得而知，但神宗在十一月下了道诏书："自今遇北界巡马，并徐行袭逐，毋得相伤。"[3]要求驱逐时尽量避免伤害对方。

十多天后，形势急转直下，消息传来，辽朝准备向宋朝提出领土要求，但地点不在河北，而在河东。

自澶渊之盟缔结后，围绕河北界河，宋辽不时发生纠纷。[4]但熙

---

[1] 《长编》卷238，神宗熙宁五年九月丁卯，第5802页。

[2] 《长编》卷245，神宗熙宁六年六月丙申，第5972页。

[3] 《长编》卷248，神宗熙宁六年十一月壬寅，第6039页。

[4] 周立志：《宋朝外交运作研究》，第16—19页。

宁五年至六年间的冲突，并不寻常。熙宁五年契丹挑起纠纷，正值北宋熙河开边，辽道宗应当是刻意选择这一时机发难，对宋朝进行试探。而北宋过于消极的应对，让辽廷信心大增，产生了进一步侵占宋朝土地的想法。[1]

宋廷应对失误，王安石要承担主要责任。他过于自信，低估对手，认为辽道宗平庸无能、没有见识和判断力、胸无大志，这是造成误判的主要原因。王安石生性执拗，尽管事态发展表明他的判断可能有误，仍一再固执己见。

不过，王安石的主张，不能理解为在契丹有意进逼时隐忍退让。他立论的前提，是边界纠纷只是缘于两国边境官员斗气。这样的前提下，只要不予计较，事态自然会平息。王安石根本不认为，会出现辽朝独占两属户或侵占宋朝领土的情况。在这一意义上，谈不上退让可言。他和同僚的分歧，体现在对敌方意图的判断上，而不是

---

[1] 辽道宗咸雍二年（宋英宗治平三年，1066），辽朝发生了一件大事，将国号由"大契丹"改回"大辽"。刘浦江认为，这跟道宗的汉化倾向有关，见《辽朝国号考释》，载《松漠之间——辽金契丹女真史研究》，北京：中华书局，2008年，第43页。"大辽"本来不是契丹国号，而是契丹灭晋后在中原建立的汉地新朝、国中之国的国号。契丹丢失中原后，在燕云汉地仍使用大辽一称，以彰显对中原的合法"主权"。辽圣宗统和元年（宋太宗太平兴国八年，983），主政的萧太后将国号由"大辽"回改为"大契丹"，委婉地向宋人暗示不再谋求入侵中原（见拙作《南望》，第91—100、248页）。时隔八十多年，国号再一次变更，恐怕反映了道宗有意一统天下。《辽史》卷96《姚景行传》（第1543页）载："（咸雍二年）驿召拜南院枢密使。……帝有意伐宋，召景行问曰：'宋人好生边事，如何？'对曰：'自圣宗皇帝以威德怀远，宋修职贡，迨今几六十年。若以细故用兵，恐违先帝成约。'上然其言而止。致仕，不逾月复旧职。"检《辽史》卷22《道宗纪二》（第301—302页），"（咸雍二年）二月甲午，诏武定军节度使姚景行，问以治道，拜南院枢密使。……（七月）丙辰，南院枢密使姚景行致仕。……辛酉，景行复前职"。可证本传所载君臣对谈必在咸雍二年无疑。虽然辽道宗在姚景行的劝说下，没有马上着手南侵，但野心已表露无遗，国号更改应当与此有关。河北、河东一系列边界纠纷，可能也需要在这一背景下认识。

在确定契丹有意侵犯宋朝后应对的方法上——正如后来所展示的，关于后者他们意见一致。

到了熙宁五年九月，由于事态发展始终和他的预期不符，王安石终于转变立场，意识到冲突可能出于辽廷授意，同意边防官向契丹提交抗议和警告。至迟从熙宁六年七月开始，宋军用武力驱逐越境辽兵。但这样的强硬姿态还是来得太晚了。

二、又是匪夷所思——神宗割地求和

契丹选择在河东发难，很大程度是北宋作茧自缚。宋太宗灭北汉后，宋朝在河东就和辽朝接壤。地方主政者潘美为避免和契丹发生摩擦，主动将沿边居民内迁，在边界宋方一侧设立禁地，禁止宋人进入这一区域。此后近半个世纪宋廷大体奉行这一政策。但宋朝可以阻止宋人进入禁地，却没法约束辽人。恰恰相反，无人居住反而给契丹侵入禁地提供了巨大便利。辽朝不断蚕食宋朝领土，还往往倒打一把，以既成事实为依据，指责宋方破坏协议，将边界推进到契丹控制区内，要求宋军后撤，重新勘定边界。仁宗晚期，在时任河东经略使韩琦的大力推动下，宋廷改变策略，招募百姓开垦禁地，有效阻止了契丹进一步南侵。此后双方围绕边界有过几次交锋。[1] 这次辽朝向宋方提出领土要求，就是故伎重演。

熙宁六年十一月，宋廷提前得到情报，知晓辽朝准备向宋方提出河东领土要求，神宗"深以为忧"，担心契丹以此为借口，意图入侵。从来没有真正主张过对辽退让的王安石，并不像神宗那么紧张，

---

[1]　彭山杉:《封疆之守——宋辽河东熙宁划界诸层面》，第27—40页。

　　　　　　　　忧患：边事、党争与北宋政治

他认为"契丹无足忧",原因有二。第一,"彼境内盗贼尚不能禁捕,何敢与中国为敌"。辽朝皇帝是无能之辈,连国内的小问题也处理不好,怎么敢向宋朝宣战?第二,"彼受坐厚赂,有何急切,乃自取危殆"。维持和好,契丹每年可稳稳当当得到丰厚岁币,一旦开战,胜负难料,如果败了,不仅岁币泡汤,辽朝的命运也会从此改变。辽廷不至于这么愚蠢。王安石安慰神宗,即便辽廷真的犯傻,非要跟宋朝决裂,"事缓即缓措置,事急即急措置",急有急的应对办法,缓有缓的应对办法,没什么可怕的。

神宗又担心:"若有北事,则两面俱受敌,奈何?"如果和辽朝闹僵了,就得同时面对契丹和西夏两个敌人,怎么行呢?王安石回答:"朝廷未宜有北事。若有北事,夏人不能胜当时中国,今日中国与夏人,岂止如元昊与当时中国?以此不足虑也。"[1] 黄纯艳认为,这段君臣对谈表明,宋神宗和王安石主张在灭夏之前,不能和辽朝发生冲突,必须退让,"未宜有北事"就是这个意思。[2]

笔者以为,王安石恰恰是想说服神宗,不用担心契丹和西夏两面夹击。所谓"未宜有北事",是指辽朝虽然提出领土要求,但不会和宋朝决裂。他鼓励神宗,边界问题不需要退让。退一步说,即便契丹配合西夏要挟宋朝,西夏也占不了宋朝的便宜。为此他举了庆历年间宋夏冲突的例子,当时辽朝趁火打劫,李元昊也没把宋朝怎么样,如今宋夏实力此长彼消,更不用担心西夏作怪了。

几天后,神宗又忧心忡忡地和王安石谈到契丹问题,王安石问:"不知陛下忧钱粮不足耶?忧人众不足耶?忧无人材与计事耶?"神

---

[1]　《长编》卷248,神宗熙宁六年十一月戊午,第6046—6047页。

[2]　黄纯艳:《"汉唐旧疆"话语下的宋神宗开边》,《历史研究》2016年第1期,第36页。

宗回答："人材既未陶冶成就，钱粮亦诚不足，人众又未训练。"王安石指出，即便辽朝计划大举南侵，起码得花一年时间准备，宋军抓紧训练完全来得及。然后他就钱粮、人材问题，一一具体分析，开导神宗，结论是"无能之契丹何足虑"。[1]

熙宁七年二月，契丹已经通知宋廷，将派专使萧禧赴汴京。神宗担心辽朝坚持索要两属地，王安石说："若如此，即不可许。"皇上怕契丹不肯罢休，王氏回答"遣使徐以道理与之辩"，即走外交途径，慢慢谈。神宗又担心辽朝不讲道理，出兵南下，王安石认为"必不至如此"，又安慰皇上，"今地非不广，人非不众，财谷非少"，"无畏契丹之理"。[2]

到了三月份，神宗患得患失，怕整顿河北兵备会引起辽朝的怀疑和不满。[3]十多天后，萧禧终于抵达宋都，正式对河东边界提出异议，但语气并不强硬，只要求宋廷派遣使者赴河东，和辽方共同重新勘定边界。神宗喜出望外，当然照办。[4]四月，王安石第一次罢相。

谈判旷日持久，直到熙宁八年二月王安石复相，还没谈出个眉目来。四月份，君相就此事有一番对谈。王安石批评神宗惊慌失措，为给河北准备战略物资，小题大做，举国动员，闹得民间沸沸扬扬。他认为消息肯定会传到辽廷，反而助长敌人气焰，刺激他们的胃口，鼓励契丹提出更苛刻的要求。

神宗辩称："今中国未有以当契丹，须至如此。"在辽朝面前完

---

[1] 《长编》卷 248，神宗熙宁六年十一月戊午，第 6047 页。

[2] 《长编》卷 250，神宗熙宁七年二月壬申，第 6084 页。

[3] 《长编》卷 251，神宗熙宁七年三月壬寅、乙巳，第 6110、6113 页。

[4] 《长编》卷 251，神宗熙宁七年三月丙辰、壬戌，第 6121—6123、6132 页。

忧患：边事、党争与北宋政治

全丧失自信，心怀恐惧。为了祛除皇上的心病，王安石先顺着他的思路说："惟其未有以当契丹，故不宜如此。"正因为宋朝无法抵挡契丹铁骑，所以不能让实力暴露在敌人面前。接着他再次强调，现在契丹已经衰落，不可能大举兴兵南侵。

神宗依旧惊魂未定："契丹岂可易也？以柴世宗之武，所胜者乃以彼睡王时故也。"怎么能小看辽朝呢？后周世宗柴荣何等英武，要不是赶上了无能的"睡王"耶律璟，也打不了胜仗。[1] 王安石回答："陛下非睡王，契丹主非柴世宗，则陛下何为忧之太过？"又说："示弱太甚，召兵之道也！"[2] 过分示弱，反而会引来敌人的入侵。

但这次，在神宗眼里，一向无比信任、尊崇的王安石也星光黯淡，失去了说服力。于是他颁下手诏，征求韩琦、富弼、文彦博、曾公亮这四位三朝元老的意见。

韩琦首先对辽方意图做了推测。他认为，宋朝联络高丽、熙河开边、在河北边界植树、整顿军备，及实行保甲法和将兵法这六项措施引起了辽朝警惕，怀疑宋廷计划收复燕云，所以借边界纠纷为名，进行试探。他建议神宗派遣使者向契丹说明，宋朝无意北伐，并用废除将兵法等实际行动消除辽廷的疑心。与此同时，要求契丹退还侵占的宋朝边地。

当然，韩琦很清楚，所谓和好，终究只是权宜之计。他强调，如果外交努力奏效，宋朝应当抓紧时间自强，耐心等待时机到来，再解决契丹问题。如果外交手段失败了呢？韩琦说："如其不服，决欲背约，则令河北诸州深沟高垒，足以自守。敌人果来入寇，所

---

[1] 关于柴荣北伐和所谓睡王，详参拙著《南望》，第196—200、204—214页。

[2] 《长编》卷262，神宗熙宁八年四月癸亥，第6372—6373页。

在之兵，可以伺便驱逐，大帅持重以全，取胜自此。彼来我往，一胜一负，兵家之常。"兵来将挡，水来土掩，不能妥协退让，割让领土。

由于韩琦主张废除将兵法等，邓广铭以为，韩琦"主张自行解除武装以释契丹统治者之疑"，"明目张胆地散布失败主义"。[1]似乎有偏颇的嫌疑。韩琦主张废除将兵法等有一个前提，就是他认为，引发辽朝猜疑的六项举措，并不能真正起到强兵的作用。下面我们来一一介绍他对六项措施的看法。

第一，高丽小国，无足轻重。第二，熙河一带的吐蕃部族，一向与宋朝和好相处，强取其地，"所费不赀"，所得甚小。第三，河北宋辽边界西段靠近太行山，地势渐高，无法挖掘塘泊，是以往契丹大军南下的主要通道，于是宋军"遍植榆柳，冀其成长，以制敌骑"。但在韩琦看来，靠树林挡住契丹骑兵，根本办不到。第四，河北原本就存在训练有素的民兵组织，现在实行保甲法，不仅没有必要，且给原有组织造成了巨大伤害。第五，关于将兵法，韩琦指出，"新选将官皆粗勇"，新任命的军官素质太差。[2]

不过，对剩下的第六项措施，也就是神宗在河北大规模整顿军备的批评，确实让人难以理解："敌人未有动作，彼无秋毫之损，而我已费财殚力，先自困弊。"字面上看，韩琦是说，现在辽军还没有任何动作，我们就大张旗鼓搞备战，劳民伤财，先把自己搞垮了。

---

[1] 邓广铭：《北宋政治改革家王安石》，第 228、230 页。

[2] 将兵法是针对宋朝军队体制的根本弊端而设计的军队组织形式改革，但实施效果并不好。韩琦所说的军官问题，确实击中要害，是将兵法失败的关键原因之一。详参程民生、郑传斌：《熙丰时期的兵制改革及启示》，《河南大学学报（社会科学版）》1996 年第 3 期，第 46—47 页。

备战当然要耗费大量人力物力，难道因此就无所作为吗？这不是"自行解除武装"，又是什么？

只有联系熙宁三年韩琦所上的一份奏疏，我们才能正确理解他的主张：

> 平时守备，与用兵御贼，急缓之势，固有不同。盖平时守备，则当为之有渐，使不劳而易集。况兵法曰"百楼不攻"，今河朔诸城待敌之具，何止百楼哉！而朝旨令十分营葺外，更以三分木植为之准备，是过计也。且贼至城下，则城内公私所有一木一石，皆可为城守之用，较之三分之备，不亦多乎？夫以平时守备，而为用兵御贼之计，臣恐财用先屈，而民力不胜其弊矣。[1]

韩琦不过是重复了这份五年前给朝廷提出过的建议。他认为，非战争时期固然不能忽视战备，毕竟和战时状态不同。战时紧急情况下，"公私所有一木一石"，不管公家的，还是私人的，所有物资都可以临时征用。但常规战备靠的是细水长流，不能过度动员，过度消耗人力物力，否则仗还没打起来，百姓先崩溃了。在韩琦看来，按照常规战备的标准衡量，河北边防已经足够充实，神宗慌慌张张大肆行动，反而是对国家的伤害。

总之，韩琦以为，恰恰是这六项对宋朝而言属于鸡肋甚至泄药的措施，导致原本和宋朝相安无事的辽朝产生怀疑，从而挑起事端。这一判断是否正确，另当别论。但韩琦基于这样的认识，建议"将

---

[1] 韩琦:《安阳集》附《忠献韩魏王家传》卷8，第578页。

契丹所疑之事，如将官之类，因而罢去，以释彼疑"，恐怕不能理解为"主张自行解除武装"或者"姑息契丹"。[1] 更何况，他没有主张在边界问题上让步，即便因此爆发战争也在所不惜。[2] 此外，还有一点非常重要，韩琦怀疑神宗有意北伐，他主张"释疑"，也是在浇冷水，告诫神宗不能冲动。[3]

另一位元老富弼同样认为不能让步，即使辽兵入侵，宋朝也能抵挡。不过他更担心的，是神宗贸然北伐乃至亲征。和韩琦一样，富弼推测纠纷的起因是契丹怀疑宋朝有意北伐，因而给出了类似建议——耐心说服辽朝，宋廷没有侵犯辽国的意图，"须令释然无惑"，"今若更不推诚以待之，则恐不能解疑释惑也"。[4]

就此，邓广铭评论说，"怎样才是'推诚相待'呢？那就只能是把北宋方面有关军政的机密合盘托出，把它们一齐泄露给契丹"，并将富弼的这一说法和秦桧的"以诚待敌"相比拟，[5] 似乎有感情用事的嫌疑。[6] 富弼只是担心年轻气盛的神宗鲁莽行事，希望打消他的北伐念头，因此强调"推诚以待之"，与契丹一起共同维护和平

---

[1] 陶晋生：《宋辽关系史研究》，第 127 页。

[2] 韩琦对局势的总体判断（宋方举措引起契丹猜疑）和所提出的对策（释疑），与河北纠纷时王安石的早期认识（组建边境巡逻队引发冲突，应当主动解散）非常接近。

[3] 《长编》卷 262，神宗熙宁八年四月丙寅，第 6387—6391 页。

[4] 《长编》卷 262，神宗熙宁八年四月丙寅，第 6392—6395 页。

[5] 邓广铭：《北宋政治改革家王安石》，第 232 页。

[6] 类似"推诚以待之"的话，王安石在河北纠纷时也说过："从初自合直罢乡巡弓手，（张）利一乃令权罢，权罢与直罢有何所校？但直罢即分划明，所以待敌国当如此。"（《长编》卷 236，神宗熙宁五年闰七月丙辰，第 5733 页。）

局面。[1]

有趣的是，怀疑神宗有意北伐的不只韩琦与富弼，还有文彦博。他也主张不能让步，同时告诫神宗切勿北伐。而曾公亮也认为，边界绝没有退让的道理，如果辽朝南侵，我方有足够能力应对入侵。他指出："控制之柄，无使倒持。北敌知中国之不可窥，奸谋亦自息矣。"[2]主动权要掌握在自己手中，不能交给敌人。也就是说，不能指望用退让换取和平。如果契丹知道宋朝有足够坚决的抵抗意志，自然会放弃入侵的图谋。这和王安石所谓"示弱太甚，召兵之道"，是同一个意思。

熙宁八年闰四月，关于契丹，神宗和王安石又有一场对谈。王安石反复强调不能让步，称"我不可示彼以惮事之形，示以惮事之形，乃所以速寇也"，宋方表现得越怕事，坏事会越快降临。但神宗似乎已吓破了胆，只是念叨："彼必不肯已，则如何？"不割地契丹肯定不会善罢甘休，怎么办？王安石回答："譬如强盗在门，若不顾惜家赀，则当委之而去，若未肯委之而去，则但当抵敌而已，更有何商量！"[3]强盗来了，如果不在乎家产，就丢下财产赶紧跑，如果不愿受损失，就只有抵抗，还有什么可说的呢？"更有何商量！"掷地有声。

谁能想到，胸有凌云壮志的宋神宗，居然不顾满朝大臣反对，[4]

---

[1] 熙宁九年六月，富弼终于意识到，神宗不是像他想象的过于激进，而是过于怯懦，于是再次上书，希望宋神宗能听取宰执意见，不要一意孤行，割地求和。(《长编》卷276，神宗熙宁九年六月，第6755—6756页。)

[2] 《长编》卷262，神宗熙宁八年四月丙寅，第6395—6397页。

[3] 《长编》卷263，神宗熙宁八年闰四月甲午，第6424页。

[4] 这是熙宁年间关于重大决策，极其罕见的一次王安石和主要政敌意见一致。从党争角度看待宋廷内部关于宋辽纠纷的争论，已经给我们提供了丰富（转下页）

一意孤行，最终割让了数百里土地。

这是王安石复相后，和神宗唯一一次重大意见分歧，也是熙宁间神宗唯一一次在重大问题上没有听从王安石的意见。熙宁九年十月，王安石罢相。一个月后，宋辽达成了最后一段争议边界的协议，在神宗主导下，宋方以全面退让的方式结束了谈判。王安石和神宗的这一分歧，是罢相的唯一可能解释。

仅仅因为这一分歧，神宗就将这位他终身尊崇的"师臣"永远排斥出了政治舞台，确实让人难以理解。但即便抛开这点，神宗的表现依然有让人难以理解之处。

这样一位奋发有为、励志图强的君主，面对契丹时不可理喻的怯懦令人极为困惑。神宗一会儿担心河北战备不足以应付契丹挑战，一会儿又担心整顿军备引起辽朝猜疑，惊慌失措、进退失据，十足一个吓破了胆的窝囊废形象。尤其我们习惯了神宗面对西夏时始终如一、即便两度大败也未能丝毫动摇的狂妄，更会觉得神宗在辽朝面前的表现匪夷所思。

对此难以理解的不仅是我们这些千年之后的局外人，至少还有韩琦、富弼和文彦博这三位曾和神宗朝夕相处的元老。他们最初都怀疑神宗准备北伐，显然在他们看来，这本来应该是这位英气勃勃的年轻君主的"正常"反应。

（接上页）成果。另一方面，似乎也可以尝试走出党争思路，从不同的方向探索新的可能。就整体而言，新旧党争的确是当时影响宋廷决策最重要的因素。但具体到个别问题的决策，不能简单排除争议和党争无关的可能。在大背景下认识具体事件，是我们理解历史的一把钥匙，但种种非常复杂的具体事件，有时不一定能用一个框架得到全部解释。另参戴建国：《"东坡乌台诗案"诸问题再考析》，收入《宋代法制研究丛稿》，上海：中西书局，2019 年，第 398—402 页。

还有一点可以让我们更清楚地认识到神宗行为的怪异。那就是和王安石比较。王安石在西夏面前同样极度自信，对其不屑一顾。但王安石的自信一以贯之，对夏如此，对辽还是如此。而神宗，却展现出了截然相反的心态。

这样一个老走极端、心态大起大落的神宗，在变法事务上，却比王安石更为谨慎、平和、老练，让人难以理解。他对王安石无比信任和尊崇，在他面前如此谦恭、理性、克制，也让人难以理解。唯独在对辽问题上，不仅他对王安石的信任消失得无影无踪，甚至因此毅然决然彻底抛弃了这位师臣，更让人难以理解。

这不能不让人怀疑，这位赵匡胤之外最具英气和才能的宋朝皇帝，内心一角隐藏着不为人知的浓重阴影。

他对西夏不可理喻的自大、牢不可破的幻觉，恐怕是一种心理病态。他与王安石之间，长期尊卑关系的倒转，恐怕也是一种心理病态。这是位极度自大，但在内心深处，隐藏着会在强人面前瑟瑟发抖的自卑的君主——包括真正的强者王安石，和并没有想象中强大的契丹。也许，极度自大恰恰是极度自卑的另一面。[1]

王安石大概无法理解，也没有能力帮助神宗克服对辽人的恐惧，反而让自己变成了信徒的包袱。于是他只能离场。这说明，解除辽朝的威胁，是神宗所有事业的重中之重。这也说明，他对契丹的恐惧，如此深入骨髓，连对王安石的绝对信任也在这一试金石上撞得粉碎——庆历增币对神宗而言，可谓"创巨痛深"！[2]

---

[1] 神宗的父亲英宗，就有严重的心理问题，一度引发政治危机。神宗的扭曲心态，不知是否跟遗传有关。

[2] 张呈忠提醒我，神宗可能受到了其他大臣的影响，也许当时的确有重要人物提出过"将欲取之，必固予之"这类主张。

三、余论——政治言论的释读

最后，笔者想就政治言论的释读，发表一点不成熟的看法。

所谓政治言论，这里特指政治理论著作之外，政治运行过程中发生的具体言论。中国古代政治人物，留下政治理论著作的并不多，我们往往需要借助政治言论来把握他们的政治主张，进而理解各个时代的大政方针、朝局变迁等等。

政治言论中，经常会出现先夏后辽之类的原则性意见。这些观点的真正意涵究竟是什么，不仅需对相关言论字斟词酌、细密爬梳，还需对这些言论发生的场合有清楚的认识，甚至还可能需要联系同一人物在其他场合的言论和表现，反复推敲对比，才能较准确地加以把握。

关于宋辽关系，王安石秉持的先夏后辽理念，就是这样一个需要推敲的例子。毫无疑问，先夏后辽是指先平定西夏，再解决契丹。灭夏前，不能主动挑战契丹，两面树敌，应当维护相安无事的和平局面。但这意味着，王安石主张在平定西夏前对辽朝的种种挑衅乃至侵犯都应该隐忍退让吗？

事实正相反，王安石认为，恰恰是隐忍退让，会让形势进一步恶化。如果辽廷有意阻挠宋朝灭夏大业，为此挑起争端，一味退让能换来和平吗？那只会使契丹有恃无恐，更为嚣张。只有坚决不退缩，才能让其有所忌惮，加以收敛。王安石所提倡的"静重"，是指在辽朝主动挑衅时，冷静镇定，不妥协、不退让，让对方无机可乘，无功而退。静重者，凝重如山也。

再看第二个例子。如果孤立看待韩琦在熙宁八年的上书中对整顿边备的批评，确实容易得出"主张自行解除武装以释契丹统治者之疑"的结论。但我们注意到，韩琦并未主张在边界问题上让步——即使为此承担战争的风险，再联系熙宁三年他的建议，就会发现他的意见有自洽的逻辑基础。

不只是今天的研究者可能对古人的政治言论产生误读，当时人也会犯错。熙宁五年九月，王安石对神宗说："四夷皆衰弱，数百年来未有如今日。"[1] 第二年十二月，王安石又在神宗面前说："今日四夷类皆非豪杰，无足以累圣虑者。"[2] 但同一个王安石，却在熙宁五年早些时候这样对神宗说过："陛下夙夜忧邻敌，然所以待邻敌者，不过如争巡马过来之类，规模止于如此，即诚终无以胜敌。大抵能放得广大，即操得广大。陛下每事未敢放，安能有所操？**累世以来，夷狄人众地大，未有如今契丹**，陛下若不务广规模，则包制契丹不得。"

北宋末年陈瓘就此指责王安石说："安石劝神考（神宗）兼夷狄，则奏曰：'四夷皆衰弱，数百年来未有如今日。'及论神考包制契丹不得，则奏曰：'夷狄人众地大，未有如今日契丹。'两对所论，同一契丹，取快而言，乍强乍弱。"[3] 大意是王安石根本不可信，一会儿说契丹很弱，一会儿又说契丹很强，都只是为自己当时的观点服务，完全不顾事实。

无可否认，表面上看，这一责难很有道理。不过，简单地把王安石视为信口雌黄的人，未免有些小瞧了这位罕见的能人。王安石从来没有否认契丹"人众地大"，但他同时一贯认为，现在的辽朝

---

[1] 《长编》卷238，神宗熙宁五年九月丙午，第5788页。

[2] 《长编》卷248，神宗熙宁六年十二月庚辰，第6058页。

[3] 《长编》卷236，神宗熙宁五年闰七月戊申，第5726页。

统治者是无能之辈，这就是所谓"衰弱"的含义。王安石想说的是，只要神宗听从他的建议，宋朝可以迅速富强，契丹再"人众地大"，征服它也不在话下。但如果神宗不听他的，虽然辽朝很"衰弱"，也奈何他不得。在王安石的逻辑体系中，这是自洽的，并不矛盾。

类似的表面矛盾，在政治言论中会经常遇到。正是这些表面的矛盾，彰显出政治言论的复杂性和深度。

政治言论释读的困难，还不仅限于此。政治言论的根本目的，是推行自己的主张，是说服或驳倒他人，不管是通过据理力争，还是通过某种语言上的"欺骗性"策略。显然，很多时候仅仅阐明自己的观点远远不够。率真地直抒胸臆，甚至可能带来灾难性的后果。于是会有种种论辩术的产生和运用，将真实想法裹上了层层迷雾。

在河北纠纷中，对于契丹可能侵占两属户，王安石最初的态度是"即弃此四千余户，亦未有损"，但很快改口说"虽用兵与争，亦所不免"。诡异的是，改口不久，在性质更严重的辽军可能越境设立哨所的问题上，又说"不与争亦未妨大略"，后来再度变成"自可与之必争"。如此善变，胸无定见，和学界习知的执拗王安石完全背道而驰，该如何理解？

笔者以为，争或不争，都不代表王安石当时的真正想法。那时他根本不相信辽廷有意尽占两属户或移口铺，没有认真思考发生这种情况后的对策。换言之，在他看来，所谓契丹尽占两属户或越界建立哨所，完全是个伪问题，无所谓正确答案。但王安石无法说服别人接受他的观点，在他人就此喋喋不休时，不得已根据不同的对象和时机，为一个他认为根本没有意义的问题相机作答。总之，争或不争，都只是和论敌争辩时的修辞术而已。

政治辩论时，政治人物还往往会用夸张的说法打击对手。比如以往研究者引为关键证据的王安石可以放弃雄州的说法，并不是他的真实想法，只是为了更形象生动地说明问题，为了让论断显得更有力的夸张的语言艺术。

行文至此，笔者突然想到，2019 年 9 月，面对 10 月 31 日这一即将到来的已经延后一次的英国脱欧期限，英国首相约翰逊表示，他宁愿"死在沟里"，也绝不会再度申请延迟脱欧。结果呢？

第三编

变法撕裂了大宋政坛：
脱缰的元祐更化

第六章

司马光的责任？

方诚峰《北宋晚期的政治体制与政治文化》一书认为，司马光在元祐初年掌权后，缺乏理想主义色彩，不重视创法立制，对恢复"先王之政"没有兴趣，只希望通过容纳不同政治意见，凭借多元来维持消极的政治平衡。这被认为是元祐政治后来被否定的关键原因之一。司马光这样的政治主张，是自仁宗后期以来，他在长期跌宕起伏的政治生涯中逐渐形成的。方著以时间为线索，对此做出了环环相扣的细密考索。

笔者的看法有所不同。下面将根据方著讨论的时间顺序，从仁宗后期开始，依次检讨司马光的政治主张。

一、君主与制度

方著认为，仁宗后期的司马光"不太关心具体的创法立制的问题"，他"固然不会同意王安石变法，也不会同意庆历新政"，在他看来，"政治更革的起点其实很简单，就在于君主本人是否能作出改变"。[1] 的确，司马光强调君主在政治秩序中的核心作用，但这并不必然意味着他忽视制度。君主与制度，不是鱼和熊掌的关系。

我们可以先来参考王安石的例子。熙宁三年（1070），王安石给神宗上书，明言："盖天下之忧，不在于疆场（国界），而在于朝廷；不在于朝廷，而在于人君方寸之地。故先王详于论道而略于议事，急于养心而缓于治人。"[2] 所谓"方寸之地"，指心而言。王安石强调，政治的根本在于君主内心的认识，所以比起具体的行政措施（议事、治人），上古圣王更重视君主的品德和政治判断力的培养。

第二年，王安石又在神宗面前引用孟子"一正君而国定"的话，表示"但欲开导圣心，庶几感悟"，称自己最大的愿望（也是最重要的任务），就是说服皇上本人。"若圣心感悟，……则天下自定。"[3]

笔者认为，和王安石一样，司马光视君主为政治运作核心因素的主张，不是作为制度变革的对立面提出的。恰恰相反，两者是一体的。君主明辨是非的根本表现之一，就是坚决支持正确的、必要的制度变革。正如方著指出的，司马光写于庆历新政停顿后的一系列史论，"有些非常直接地回应了庆历新政的失败，即君主不够'明'"，[4] 这清楚展现了司马光眼中君主和制度变革的关系。[5]

我们再来考察仁宗后期司马光关于制度的具体主张。嘉祐六年（1061）七月，司马光给仁宗上了一道奏疏，明确提到："当今国家

[1] 方诚峰：《北宋晚期的政治体制与政治文化》，第14—16页。

[2] 《长编》卷217，神宗熙宁三年十一月乙卯，第5286页。

[3] 《长编》卷224，神宗熙宁四年六月丁巳，第5440页。

[4] 方诚峰：《北宋晚期的政治体制与政治文化》，第14页。

[5] 君主是决定政治好坏的最重要因素，恐怕是中国古代士大夫的共识。法家对君主权术的要求之高，丝毫不亚于儒家对君主品德的要求。在中国古代政治中，恐怕从来不曾有过现代意义的唯制度论。

之患，在于士卒不精，故四夷昌炽；财用不足，故公私窘迫。"认为当时的宋朝，至少在军事和财政这两个方面潜藏着巨大危机。然后他特别针对募兵制度，提出了非常具体的建议。[1]这足以说明，司马光并非不关心创法立制。

由于方著在分析仁宗后期司马光的政治主张时，特别重视一个月后司马光所上《五规》，下面我们再来审视这份奏疏。

《五规》包括《保业》《惜时》《远谋》《重微》《务实》五篇。《保业》顾名思义，是勉励仁宗好好守护祖业——大宋江山。司马光特别强调，自从周平王东迁，天子衰微，礼乐征伐自诸侯出，到现在一千七百多年，"天下一统者五百余年而已"，但这五百多年中，仍然"时时小有祸乱，不可悉数"。而宋朝自从太宗平定北汉以来，"八十余年内外无事"，可以称得上是夏商周三代之后最成功的太平盛世。对宋代进行了这样的颂扬后，司马光说，普通老百姓哪怕只是继承了祖宗传下来的一份小产业，都很珍惜，辛勤劳作，生怕对不起祖宗，陛下继承了祖宗如此盛大美好的遗产，"可不重哉！可不慎哉！"[2]

同样，《惜时》顾名思义，是指出时机"难得而易失"，希望仁宗抓住历史机遇。司马光举了上古圣王的例子，说他们"当国家隆盛之时"，反而更加警惕，丝毫不敢懈怠，所以才能永远保持美好名声。[3]

对此，方著这样解读：司马光在《保业》中"并没有对仁宗

---

[1] 《司马光集》卷18《拣兵》，第531—533页。

[2] 《司马光集》卷18《保业》，第537—539页。

[3] 《司马光集》卷18《惜时》，第540—541页。

说天下形势危急，而是用宋代的历史成就来说明宋仁宗的责任之重。……在《保业》与《惜时》中，司马光肯定宋代已达到极高的历史成就，同时也指出成就本身就是危险所在。因此，他并不强调宋代因为缺陷而需要变法，而是强调，宋代是因为隆盛，所以需要保持隆盛，所以需要有为"。[1]

这样理解，不仅和上面提到的一个月前司马光奏疏明确指出的"国家之患"（军事和财政方面存在严重问题）有矛盾，也与《惜时》的主旨相背："今国家以此承平之时，立纲布纪，定万世之基，使如南山之不朽，江河之不竭，可以指顾而成耳。失今不为，已乃顿足扼腕而恨之，将何益矣！"[2]

所谓"隆盛"，所谓"承平"，不代表司马光认为宋朝没有缺陷，恰恰相反，当前的"隆盛""承平"不能掩盖制度上潜藏的重大危机。只有抓住现在天下太平这一"难得而易失"的时机，"立纲布纪"，全面厘定宋朝制度，才能"定万世之基"，使隆盛的局面延续下去，"如南山之不朽，江河之不竭"。如果现在不行动，错过机会，将来一定后悔莫及！司马光对仁宗的希望，正是创法立制，给后人留下万世基业。

因此，后面《远谋》《务实》两篇大谈当今天下表面歌舞升平，实则危机四伏。比如《远谋》谈到贾谊给汉文帝上书，痛陈当时种种危机，然后司马光问仁宗："陛下视方今国家安固，公私富实，百姓乐业，孰与汉文？然则天下之病，无乃更甚乎？"[3]《务实》则列举

---

[1] 方诚峰：《北宋晚期的政治体制与政治文化》，第 15 页。

[2] 《司马光集》卷 18《惜时》，第 541 页。

[3] 《司马光集》卷 19《远谋》，第 545 页。

了十大危险现象，将宋朝比作一艘船，称现在的状况相当于"胶板为舟，抟土为楫，败布为帆，朽索为维，画以丹青，衣以文绣，使偶人驾之而履其上"，好比把木板粘在一起做成船体，用黏土捏成船桨，用腐朽的布和绳索做帆和缆，外表画得漂漂亮亮，加以华美装饰，再让木头人来驾驶。尽管搁在陆地上，看上去确实光彩夺目，一下水，"岂不危哉"！[1]

《五规》是一个有机整体，从《保业》到《惜时》再到《远谋》《务实》，是司马光为了说服仁宗进行制度变革而精心安排的语言策略。作为皇帝，仁宗的最大问题之一是政治上偏于柔顺，没主见，没有雷厉风行、敢作敢当的气魄。司马光首先在《保业》中动之以情，晓之以理，希望通过古人极其重视的祖宗，通过强调祖宗的辉煌事业带来的荣誉感、责任感，激发仁宗的雄心壮志。在《惜时》中，他一方面以圣人为榜样，另一方面强调仁宗对后世子孙的责任，勉励他为子孙开创万世基业。到了《远谋》《务实》，司马光转而从另一个角度展开对仁宗的心理攻势，突出危机感。总之，荣誉感、责任感、危机感相辅相成，都是司马光试图唤醒仁宗的手段。

二、摆脱宰执束缚？

基于以上所引对仁宗后期司马光政治主张的认识，方著认为到英宗朝，"司马光遇到了一个全新的问题，即君主具备振作、有为的欲望和实践，却全然不符合期待"。[2] 核心依据是治平二年（1065）

---

[1] 《司马光集》卷19《务实》，第548页。

[2] 方诚峰：《北宋晚期的政治体制与政治文化》，第19页。

八月司马光所上的一份长篇奏疏。

首先要说明，恐怕没有哪一个政治家会把脱离具体内容仅仅形式上的所谓"有为"作为政治理想，否则暴君完全有资格充当"有为"的候选人。司马光也是如此。正如他不可能认同勤于政事的秦始皇，熟悉历史的他也不可能幼稚到在遇到英宗前，完全没有想到一个有强烈行动意识的君主可能恰恰在步入歧途。

下面再来分析治平二年的奏疏。司马光的核心意思，是对当时的宰执群体表示极度不满，甚至给他们扣上了"专权"的帽子。他批评英宗过于信任宰执，"凡百奏请，不肯与夺"，都听宰执的，台谏和宰执意见相左时，极其固执地坚持先入为主的宰执意见，拒斥不同声音。[1]

方著这样评论："司马光的批评看起来有些矛盾，他一方面指责英宗不肯予夺，即是没有作为；另一方面又指责英宗固执己见，这看起来又不属于'习于宴安，乐于怠惰'。"[2]事实上，"不肯予夺"是批评英宗只听宰执的，而"固执己见"还是批评英宗只听宰执的，没有矛盾。

司马光激烈批判宰执，是因为在濮议一事上，[3]他所代表的台谏群体和宰执爆发了严重冲突。后来一批台谏相继被罢外放。因此治平三年三月，司马光再度上疏，认为宰执迫害异己分子，呼吁英宗"勿复询于政府，特发宸断"，[4]不能再咨询宰执，应当独立做出

---

[1]　《司马光集》卷34《上皇帝疏》，第794—795页。

[2]　方诚峰：《北宋晚期的政治体制与政治文化》，第19页。

[3]　所谓濮议，是指关于英宗应该如何称呼已经去世的生父濮安懿王的一场席卷朝廷的大争论。

[4]　《司马光集》卷35《留傅尧俞等札子》，第812页。

决断——在他看来，判断是否"独立"的标准就是采纳宰执还是台谏的意见，这件事前者有私心，后者代表天理，采纳台谏意见才是"独立"的表现。

方著据此认为，司马光主张，"（英宗）要真正地履职，就必须摆脱宰执的束缚，即所谓'发宸断'"。又进一步指出："司马光方案中的矛盾很明显：既然英宗是个固执己见的君主，那又如何说服他履行正确的人君之道、德、才、职？设想宰执本来就是君主坚持己意挑选的，英宗又如何撇开他们发宸断呢？"[1]

笔者以为，所谓"勿复询于政府"，不能泛化，不是司马光关于君主的一般性见解，仅仅针对濮议一事，只能在特殊情境中理解。我们同样可举王安石为例，说明这一点。熙宁二年（1069）八月，针对王安石屡屡劝神宗"独断"，苏轼利用担任国子监考官的机会，出题"苻坚伐晋，以独断而亡"[2]加以讽刺。[3]显而易见，王安石所谓"独断"，不是抽象地主张君主"摆脱"或"撇开"宰执，否则他置自己于何地？与司马光类似，王安石的说法有特定针对对象，特指神宗不要理会反变法派的聒噪。对于他本人和变法的拥护者，王安石显然唯恐神宗的信任不够坚定，听从意见不够迅速。

至于英宗既然固执，司马光抱有说服他的期待就意味着他的解决方案存在矛盾的说法，似乎违背常识。日常生活中，我们都遇到过固执的人，都知道固执的人很难说服，但并不一定完全没法说服。至少，放弃之前，总得试试。如果君主始终拒绝改变，结果就

---

[1] 方诚峰：《北宋晚期的政治体制与政治文化》，第 21 页。

[2] 十六国时期前秦君主苻坚统一北方后，不顾群臣反对，倾举国之力，进攻东晋，结果淝水一战大败，导致亡国。

[3] 杨仲良《续资治通鉴长编纪事本末》卷 62《苏轼诗狱》，第 2043 页。

是走向灭亡，这是司马光的理论，也是他从熟悉的历史中总结的经验教训。但对司马光来说，亡国只是君主的失败，不是他的政治方案的失败，不代表他的方案有内在矛盾。在中国古代士大夫看来，兴与亡都是历史常态，他们从来没有设想过、追求过，在君主完全拒绝配合的情况下，还能有一套体制保证政治良性运转。方著所谓"矛盾很明显"，是站在源自西方的现代立场，从现代视角去理解古人。[1]

三、为政有体和拒斥变法

熙宁二年二月，王安石担任参知政事，成立制置三司条例司，变法就此拉开序幕。这年八月，司马光上《体要疏》，反对变法。方著以为，《体要疏》首次提出了"为政有体"的思想，表明司马光的观点发生了重要变化："政治体是一个层级鲜明的有机结构，每个部分都缺一不可，有自己的功用，有自己的运作方式；君主在整个政治体中不再是唯一重要的部分。"司马光这一变化，同样因为"神宗的有为却完全不符合他对于'有为'的期待"。所以"司马光从熙宁开始更多地强调政治体是一个等级、权责分明的有机体系，任何一

---

[1] 关于中国古代政治体制，方著的一个重要的发现是："皇权，或者说是君主这个位置，是宋王朝这个政治体当中最后的不确定项，试图从中概括出皇权的某种固定趋势，无论在权力的技术层面还是观念层面，都是难以成立的。"（第282页）"不确定"性的提出，对于目前稍显僵化的研究模式，是个很有意义的补充。但另一方面，我们又必须注意，所谓不确定性，是作为"理性化"的反面而界定的，而作者并没有对"理性化"这一关键概念给出过解释。在笔者看来，传统士大夫从来没有追求过确定性——这是近代以来西方政治的核心诉求，也就是说，传统士大夫从来不认为不确定性是个需要解决的问题或者能够摆脱的困境。所谓"谋事在人，成事在天"，就是个很好的说明。

个部分，包括君主在内，都有自己的特定职责，不能越俎代庖。这是他从熙丰（鹄按：熙宁、元丰）新法得出的教训"。[1]

如上所述，司马光熙宁前只关注君主的观点并不能成立，所以没有理由把"为政有体"作为熙宁以后才产生的思想。我们先来看《体要疏》所谓"为政有体"的具体内容：

> 何谓为政有体？君为元首，臣为股肱，上下相维，内外相制，若网之有纲，丝之有纪。……古之王者，设三公、九卿、二十七大夫、八十一元士以纲纪其内，设方伯、州牧、卒正、连帅、属长以纲纪其外，尊卑有叙，若身之使臂，臂之使指，莫不率从。此为政之体也。[2]

而嘉祐七年（1062）司马光在所上《谨习疏》中已经提到："天子之令必行于诸侯，诸侯之令必行于卿大夫士，卿大夫士之令必行于庶人，使天下之势如身之使臂，臂之使指，莫不率从。《诗》曰：'勉勉我王，纲纪四方。'此礼之本也。"[3] 这和《体要疏》主张相同。

另外，奏进于治平四年（1067）的《资治通鉴·周纪》，[4] 开篇第一条就有"臣光曰"（司马光的评论）如下：

> 臣闻天子之职莫大于礼，礼莫大于分，分莫大于名。何谓

---

[1] 方诚峰：《北宋晚期的政治体制与政治文化》，第22、26、27页。

[2] 《司马光集》卷40《体要疏》，第898页。

[3] 《司马光集》卷22《谨习疏》，第604页。

[4] 奏进时间参梁太济：《从每卷结衔看〈资治通鉴〉各纪的撰进时间》，载《唐宋历史文献研究丛稿》，上海：上海古籍出版社，2004年，第2—3页。

礼？纪纲是也。何谓分？君臣是也。何谓名？公、侯、卿、大夫是也。……天子统三公，三公率诸侯，诸侯制卿大夫，卿大夫治士庶人。贵以临贱，贱以承贵。上之使下，犹心腹之运手足，根本之制支叶；下之事上，犹手足之卫心腹，支叶之庇本根。然后能上下相保而国家治安。故曰：天子之职，莫大于礼也。[1]

方著认为，此处司马光虽已提出政治体的等级原则，但"核心论点还是'天子之职，莫大于礼'，即天子要维持上下之分"。[2] 不过，正如上文所指出的，在司马光看来，天子的核心作用和创法立制是一体两面，并非不可兼得的鱼和熊掌；强调君主是维系政治体的关键，与主张在政治体的等级原则下君主不能越俎代庖，并非不能兼容，而是相辅相成、彼此呼应的。纵观《体要疏》，司马光反复强调的，正是神宗的失误导致"等级、权责分明"的政治秩序遭到破坏。也就是说，政治体的运作所以出问题，根源恰恰在于君主。

而且，《体要疏》同样主张君主独断："今陛下听群臣各尽其情以议事，此诚善矣，然终不肯以圣志裁决，遂使群臣有尚胜者以巧文相攻，辩口相挤，至于再，至于三，互相反复，无有限极。"[3] 当然，这里所说的"以圣志裁决"，和司马光在英宗时期希望皇上"特发宸断"一样，也有所特指，那就是登州妇女阿云杀夫一案的判决。对于中央司法部门做出的裁决，登州地方官许遵有异议，且得到了

---

[1] 《资治通鉴》卷1，周威烈王二十三年，第2—3页。

[2] 方诚峰：《北宋晚期的政治体制与政治文化》，第24页注1。

[3] 《司马光集》卷40《体要疏》，第905页。

王安石的支持。经历了一年多的反复后，神宗采纳了王安石的意见。司马光对此大为不满，在他看来，孰是孰非一清二楚，皇上被王安石蒙蔽了。所谓"以圣志裁决"，是希望神宗摆脱王安石的影响。

总之，笔者认为，《体要疏》所体现的政治思想，和司马光之前的观点没有不同。当然，司马光选择这个时候长篇大论，特别详尽地阐释"为政有体"原则，确实与变法有关。在他看来，王安石在中央撤开原本主管财政的三司，另外设立制置三司条例司，夺取财政大权，在地方则撤开各级地方政府，频繁空降特派员，凡此种种，对上下有序、各司其职的政治体制的正常运作构成了极大破坏。因此，他不能不反复阐发何谓"为政有体"，希望神宗能意识到王安石做法的危害。此前他没有突出强调这点，不是因为没形成"为政有体"的观念，而是因为没人像王安石这样激烈冲击政治体制的正常运作。

关于神宗朝司马光的政治见解，方著还提出了一个新认识："在司马光看来，得人与变法是二择一的问题，通过选择正确的人在正确的位置，从而保证政治体的良好运作，则各种创法立制就是多余的。"[1] 主要证据是熙宁二年十一月，司马光给神宗读《资治通鉴·汉纪》时，宣称"祖宗旧法，何可变也"。他认为西汉惠帝时萧规曹随，天下太平；武帝变法，让国家陷入动乱；而宣帝坚持高祖刘邦的旧法，"天下大治"；然后元帝又变法，再次造成动荡。他还引用荀子"有治人，无治法"的主张，强调"为治在得人，不在变法也"。神宗不以为然，认为人和法是互相配合的一体关系。司马光反驳："苟得其人，则无患法之不善；不得其人，虽有善法，失先后之

---

[1] 方诚峰：《北宋晚期的政治体制与政治文化》，第 24 页。

施矣。故当急于求人，而缓于立法也。"[1]

　　孤立看待司马光上述言论，的确可以得出方著的结论。不过，情况似乎没这么简单。这年五月，司马光曾上《议学校贡举状》，针对王安石的科举改革设想，提出了自己的改革方案：废除科举制度，恢复荐举（推荐）制度或者通过各地官立学校选拔人才。关于荐举和学校选拔如何运作，他在奏疏中有非常具体的讨论，对很多都有详细说明。[2] 司马光的这一改革方案，对"祖宗旧法"的突破，远远超过王安石的设想。

　　可仅仅半年后，司马光在神宗面前一再强调祖宗之法不可变，该如何理解呢？《议学校贡举状》最后一句给我们提供了线索："若朝廷又不能如此，只于旧条之中毛举数事，微有更张，则于取士之道并无所益，徒更烦苛，不若悉循旧贯之为愈也。"在司马光看来，如果朝廷不采纳他的方案，而是在现有制度的基础上"毛举数事，微有更张"，稍微做点调整——这显然指的是王安石方案，结果会比现在更糟糕，还不如"悉循旧贯"，完全不变。也就是说，司马光反对的，不是变法，而是王安石的改革方案。熙宁二年十一月司马光在神宗面前大力维护"祖宗旧法"，应该这样理解。[3]

---

[1]　江少虞：《宋朝事实类苑》卷15《顾问奏对·司马温公》，上海：上海古籍出版社，1981年，第181—182页。

[2]　《司马光集》卷39《议学校贡举状》，第887—894页。

[3]　杨仲良《续资治通鉴长编纪事本末》卷67《裁定宗室授官》载（第2179页）："（熙宁二年十一月）庚午，迩英讲读毕，上留司马光，问以变更宗室法，光对曰：'此诚当变更，当宜以渐，不可急耳。'"也可以证明司马光并不是在抽象意义上反对变法。熙宁三年二月，司马光写信给王安石，试图劝说他撤销制置三司条例司。王安石回信称："受命于人主，议法度而修之于朝廷，以授之于有司，不为侵官。……人习于苟且非一日，士大夫多以不恤国事，同俗自媚于众为善。……如曰今日当一切不事事，守前所为而已，则非某之所敢知。"（《临川先生（转下页）

事实上，就在熙宁二年十一月司马光向神宗进言后不久，吕惠卿在给神宗讲解《尚书》时，全面驳斥司马光对西汉历史的评论，指出西汉惠帝、文帝、武帝、宣帝、元帝时的治乱兴衰，和变法与否无关。他一针见血地说："光之措意，盖不徒然，必以国家近日多更张旧政，因此规讽，又以臣制置三司条例，及看详中书条例，故发此论也。"认为司马光故意曲解西汉历史，是为了反对王安石变法。

面对吕惠卿的批评，当时在场的司马光不得不承认，"惠卿言汉惠、文、武、宣、元治乱之体，是也"，吕氏对西汉历史的理解，是对的。也就是说，之前他主张祖宗之法不可变，不过是辩论策略而已。接着司马光强调，要变法，"必得良匠，又得美材"，现在"二者皆无有"，王安石既不是"良匠"，新法也不是"美材"，只会让情况变得更糟。[1]

明白了这一点，上引司马光"苟得其人，则何患法之不善；不得其人，虽有善法，失先后之施矣。故当急于得人，缓于立法"的说法，才能得到正确理解。在司马光看来，如果所用非人，即便善法，也不能顺利推行，而如果所用得人，这人自然会根据现行制度的缺陷，找到足以补救的善法。也就是说，司马光并没有主张只要"选择正确的人在正确的位置"，"各种创法立制就是多余的"，而是

（接上页）文集》卷73《答司马谏议书》，王水照主编：《王安石全集》第6册，第1305—1306页。）司马光收到后，又给王安石写信说："夫议法度以授有司，此诚执政事也。然当举其大而略其细，存其善而革其弊，不当无大无小，尽变旧法，以为新奇也。……光岂劝介甫以不恤国事，而同俗自媚哉？盖谓天下异同之议，亦当少垂意采察而已。"（《司马光集》卷60《〈与王介甫〉第三书》，第1265—1266页。）明确说自己不反对变法，但不同意王安石的具体变法措施。如上所述，至少从仁宗后期开始，司马光就希望仁宗"立纲布纪"，全面厘定宋朝制度，为后人开创万世基业，显然他自己也有一整套改革方案。

[1] 江少虞：《宋朝事实类苑》卷15《顾问奏对·司马温公》，第182—183页。

认为正确的人选一定会让制度日臻完善。得人和变法，并非二选一的关系，而是收获前者一定会带来后者的成功。

最后，关于神宗时期的司马光，方著还有如下论断：

> 元丰年间的司马光肯定觉得自己陷入了死胡同。当年他向仁宗、英宗进人君之道、德、才、职的时候，希望的无疑是一个宋神宗式的君主。但是，神宗的有为却完全不符合他对于"有为"的期待，从出发点和施行方式上都是他所不能认同的。……最令他难以接受或者绝望的是……神宗之意不可改变，期待他"奋乾刚之断，悔既往之失"是没有结果的。……只要君主有为，就必然决断；只要决断，必然有选择；只要有选择，就有可能是错误的。不幸熙丰时代正是如此，而且君主未能纠正自己的"错误"。[1]

但没有任何证据表明，司马光觉得自己陷入了死胡同，或者绝望。正如司马光不可能将暴君勤政理解为"有为"，他希望看到的，也不会是神宗这样的君主。尽管司马光为此失望痛苦、忧心忡忡，他没有对自己的政治主张有过丝毫怀疑。方著纯粹通过逻辑推演导出的司马光自我怀疑，植根于儒家视域之外的现代思想。

四、多元?

方著以为，司马光经历了困惑的神宗朝，在哲宗初年当政时，

---

[1]　方诚峰：《北宋晚期的政治体制与政治文化》，第26—27页。

首要考虑的核心问题之一是："什么样的政治措置，可以使君主不总是坚持己见，特别是当己见是错误的时候。"他的答案是："只有当不同意见汇聚一堂的时候，才能将利害分析清楚，决策者才能不偏向一端，或者纠正其极端化的主张。……如果要使君主不为某一种意见所左右，就要保证其收到的意见总是多元的。"[1]这一过于现代的阐释，同样找不到司马光的言论来支撑。

方著提供的，只是对司马光一项具体建议"开言路"（鼓励士大夫批评政府）不同寻常的解读。传统观点认为，司马光主张开言路，是要释放此前被压制的反变法派的声音，从而为废除新法创造条件。这一看法有坚实的文本依据。熙宁末年王安石罢相，让司马光一度对政治方向的转变充满希望，他在写给继王安石之后出任宰相的吴充的信中说，要拯救天下危亡，必须罢废青苗法、免役法、保甲法和市易法，同时放弃讨伐西夏的军事计划。"欲去此五者，而不先别利害，以寤人主之心，则五者不可得而去矣；欲寤人主之心，而不先开言路，则人主之心不可得而寤矣。"[2]很清楚，开言路的目的，是鼓励新法批评者畅所欲言，把新法的危害性说清楚、说透，唤醒神宗废止新法。

元丰八年神宗去世后，儿子哲宗年幼，神宗的母亲、一向反对变法的高氏以太皇太后的身份成了王朝的实际掌舵人，她专门派人向当时退居洛阳的司马光征求意见，而司马光的第一条建议又是开言路。他说自己在神宗朝"屡言新法非便"，但始终动摇不了神宗的变法决心。司马光激动地在太后这个知音面前描述自己当时的心情：

---

[1]　方诚峰：《北宋晚期的政治体制与政治文化》，第27、29页。

[2]　《长编》卷286，神宗熙宁十年十二月，第7004页。

"臣之所言，正为新法，若不可动，臣尚何言？自是闭口，不敢复预朝廷论议十有一年矣。"我给朝廷提建议，就是为了废除新法，既然动不了，还有什么可说的？从此臣闭口不谈政治十一年了。

接着这个倔强的老头子对太后表示深深感谢："蒙太皇太后陛下特降中使，访以得失，是臣积年之志一朝获伸，感激悲涕，不知所从。"终于等到这一天了！多年来深锁心底的梦想，终于可以实现了。笔者相信，"感激悲涕，不知所从"是最真实的描写。

而要实现罢废新法这个对司马光来说最重要的历史使命，第一步就是开言路："使吏民皆得实封上言，庶几民间疾苦，无不闻达。"[1] 让天下的官员、百姓都来控诉新法，揭露新法制造的人间惨剧！

但方著对此有不同理解："一般认为，司马光请开言路，就是为了罢废新法。这只是看似如此，因为乞开言路与乞罢新法某种程度上是相互矛盾的。所谓开言路，意味着多种选择，不一定是要罢新法；即使反对新法，也不一定是要彻底罢废新法。……绝不是所有的人都会同意司马光彻底地、一刀切地罢废新法。"[2]

如果这一说法成立，似乎历史上所有"开言路"的呼吁都可以理解成主张多元了。恕笔者直言，一个非常具体、有特定指向的政治措施的解读，在这里似乎有变成一个剥离历史情境、纯抽象的关于"开言路"的文字游戏的嫌疑。问题的关键，不是在抽象的意义上开言路意味着什么，而是对司马光来说，开言路是否意味着一视同仁地欢迎各种不同意见。

---

[1]　《长编》卷 355，神宗元丰八年四月庚寅，第 8492 页。

[2]　方诚峰：《北宋晚期的政治体制与政治文化》，第 30 页。

如果司马光试图通过开言路追求多元以避免极端，那就不应该排斥新党，更不应该全盘地、一刀切地罢废新法。事实恰恰相反。方著认为，司马光的多元理念来自他对熙丰政治的反思。但熙宁早期，反对变法的意见铺天盖地，正可谓多元，依然没有改变宋神宗对王安石的信任。多元又有何用？

那么，对于方著提出的困境——打开言路之后，不能保证听到的都是反对变法的声音，司马光事先想到过吗？笔者以为，司马光有绝对的自信，他相信自己掌握了真理，相信自己是天下苍生的代言人，相信反对变法是天下民众的普遍呼声。在元丰八年建议开言路的奏疏中，司马光提到，王安石"所立之法不合众心，天下之人必尽指其非"，"今新法之弊，天下之人，无贵贱愚智皆知之"。[1] 这年十二月，司马光又上奏说，自从开言路以来，各地官员、百姓上书已经达到一千多份，没有不批评新法的，"知其为天下公患，众人所共知，非臣一人之私言也。利害著明，皎如日月，何所复疑！"[2]

在司马光看来，支持新法的，只能是一小撮奸邪小人。这些人的言论，理当被屏蔽。关于免役法，司马光向高太后汇报时称，各地上书"无有不言免役之害，足知其为天下之公患无疑"，结果被新法派首脑之一章惇抓住了把柄。章惇仔细阅读上书后发现，"言免役不便者固多，然其间言免役之法为便者，亦自不少。但司马光以其所言异己，不为签出，盖非人人皆言免役为害，事理分明"。[3] 对于"异己"观点，司马光的做法是视而不见，只将那些反对免役法的来

---

[1]　《长编》卷 355，神宗元丰八年四月庚寅，第 8491—8492 页。

[2]　《长编》卷 363，神宗元丰八年十二月己丑，第 8691 页。

[3]　《长编》卷 367，哲宗元祐元年二月丁亥，第 8824 页。

书挑出来供太后审阅。

为了说明司马光主张多元，方著还举了元祐初年宋廷关于免役法和西夏问题的讨论这两个例子。关于役法，方著指出，司马光遭遇了空前阻力，文彦博、吕公著、苏轼、苏辙和范纯仁等人都对司马光的变革方案有不同意见。"司马光一直在努力'推销'自己的役法方案，但他的威望也无法将己意贯彻下去，他的意见只是诸多意见的一种。"在西夏问题上，司马光的意见也同样引发了巨大争议，"最终朝廷的策略只是部分和司马光的主张相合"。"两个例子说明，在重要事务上，司马光的主张不过是多种意见中的一种。在有些场合，司马光占据了优势，但并不总是如此。除此之外的罢青苗、将兵法，乃至用文彦博为平章军国重事上，情形都是类似的。可以确凿地认为，司马光主政期间，在多数重要政事上，都做到了各种意见的并存。而多元总是伴随着纷争，可在司马光看来，这就是真正的'开言路'，就是解决政治体走入歧途的最有效方法。纷争本身就是有价值的，就说明了政治的活力和弹性。"[1]

我们且来分析役法和西夏问题的争论中司马光的具体表现。元祐元年（1086）二月，就废除免役法，司马光在奏疏中强调，虽然免役法总体来说对百姓伤害很大，但也有一部分人是既得利益者，而且毕竟实行快二十年了，一旦罢废，刚开始会带来一些不便，难免会有不同声音，再加上这对原来负责此事的官员影响很大，他们一定会争先恐后表示不能罢废免役法，"朝廷万一听之，则良法复坏矣。伏望朝廷执之坚如金石"，"勿以人言，轻坏利民良法"。[2] 司马

---

[1]　方诚峰：《北宋晚期的政治体制与政治文化》，第31—34页。

[2]　《长编》卷366，哲宗元祐元年二月丙子，第8797—8798页。

光所希望的，恰恰是太后完全摈弃不同意见。

众所周知，役法一事，司马光刚愎自用，苏轼因此称他为"司马牛"。范纯仁也给司马光写信，直言不讳说："公既知纯仁不欲速，而示之以益坚之削，盖欲使知其罪而默默耳。"指责司马光试图用自己的权威压制他，不让他发表和自己相左的意见。范纯仁感慨："默默何难，人人皆能，不止能默，亦可赞公使公喜，而自容于门下，何用犯公怒而喋喋也？若果如此，则是纯仁不若少年合介甫，求早富贵也，何用白首强颜于此媚公求合哉！"[1]将司马光比作完全不能容忍不同意见的王安石，可见一斑。

在西夏问题上，司马光同样"专横"。还是在元祐元年二月，因为他提出的方案并不被其他宰执认可，司马光向太后进言，强调自己的方案是最好的选择，建议太后不用等宰执协商一致，直接下令采用他的对策。司马光很清楚，这恐怕会招致其他人的强烈反弹，所以他同时建议太后要求反对他的方案的宰执也以个人名义递交自己的方案，将来如果出事，特别追究个人责任。[2]方著以为，"司马光的强硬并非阻止争论"。[3]如果这种违背集体决策传统、带有恐吓意味的行径，还不算阻止争议，还有什么行为可以算是呢？

到了四月份，司马光的方案始终没得到最高决策群体的认可，太后还没有做出最终决定，于是他重申己见，试图说服太后不去理睬不同声音，一心一意采纳他的意见。[4]

关于役法和西夏问题的争论，方著又有补充说明如下："也许有

---

[1]　《长编》卷 367，哲宗元祐元年二月丁亥，第 8839 页。

[2]　《长编》卷 365，哲宗元祐元年二月辛未，第 8771—8772 页。

[3]　方诚峰：《北宋晚期的政治体制与政治文化》，第 32 页。

[4]　《长编》卷 374，哲宗元祐元年四月辛卯，第 9063—9064 页。

人会说，这种异论、纷争很难说是司马光设计的结果，只不过是他无法控制局面而已。看起来似是如此，但可作为反驳证据的是，元丰八年六月，司马光向高氏奏进'职位卑微如堪大任者'，他提供的名单是……（鹄按：刘挚、范纯仁等二十五人，姓名从略）。从这个复杂的名单可见，司马光从来没有将自己的标准加于他所看重的臣僚，这么多臣僚之间的争议是他从一开始就必然估计到的。"[1]

的确，二十五人中，似乎没有哪位政治观点和司马光一模一样、没有一丝一毫差异，相互间也大都存在不同程度的分歧。但仅仅这点，不能说明司马光刻意追求多元。任何一个政治人物拟出的二十五人推荐名单，都会是复杂的，都不可能是清一色的同一模子造出来的人。[2] 除非有证据表明，司马光原本可以列出一个更符合他的政治主张、同时还具备同样声望和能力的二十五人名单，否则证明不了他追求多元。

司马光推荐的这些人，尽管政治观念有差异，但有一个关键的共同点，就是都反对变法，这才是他推荐他们的原因。范纯仁后来一度主张重新实行青苗法，司马光大怒，在学生刘安世面前感慨"取人以名，其弊至此"，[3] 后悔当初推荐范纯仁时被他的名声迷惑，犯下大错。

总之，没有证据表明司马光在元祐初年不重视创法立制，丧失理想主义情怀，只希望用多元维系消极的政治平衡。

---

[1]　方诚峰：《北宋晚期的政治体制与政治文化》，第34—35页。

[2]　如果有人质疑：为什么司马光不缩小推荐规模？答案很简单，司马光要做的，是全面夺权！参张呈忠：《论司马光时代的新法改废与新旧党争——兼与赵冬梅教授商榷》，《清华大学学报（哲学社会科学版）》2021年第3期，第63页。

[3]　《长编》卷428，哲宗元祐四年五月戊戌，第10352页。另参同书卷421，哲宗元祐四年正月癸未，第10187页。

最后，笔者想延续上一章末尾的讨论，对政治言论的释读，再发表一点不成熟的看法。

很多时候，政治言论都有非常具体的针对对象，不能抽离具体情境，泛化为一般原则。比如，司马光主张英宗"勿复询于政府，特发宸断"，并非在理论层面希望英宗撇开宰执独断，而是特别就濮议一事，企盼皇帝在台谏和宰执的争论中支持台谏。

政治人物的任务，往往是在具体问题上说服君主或同僚，而不是全面系统、逻辑严密、教科书一般地阐述自己的抽象主张，所以他们非常重视语言艺术，重视感染力。比如《五规》中的《保业》，司马光强调大宋的辉煌成就，用荣誉感、责任感来激发仁宗的政治热情。而在《远谋》和《务实》中，则截然相反，司马光强调危机四伏，甚至将宋朝比作一艘中看不中用的船只，一旦下水会土崩瓦解，用危机感推动仁宗采取行动。表面上，承平盛世和土崩瓦解，一正一反，似乎矛盾，实则相辅相成，是司马光为说服仁宗精心设计的语言策略和心理武器。

某些时候，为打击对手，政治人物甚至会故意提出自己并不认同的观点。为了说服神宗放弃变法，司马光一度举西汉为例，大肆宣扬"祖宗旧法，何可变也"这一似乎保守到缺乏理智的主张。但这一说法，实在只是论辩策略而已。被吕惠卿抓住马脚后，司马光就放弃了这一主张。

要而言之，将政治人物的具体言论升华为思想观念，需要谨慎。

第七章

不负责的责任人：高太后与言官

如何看待元祐政治，当然见仁见智。从不同角度出发，会有不一样的认识。不同认识不一定相互冲突、相互排斥，也可能相互补充。多角度考察，也许更能呈现复杂历史的丰富性。基于这样的理念，笔者试图聚焦于高太后和言官群体，提供一条关于元祐政治的新线索。

不过，探讨这一新线索前，有必要对元祐政治的起点——神宗去世后政局的可能走向，略做说明。

一、不可能的和解

关于哲宗即位初的政局，罗家祥以为，新旧两党原本存在缓解矛盾的可能。[1] 方著踵其说，加以更为详尽深入的探讨，认为当时"反新法者的态度有了缓和，支持新法者有了反思"，如果不是"接触新法最少、反对新法最力"的"少数派"高太后和司马光掌握了政治主导权，"对新法作有限更张就能达成众人皆可接受的结果，统

---

[1] 罗家祥：《朋党之争与北宋政治》，第84—89页。

治集团内部的分裂就有弥合的可能"。

方著还指出，太后对新法所知寥寥，反对新法只是因为信任司马光，而她之所以信任司马氏，则是因为他当年在她丈夫英宗取得皇位一事上起过关键作用。[1]换言之，真正主导政局的，司马光一人而已。但司马光年迈多病，自元祐元年正月到五月，一度请病假长达十三旬，无法到宰相机构办公。此后至九月去世，仍不能正常出勤，只能就近在宰执官邸议事，频率大概在一日到三日一议之间。[2]

如果司马光是唯一激进的核心人物，这种情况下，作为"少数派"乃至"异类"的他，怎么可能操纵政局，使之完全按照自己的意愿发展？如所周知，司马光作为精神领袖，受到了旧党一致推戴，这该如何解释？司马光回到权力中枢仅一年多就去世了，新政仍按照他的设计继续推行，甚至更为激进，又该如何解释？

对于和解的可能，最近张呈忠做出了非常精审的重新评估。他用难以辩驳的事实证明，神宗留下的宰执中的代表、新法派的核心人物蔡确、章惇的确在神宗辞世后意识到局势将发生转变，一度"在坚持神宗法度的基本原则之下对新法进行局部的变革，从而达到维护神宗法度的目的"。问题在于，这样的和解姿态会不会被旧党接受？尽管在新法的具体处理方案上，吕公著代表的温和路线和新党的主张较为接近，这并不意味着他有可能和新党共事。恰恰相反，

---

[1]　方著以为，神宗时尚健在的仁宗曹皇后因司马光等反新法派在濮议中坚持反对英宗称生父为考、极力维护仁宗和曹氏利益而倾向反新法之人，而英宗高皇后则因司马光等在英宗取得皇位一事上的功劳而支持司马光（第8—9页）。这一说法有自相矛盾之嫌。如果曹太后会仅仅因为司马光等人的濮议立场而亲近反新法派，我们就有理由相信，高太后同样会因濮议立场对司马光本人及其主张产生反感。本书第三章已经证明，两位太后屡次明确向神宗表达过对新法的不满，和司马光没有关系。

[2]　方诚峰：《北宋晚期的政治体制与政治文化》，第9—10、52—53、283—285页。

在人事问题上，吕公著和司马光立场一致，力图排斥蔡确等人，夺取主导权。最能说明问题的是，当司马光因为免役法和章惇爆发激烈冲突时，在役法问题上主张和章惇更为接近的吕公著，坚决站在司马光一边，指责章惇的政治动机。张呈忠的结论是："新旧之间的矛盾是敌我矛盾，这是以司马光、吕公著为代表的旧党的基本看法，是由其反新法的基本政治立场决定的。……在当时的政治环境中，道德上的认同感、人事上的立场问题都要远远高于具体的政策分歧。"[1]

笔者服膺张呈忠的看法，这里只就一个枝节问题略作补充。罗家祥认为，一些在王安石变法之初曾激烈反对的旧党人士后来对新法有了新认识，态度有所变化，他特别提到苏轼。[2] 方著进一步指出，反对派态度的变化，是因为斗争失败被贬到地方做官，在实践中认识到了新法的合理性，书中也举苏轼为例。[3]

罗家祥举出的证据，是苏轼写给滕元发（字达道）的一封信，他认为在信中"苏轼表露出对熙宁之初所有言行的由衷懊悔和深切自责，也明显反映出他承认新法所获社会效益的政治倾向"。[4] 现将全信抄录如下：

---

[1] 张呈忠：《论司马光时代的新法改废与新旧党争》，第 58—67、70—71 页。关于章惇在免役法问题上对司马光的批评，以及吕公著等在具体设想上更接近章惇的旧派人士反而群起维护司马光，怒斥章惇，也可以参考拙作《宋哲宗即位初的政局》，《隋唐辽宋金元史论丛》第十辑，上海：上海古籍出版社，2020 年，第 192—194 页。

[2] 罗家祥：《朋党之争与北宋政治》，第 86—87 页。

[3] 方诚峰：《北宋晚期的政治体制与政治文化》，第 4—8 页。

[4] 罗家祥：《朋党之争与北宋政治》，第 86 页。

忧患：边事、党争与北宋政治

某欲面见一言者，盖谓吾侪新法之初，辄守偏见，至有异同之论。虽此心耿耿，归于忧国，而所言差谬，少有中理者。今圣德日新，众化大成，回视向之所执，益觉疏矣。若变志易守以求进取，固所不敢，若哓哓不已，则忧患愈深。公此行尚深示知，非静退意，但以老病衰晚，旧臣之心，欲一望清光而已。如此，恐必获一对。公之至意，无乃出于此乎？辄恃深眷，信笔直突，千万恕之。死罪。[1]

　　的确，字面上看，似乎苏轼痛自改悔，不惜以今日之我否定昨日之我。不过，细细玩味，"懊悔"和"自责"诚有之，"由衷"和"深切"则未必。否则，"变志易守以求进取，固所不敢"，该如何解释？"哓哓不已，则忧患愈深"，又该如何解释？窃以为，"忧患愈深"才是此信关键。当时反对派全线溃败，苏轼想通过这封信和即将入京的滕元发协调立场，达成默契，期望用不再"哓哓不已"的服软姿态，加上"欲一望清光（指思念神宗，想见他一面）"的"旧臣之心"这张情感牌，改善与皇帝的关系。这是泰山压顶下的自保之术，并非认同新法。[2]

　　方著则引用了《宋史·苏轼传》中他被贬到杭州做地方官时的记载："时新政日下，（苏）轼于其间，每因法以便民，民赖以安。"[3] 方著以为，"因法以便民"，指的是苏轼在实际工作中接触新

---

[1]　《苏轼文集》卷51《与滕达道书八》，北京：中华书局，1986年，第1478页。

[2]　另参曾枣庄：《苏轼〈与滕达道书〉是"忏悔书"吗？》，载《苏轼论集》，成都：巴蜀书社，2018年，第407—410页；张海滨：《苏轼〈与滕达道书〉系年、主旨之探讨——与王水照先生商榷》，《宁夏大学学报（社会科学版）》1981年第2期，第51—53页。

[3]　《宋史》卷338《苏轼传》，第10808页。

法后，改变态度，积极推行新法，造福百姓。[1] 对此笔者有不同理解。窃以为，《苏轼传》是说新政对百姓构成了很大骚扰，朝廷强势推行，硬顶无效，聪明的苏轼不得已而求其次，在不直接违背法令的前提下，尽量减少对百姓生活的破坏。

关于苏轼的态度，最直接的证据，无疑应当是元祐初他的主张。元祐二年（1087）正月，苏轼给太后上书，提到去年从地方调回汴京时，司马光向他详细介绍了自己的政治计划，逐条加以说明，当时苏轼的回应是："公所欲行者诸事，皆上顺天心，下合人望，无可疑者。惟役法一事未可轻议。"[2] 他和司马光的分歧，只有免役法的存废这一件事。[3] 对待新党，苏轼更是表现得极为激进，这点下面会有详细讨论。

最后，方著还提到一点："在有些熙丰时代之人的墓志铭中，作者往往用一种赞赏的语气描述传主平心以待新法。这反映了双重现实。一方面，如果墓志铭作者是反对新法之人，则说明他们接受了新法推行的现实，且看到了新法的合理性。另一方面，这种叙述反映了传主、作者所在的熙丰时代之实景，即对多数人而言新法是一种日常事务，必须执行，不涉及信仰、意识形态的争论。"[4]

后一方面的看法很有见地。但存在随波逐流的大多数并不能证明，和维护新法的人相比，反对新法的人只是少数。因为这同样说明，维护新法的也不过只有少数人。政治斗争中，无可无不可的大

---

[1]　方诚峰：《北宋晚期的政治体制与政治文化》，第 5 页。

[2]　《长编》卷 394，哲宗元祐二年正月庚午，第 9596 页。

[3]　另参曾枣庄：《苏轼〈与滕达道书〉是"忏悔书"吗？》，《苏轼论集》，第 404—406 页。

[4]　方诚峰：《北宋晚期的政治体制与政治文化》，第 6 页。

多数，常常可以忽略不计。

而方著指出的第一方面，还有商榷的余地。下面我们来分析书中提到的两个墓志铭作者属于反对派的例子。

首先是范镇，他所作的《鲜于谏议侁墓志铭》这样记载："是时新法行，而公平心处之，苏子瞻以谓'上不害法，中不伤民，下不废亲，为三难云'，人以为知言。"[1]这恐怕既不能说明鲜于侁，也不能说明范镇，当然更不能说明苏轼"接受了新法推行的现实，且看到了新法的合理性"。苏轼的赞扬，也是夫子自道，所谓"上不害法，中不伤民"正是他在杭州的成功经验。

元丰八年（1085）十一月，鲜于侁出任京东路转运使，[2]司马光欢欣鼓舞，跟人说，虽然有些委屈他了，"然朝廷欲救东土之弊"，要拯救被新法伤害的东土百姓，"非子骏（鲜于侁的字）不可"。接着热情洋溢地夸奖鲜于侁，"此一路福星也，可以为诸路转运使模范矣"，又感慨说："安得百子骏布在天下乎！"[3]上哪里才能找出上百个鲜于侁来，让他们分散到全国各地去解救百姓呢？我们能想象，司马光会这样称赞一个接受新法的人（即便只是一定程度上）吗？

元祐元年六月，富弼配享神宗，[4]促成此事的主要人物，就是任掌管祭祀的太常寺副长官的鲜于侁。不仅富弼是他提名的，而且在他的主张下，宋廷放弃了两位大臣配享的传统，仅仅供奉富弼一人，

---

[1] 《名臣碑传琬琰集》中集卷24《鲜于谏议侁墓志铭》，第6页。

[2] 转运使主要负责财政，地位接近今天的省长。

[3] 《长编》卷361，神宗元丰八年十一月丁酉，第8636页。

[4] 皇帝去世后，牌位供奉在太庙中，同时也会挑选他在位期间最杰出的大臣，让其牌位陪伴皇上，以彰显圣德。

这显然是为了排除王安石。[1]

范镇在墓志中还追述了熙宁间鲜于侁反对王安石，攻击新法，当时任翰林学士的范镇举荐他出任利州路转运判官，[2]王安石很不满。墓志的结尾范镇发出了无限感慨："神宗皇帝在御，某尝荐公，佛执政（指王安石）意。后十八年，遂铭公之墓乎！"范镇并没有改变，字里行间透出的是十八年他始终对王安石和新法耿耿于怀！

方著引用的第二个例子是吕陶所撰《朝奉大夫知洋州杨府君墓志铭》，传主杨忠惠曾担任绵州巴西县（今四川绵阳市涪城区）知县，当时"（青）苗、（免）役之令初下，远方郡邑行之，或过与不及，独君能体法意，推广以序，民得不扰"。[3]从墓志铭来看，确如方著所言，杨氏"是个恬退的人，无论是熙丰还是元祐时期，都不依附"，"对这样的基层官僚而言，所谓熙丰、元祐没有本质的区别"。[4]但吕陶并非如此。元祐初他出任言官，坚决要求新党下台，斗士形象十足，完全看不出任何接受新法的迹象。[5]这提醒我们，墓志铭的措辞非常微妙，一般情况下作者并不能自由发挥个人看法，往往屈从于家属意见及政治氛围。[6]

---

[1] 《长编》卷 380，哲宗元祐元年六月戊申，第 9236 页。

[2] 利州路大致包括今四川北部和陕西南部汉中地区。转运判官相当于省政府办公厅主任。

[3] 吕陶：《净德集》卷 22《朝奉大夫知洋州杨府君墓志铭》，《景印文渊阁四库全书》第 1098 册，台北：台湾商务印书馆，1986 年，第 186 页。

[4] 方诚峰：《北宋晚期的政治体制与政治文化》，第 6 页。

[5] 《长编》卷 369，哲宗元祐元年闰二月庚戌，第 8913—8914 页；卷 377，哲宗元祐元年五月庚申，第 9153—9154 页。

[6] 关于如何理解熙丰时期地方官执行新法，如何看待墓志铭、行状这类文献，吴铮强引用了韩琦这个例子，做了很有启发性的剖析。参见《君主个人生活的政治呈现与政治根本动力的迷思——方诚峰〈北宋晚期的政治体制与政治文化〉（转下页）

二、太后的权力欲

下面我们尝试围绕高太后和言官群体，梳理元祐政治的发展脉络。

神宗辞世于元丰八年三月，当时的宰执分别是首相王珪、次相蔡确、知枢密院事韩缜（韩绛的弟弟）、门下侍郎章惇、中书侍郎张璪、尚书右丞李清臣、同知枢密院事安焘。[1] 五月王珪亡故，蔡确、韩缜、章惇依次升迁为首相、次相、知枢密院事。但章惇留下的门下侍郎，并未由张璪递补，而是任命了头号反对派司马光。七月，旧党二号人物吕公著又得到了原本空缺的尚书左丞一职。

正如张呈忠指出的，尽管马、吕二人在如何处理新法上存在分歧（全面废除还是调整后部分保留），但在对待新党核心人物上意见相同，神宗去世后作为新法灵魂人物的蔡确、章惇必须下台，是当时旧党的共识。从十月开始，专职弹劾的言路基本被旧党控制，蔡、章成了众矢之的，受到一波又一波的猛烈攻击。元祐元年闰二月，他们相继被罢，旧党取得决定性胜利。[2] 当时谏官王岩叟表示："蔡

（接上页）略议》，《中外论坛》2020 年第 4 期，第 191—192 页。

此外，方著举曾巩《移沧州过阙上殿札子》为例，认为曾巩也改变了反对变法的态度（第 5 页）。张呈忠对此有不同理解，来信赐教云："《移沧州过阙上殿札子》中虽有称颂神宗的话，但不足为奇，因为他把一祖五宗（鹄按：太祖、太宗、真宗、仁宗、英宗、神宗）都称颂了一遍。特别是仁宗，用的字最多，评价也最高。而称颂神宗完全没有提及新法、开边之类，且后全文是劝诫之意。赵汝愚在编《皇朝诸臣奏议》时就把题目改成了《上神宗乞兢兢寅畏以保祖宗基业》，全文整体上还是法祖宗的意思。"

[1] 神宗元丰改制，将宰相机构中书门下一分为三，恢复了唐代中书、门下、尚书三省并立的中枢体制。

[2] 张呈忠：《论司马光时代的新法改废与新旧党争》，第 62—67 页。

确、章惇既去，其余无大奸，皆柔佞之徒，易为处置。"[1] 剩下的新党都是相对平庸的人，容易对付。但这并不意味着言官们会允许并非"大奸"的"柔佞之徒"继续留在宰执的位置上。

早在扳倒蔡、章之前，台谏已经在舆论上掀起了反对神宗死后留任的韩缜、张璪、李清臣和安焘的声浪。尤其韩缜，位居次相，备受瞩目，其次则是张璪。闰二月初蔡确罢相，接替他的是司马光，张璪被再次跳过，排名在他之下的吕公著获得了司马光留下的门下侍郎一职，但李清臣则顺利升迁尚书左丞，空缺的右丞由旧党大将吕大防出任。月末章惇被逐出朝廷，旧党范纯仁也进入宰执行列，担任枢密院副长官。八位宰执，新旧两派各占四席，平分秋色。但均势只是形式上的，论政治影响力，司马光、吕公著代表了新党难以逾越的高峰，旧党已经掌握朝局。

就在这时，言官一片大哗，因为接替章惇任枢密使的，是安焘。这招致了台谏的坚决反对，抵制浪潮声势浩大。[2] 高太后不得不安抚当面抗议的王岩叟和另一位谏官朱光庭，承认安焘不是合适人选，肯定反对者都是出于公心，但强调把神宗留下的宰执连窝端了，会让已逝的先帝，还有太后和幼主的脸面，都不好看。[3]

这项任命，吕公著可能是主要策划者之一。事态逐渐失控之际，也是他建议收回成命，息事宁人。于是安焘依旧担任同知枢密院事，但排名在尚书左丞李清臣之上，枢密使空缺。[4]

---

[1] 《长编》卷370，哲宗元祐元年闰二月辛亥，第8936页。

[2] 《长编》卷370，哲宗元祐元年闰二月乙卯，第8945—8951页。

[3] 《长编》卷370，哲宗元祐元年闰二月丙辰，第8953—8954。

[4] 参王化雨：《从"慰反侧之诏"看元祐时期宋廷调和新旧的尝试》，第51页。王化雨认为用安焘接替章惇是高太后的主张，得到吕公著的默许。这是一种（转下页）

言官成功阻止安焘升迁后，乘胜追击，韩缜首当其冲。四月，韩缜罢相，旧党可谓大获全胜。韩缜出局后的三省，司马光、吕公著为首相、次相，因韩缜离职不用再避嫌的哥哥韩维（他和哥哥韩绛、弟弟韩缜不同，属于旧党）出任门下侍郎，张璪依旧担任中书侍郎，李清臣、吕大防分别是尚书左丞、右丞，此外反变法的元老文彦博出任非常设的平章军国重事，也进入了最高决策圈。即便在人数上，旧党也以五比二碾压新党，更不用说在司马光、吕公著面前，不论职位、声望还是能力，张璪、李清臣都望尘莫及。政权牢牢地掌握在旧党手中。

尽管如此，台谏锋芒不改，风裁依旧，步步紧逼，一定要除掉张璪，发起了一波又一波的攻击。[1] 虽然吕公著站出来为张璪说话，[2] 言官依旧不依不饶。[3] 甚至太后明确表态，等神宗三年丧期满后，[4] 就让张璪走人，也不能说服没有丝毫耐心的台谏。[5]

力图彻底清洗宰执队伍的同时，言官也没有放过其他新党。最有代表性的例子，就是早已失势、离开中枢已十年的吕惠卿。元丰八年三月，哲宗登基时，宋廷按照惯例宣布大赦，赦书明令沿边地

（接上页）可能，但也不排除这一设想最初就来自吕公著。而安焘排名在李清臣之上，则明确是由吕氏建议的。（《长编》卷371，哲宗元祐元年三月辛未，第8998页。）

[1] 《长编》卷377，哲宗元祐元年五月庚申，第9151—9154页；卷379，哲宗元祐元年六月戊子，第9196—9197页。

[2] 《长编》卷379，哲宗元祐元年六月己丑，第9197页。

[3] 《长编》卷379，哲宗元祐元年六月甲午，第9210—9211页；戊戌，第9213—9214页。

[4] 按照儒家伦理，皇帝死后，新天子理论上应当服丧三年。

[5] 《长编》卷380，哲宗元祐元年六月乙巳，第9230—9232页。

区停止武装行动，"不得侵扰外界"，但知太原府吕惠卿却在收到赦书后，于四月中旬两度派兵进入西夏境内骚扰。元祐元年六月，御史台长官御史中丞刘挚等就此发难，激烈弹劾吕惠卿。攻击的要点，是太后垂帘后发布的第一道命令，就遭遇"强悍之臣叛违而不从"，"强臣废诏出兵，则何事不可为也？"[1]戳中了权力欲极强但缺少自信的高太后的心病（详下）。虽然此前吕惠卿已称病申请解除职务，得到朝廷允许，依然受到了处分。

对于三省拟定的处罚，言官们集体表示强烈不满。尽管他们承认，宰执的决定"在于常人不为轻典"，处分很重，但强调吕惠卿大奸大恶，"推其心，则出于无君"，"不当复用常法治也"，[2] 应当破例再加重处罚。在台谏的提醒下，太后向三省颁发手诏，斥责"惠卿罪恶贯盈"，要求宰执重新考虑。最终，吕惠卿得到了罕见的严厉处置。[3]

王化雨指出："高氏贬责吕惠卿的力度，远胜之前对蔡确、章惇的处置，公开指斥神宗朝宰辅'罪恶贯盈'，更是此前从未有过的举动……不仅如此，言路借此还为下一步清算埋了伏笔。"[4]

山雨欲来风满楼。

面对台谏一浪高过一浪的讨伐声势，宰执展现了清醒的头脑。

---

[1] 《长编》卷 379，哲宗元祐元年六月甲午，第 9200—9202 页。

[2] 《长编》卷 380，哲宗元祐元年六月丙午，第 9234—9235 页。另参同卷哲宗元祐元年六月戊申，第 9239—9240 页。

[3] 《长编》卷 380，哲宗元祐元年六月辛亥，第 9240 页。

[4] 王化雨：《从"慰反侧之诏"看元祐时期宋廷调和新旧的尝试》，第 54—55 页。不仅吕惠卿本人，他的三个兄弟也遭到台谏弹劾，其中两人被贬。(《长编》卷 378，哲宗元祐元年五月甲申，第 9191 页；卷 379，哲宗元祐元年六月戊戌，第 9212 页。)

就在吕惠卿受到严厉处罚三天后，在高太后指示下，三省和枢密院共同拟就了一份"安反侧诏"："罪显者已正，恶巨者已斥……夫疾之已甚，孔子不为……为国之道，务全大体。应今日前有涉此事状者，一切不问，**言者勿复弹劾**，有司毋得施行，各俾自新，同归美俗。"[1] 这是说，变法派的核心人物已经得到了应有惩罚，剩下的人既往不咎，允许改过自新。诏书特别强调"言者勿复弹劾"，要求台谏就此打住，不能再将斗争扩大化。所谓"有司毋得施行"，是指相关部门不得再根据言官弹劾处罚新党。

这份诏书的出台，宰执中的温和派范纯仁、吕公著起了关键作用。[2] 虽然现存史料看不到当时正在病中的司马光对诏书的意见，很难想象，如此重大的决策，事先没有征求他的意见。从常理推断，如此重大的政策转向，如果个性极强的首相司马光不知情，事后必然有激烈反应，而现存史料没有一丝迹象。这或许暗示，此诏代表决策团体的主流意见，病中的司马光至少是默许的。

诏书虽然拟好，却迟迟没有正式颁布。因为言官提前得知诏书内容后，群起攻之，舆论大哗。其中最有代表性的，是右正言王觌的言论："君子小人势不两立。"[3] 在强势的台谏的压力下，宰执被迫让步，删去了关键的"言者勿复弹劾"六字，诏书才得以发布。[4] 不过，同样被言路诟病的"有司毋得施行"依然保留。诚如王化雨所

---

[1] 《长编》卷 381，哲宗元祐元年六月甲寅，第 9248 页。诏书的定名，本书采用张呈忠的用法，参《论司马光时代的新法改废与新旧党争》，第 69 页。

[2] 王化雨：《从"慰反侧之诏"看元祐时期宋廷调和新旧的尝试》，第 52—56 页。

[3] 《长编》卷 381，哲宗元祐元年六月甲寅，第 9265 页。

[4] 《长编》卷 382，哲宗元祐元年七月丙寅，第 9316 页。

云，双方各退一步，"大体平分秋色"。[1]太后明确站在宰执这边，言官们只能接受这一结果，但显然对这一不可谓小的胜利并不满意。

于是，七月庚辰，王觌再度上书，表达异议："诏曰：'罪显者已正，恶巨者已斥。'……罪显者果已皆正耶？恶巨者果已皆斥耶？"然后将矛头对准张璪，要求尽快解除他的职务。[2]随后其他言官纷纷跟进。比如右司谏苏辙极其危言耸听地劝告太后，虽然张璪现在挺老实，这只是表面现象，他内心"未尝一日无窥伺之邪谋，忘王（安石）、吕（惠卿）之故党也"。"譬如蛇蝎遇寒而蛰，盗贼逢昼而止"，好比蛇蝎冬天休眠，盗贼白天停止活动，张璪只是暂时潜伏下来。"及春阳发动，暮夜阴暗，故态复作，谁敢保任？"等春天一来，蛇蝎会醒，夜幕降临，盗贼就出动了。[3]台谏人人喊打的声浪中，张璪终于在九月份夹着尾巴离开了朝廷。

王化雨指出："'慰反侧之诏'颁降不及百日，宋廷便因言路弹奏罢免了一位新法派执政，无疑会大大损害诏书的可信度。"[4]出现这样的尴尬，是因为台谏又一次捉住了高太后的痛处。前面提到，原本倾向温和路线的太后，在吕惠卿问题上，一反常态，怒不可遏。八月，本已尘埃落定、以言官大胜告终的吕惠卿事件，突然波澜再起。台谏终于意识到，这是激怒高太后，使她转变态度的绝佳话题。

首先出马的还是王觌。吕惠卿出兵，曾向朝廷提出申请，并两度得到了以皇帝名义传达的肯定答复。一次是在二月底，神宗病危时，另一次是三月中旬，哲宗登基赦书颁布后。王觌对此严重质疑，

---

[1] 王化雨：《从"慰反侧之诏"看元祐时期宋廷调和新旧的尝试》，第 57 页。

[2] 《长编》卷 383，哲宗元祐元年七月庚辰，第 9334—9335 页。

[3] 《长编》卷 385，哲宗元祐元年八月癸巳，第 9374 页。

[4] 王化雨：《从"慰反侧之诏"看元祐时期宋廷调和新旧的尝试》，第 58 页。

认为当时在位的七位宰执中，"蔡确、韩缜、章惇、张璪四人皆惠卿之死党"，捏造或骗取圣旨。[1]蔡、韩、章三人此时都已罢免，针对张璪的意图非常明显。接着，王岩叟和朱光庭在太后面前大肆抨击新党宰执"欺罔"（即欺骗太后），成功激起她的忿恨，高氏承诺，尽快安排让张璪走人。[2]

而十月发生的另一件事，表明太后在言官的挑动下，和宰执渐行渐远。闰二月章惇被贬到河南汝州做地方官，他是福建人，父亲年将九十。此时司马光已故去，吕公著接任首相，以他为首的宰执群体决定将章惇调到扬州，便于照顾老父亲，同时希望以此为契机，改善其他被贬的新法派的生活。一开始高氏同意宰执的建议，但诏令公布后，台谏反应强烈，在他们的影响下，太后改变了主意。

当初章惇在太后前和司马光争论，非常嚣张，高氏认定章惇无视自己的权威，对他极为厌恶。言官刻意借此挑起太后的怒气，强调"太皇太后陛下不出房帏，尤当严命令，肃政刑，立之风声，以重朝廷之势"，如果姑息迁就，会"增强臣慢上之心"，"弱天子之威"。[3]果然，高氏怒气冲冲地问吕公著："主惇者谁耶？"宰执中到底是谁想替章惇出头？言下之意大概是指张璪。[4]当然，同时也是怀疑一向维护张璪的吕公著等人给自己留后路，立场不够坚定。

---

[1] 《长编》卷385，哲宗元祐元年八月癸巳，第9375—9377页。参赵冬梅：《和解的破灭：司马光最后18个月的宋朝政治》，《文史哲》2019年第5期，第37页。

[2] 《长编》卷385，哲宗元祐元年八月己亥，第9384—9387页。

[3] 《长编》卷390，哲宗元祐元年十月辛丑，第9478页。

[4] 《长编》卷390，哲宗元祐元年十月壬寅，第9478页。这年六月，王岩叟攻击张璪以权谋私，照顾亲家王存，太后也曾问吕公著："主王存者谁邪？"那次经过吕氏解释，高氏就释然了。（《长编》卷379，哲宗元祐元年六月戊子，第9196页；己丑，第9197页。）

最后，调动取消，太后警告宰执，"譬如人家尊长所怒之人，卑幼岂可轻易宽解"，家里长辈（指自己）生气惩罚的人，晚辈（指宰执）怎么可以给他减轻负担呢？明确要求"今后不得如此"。[1] 这充分说明，高氏对自己的权威多么在意。[2]

太后这一转向可能带来的政治后果，范纯仁很担忧。他甘批逆鳞，提醒太后，宰执"责人不敢太深"，不过是主张循序渐进，如果黑白太过分明，反应过于激烈，会激化出不论是非、只讲私人恩怨的"朋党"。[3] 熙宁间新党对旧党的打压，由于神宗的掌控，对待失败的对手相当温和，没有穷追猛打，一旦反对派难以在决策上发挥影响力，事情就到此为止。朝廷的政治方向非常明确，中央政府没有陷入长期的争斗和分裂。哲宗即位后高氏最初倾向温和路线，和持重的宰执站在一起。现在太后态度的转变，让范纯仁敏锐地感觉到，政治斗争可能会不断升温，局面趋向混乱、无序。后来事态的发展，不幸被他料中。

我们可以比较神宗这种做法和太后改变策略各自的政治后果。熙丰时期政局的稳定和元祐时期的动荡，优劣一目了然。各自对后来政治的影响也有重大分别。元祐元年初，尽管新法被否定，蔡确、章惇等人出局，但从没有人将矛头指向神宗本人。六月吕惠卿事件前，最高当局"极少以朝廷名义公开批判"神宗的政策，甚至罢免蔡确、章惇的公告中，完全没有提到新法。[4] 即便是激进的司马光，对颇有争议的蔡确、章惇等人在哲宗继位一事上的功劳，也大度地

---

[1] 《长编》卷390，哲宗元祐元年十月壬寅，第 9479、9480 页。

[2] 王化雨：《从"慰反侧之诏"看元祐时期宋廷调和新旧的尝试》，第 58 页。

[3] 《长编》卷390，哲宗元祐元年十月壬寅，第 9480 页。

[4] 王化雨：《从"慰反侧之诏"看元祐时期宋廷调和新旧的尝试》，第 55 页．

予以公开承认。[1]这年四月王安石去世，虽然是死对头，司马光还是表现出了宽容，力主朝廷隆重悼念。[2]而高氏身后，她几乎被彻底公开否定，尽管是哲宗的亲祖母，英宗皇后的身份差点被追废。至于元祐大臣的命运，更是凄惨。可太后在世时，根本听不进范纯仁的忠告。

性情偏刚、有些火爆的高氏虽然一点就着，容易受台谏影响，但对言官结党同样非常敏感，深恶痛绝。

元祐元年末，旧党出现了首次激烈内讧。左司谏朱光庭上书攻击翰林学士苏轼出的学士院试馆职考题讥讽先帝（仁宗、神宗），接替已升任尚书右丞的刘挚的御史中丞傅尧俞和王岩叟随后也对苏轼发起弹劾。而另一位言官吕陶虽然指出苏轼确有言行不检点之处，比如不应当讥讽程颐，但指责朱光庭拿考题做借口，试图替老师程颐出气，报复苏轼。[3]

这事在宰执和台谏内部都引发了争议，舆论传言纷纷，认为吕陶和苏轼都是四川人，因此吕陶支持苏轼，他们和朱光庭这下要斗个你死我活，"势不两全"了。于是王觌上奏，希望太后就事论事，只在苏轼有没有讥讽先帝这个问题上做判断，不用追究朱光庭和吕陶的动机，否则必然会带出士大夫结党的罪名——一旦攀扯上微妙、敏感、百口莫辩的朋党，会引发无穷祸端。[4]

---

[1] 赵冬梅：《和解的破灭：司马光最后18个月的宋朝政治》，第28页。

[2] 朱义群：《"绍述"压力下的元祐之政——论北宋元祐年间的政治路线及其合理化论述》，《中国史研究》2017年第3期，第133页。

[3] 《长编》卷393，哲宗元祐元年十二月壬寅，第9565—9569页。

[4] 《长编》卷394，哲宗元祐二年正月壬戌、甲子，第9588—9590页。

局面偏偏朝王觌担心的方向发展，高氏认定，朱光庭假公济私，而傅尧俞、王岩叟因为和他结党，才声援朱光庭。元祐二年正月，傅尧俞、王岩叟面见太后时，王氏专门带去苏轼考题，站在帘子前给高氏解读，话没说完，坐在帘子后的太后"忽厉声曰：'更不须看文字也！'"傅尧俞很不满，指责高氏偏袒："如此，是太皇太后主张苏轼。"太后"又厉声曰：'太皇太后何故主张苏轼，又不是太皇太后亲戚也！'"后来高氏又愤愤说："便总由台谏官？"[1] 啥事都得听你们言官的吗？

事情越闹越大，殿中侍御史孙升两度进言，替傅、王辩白，声明他们绝没有党附朱光庭，范纯仁也在太后面前加以调停。[2] 最后，事件和平收场，没有任何人受到处罚。尽管如此，太后已经释放出了一个危险信号，她没有淡化冲突，控制裂痕的加深、蔓延，反而激化矛盾。在众人阻拦下，高氏暂时把对台谏结党的怀疑压在了心底。很快，怀疑的毒蛇又出洞了。

四月，监察御史张舜民因弹劾元老重臣文彦博，情况不实，被罢免。这引起了一场政治风波，言官们集体表示强烈反对。有趣的是，御史中丞傅尧俞怀疑两位御史吕陶和上官均虽然当面承诺上书抗议，实际上却没有这么做，结果吕陶和上官均的辩解触中了太后

---

[1] 《长编》卷394，哲宗元祐二年正月辛未，第9599—9601页。太后的火爆脾气，还有一个好例子。这年晚些时候，谏官贾易弹劾吕陶时，攻击文彦博和范纯仁。高氏大怒，要严厉处罚贾易，吕公著不同意，认为免去他的谏官职务就可以了。一言不合，太后强硬地发出威胁："不责（贾）易，此亦难作，公等自与皇帝议之。"（《长编》卷404，哲宗元祐二年八月辛巳，第9828页。）不惩罚贾易的话，这事我办不了，你们自己跟皇上商量吧！

[2] 《长编》卷394，哲宗元祐二年正月甲戌，第9604—9606页；丙子，第9607—9609页。

的心事，印证了她的怀疑——台谏结党。[1] 吕公著担心高氏处罚言官，建议以升迁的方式将有嫌疑的台谏调离岗位，被太后采纳。[2] 而殿中侍御史孙升与右谏议大夫梁焘因为触怒高氏，被罢外放，罪名就是朋党。[3] 太后在召见新任御史中丞胡宗愈时，问的还是"朋党之弊"。[4]

不久，对朋党的怀疑蔓延到了宰执群体。这次，倒霉的是门下侍郎韩维。七月，因为一件小事，太后不顾众宰执说情，罢黜了韩维。在给吕公著的批示中，太后这样解释："（韩）维不惟性强好胜，今日观维族人、知识布在津要，与卿孰多？"[5] 韩维为人好胜不假，但太后真正担心的，是韩家父子两代四人先后出任宰执带来的政治影响力——父亲韩亿仁宗时先后任同知枢密院事、参知政事，兄长韩绛神宗熙宁中一度出任首相，弟弟韩缜元丰后期知枢密院事，哲宗即位后一度迁次相。[6] 高氏强调，韩维的亲戚、朋友（"知识"）遍布核心部门，比吕公著的亲友还多——吕家甚至比韩家更显赫，吕公著叔祖吕蒙正于太宗、真宗朝三度出任宰相，父亲吕夷简在仁宗时担任了多年首相，兄长吕公弼英宗朝拜枢密副使，神宗即位后擢枢密使。太后这么说，不无挑拨两人关系的嫌疑。

事情的起因，是五月刚由殿中侍御史迁左司谏的吕陶，接连五

---

[1] 《长编》卷400，哲宗元祐二年五月庚申，第9755页。参方诚峰：《北宋晚期的政治体制与政治文化》，第70页。

[2] 《长编》卷400，哲宗元祐二年五月癸亥，第9758页。

[3] 《长编》卷401，哲宗元祐二年五月戊辰，第9761—9762页。

[4] 《长编》卷401，哲宗元祐二年五月癸酉，第9769页。

[5] 《长编》卷403，哲宗元祐二年七月壬戌，第9809页。

[6] 方诚峰：《北宋晚期的政治体制与政治文化》，第74—75页。

次上书弹劾韩维任用亲属，"阴窃威柄"，即侵夺皇权。吕氏自诩孤介，以破朋党为名，大肆攀引，还攻击中书舍人曾肇（曾巩、曾布的弟弟）和侍御史杜纯党附韩维，[1] 右司谏贾易与程颐结党，监察御史赵挺之则既是韩党又是程党。贾易又反过来控告吕陶结党。[2] 局面越来越混乱。八月，左谏议大夫孔文仲、左正言丁骘朝见太后，高氏谆谆告诫："一心为国，勿为朋比。"[3]

元祐政治的第一主角是高太后，[4] 她是一个有自己的政治判断的人。面对崛起的台谏势力，只有她拥有足够权威，能加以疏导，使之不致泛滥成灾。这是对她政治智慧的考验。可惜，关键时刻，她的政治判断出了问题。

对待新党，太后没能坚持立场，给予持重的宰执足够支持，为更化把好舵，却被激进的言官带乱了节奏。个中原因，是权力欲极强又不自信的她，对冒犯自己权威的行为太过敏感。正是在这点上，言官们成功利用吕惠卿、章惇挑动了她的神经，使原本持温和立场的她转变态度，与宰执分道扬镳，趋向激进。这在日后的"车盖亭诗案"上，表现更为明显。

另一方面，渴望将权力牢牢掌握在自己一人手中的太后，有意

---

[1] 中书舍人主要负责起草诏书，如果对皇帝的命令有异议，可奏请君主重新考虑，政治上颇有影响力。

[2] 《长编》卷403，哲宗元祐二年七月甲子、乙丑，第9813—9819页。事实上，贾易曾建议同时罢免苏轼和程颐。（《长编》卷404，哲宗元祐二年八月辛巳，第9828页。）

[3] 《长编》卷404，哲宗元祐二年八月丁亥，第9834页。

[4] 方著早已指出，维护自己的权威是太后的核心课题（第80—81页），尽管具体理解有一些差异。

搞平衡，试图让台谏和宰执互相牵制，不让任何一方势力过大。她的眼里，出现了太多的朋党。于是她左手治言官，右手压宰执，自以为左右逢源，大权独揽，实则进退失据，让政局走向了动荡与失序。

三、新党内卷化

元祐二年四月，张舜民事件发生的同时，台谏再度对宰执中硕果仅存的元丰旧臣发起冲锋，成功轰走了李清臣。九月，朝廷决定改善吕惠卿的生活处境，将他的居所由偏远的建州（今福建建瓯）内迁至更靠近中原的泰州，又在言官反对下被迫收回成命。

元祐三年（1088）十二月，一个小人物郓州州学学官周穜被革职，起因是周穜上书建议增加王安石配享神宗，招致右正言刘安世与翰林学士苏轼的弹劾。和弟弟苏辙一样，苏轼也非常善于危言耸听，大肆渲染新党阴谋论。在他的笔下，新党虽然暂时失势，主要人物已经下台，党羽仍遍布中央和地方官场，像特务那样隐藏起来，在阴暗角落如鬼蜮般悄悄活动，图谋东山再起（"而其腹心羽翼布在中外，怀其私恩，冀其复用，为之经营游说者甚众，皆矫情匿迹，有同鬼蜮"）。苏轼严厉批评宰执依据惯例稍微改善这些失势者处境的做法，"此等皆民之大贼，国之巨蠹，得全首领，已为至幸"，"今既稍宽之，后必渐用之，如此不已，则惠卿、蔡确之流必有时而用，青苗、市易等法必有时而复"，"一炬有燎原之忧，而滥觞有滔天之祸故也"。按照苏轼的逻辑，只要对新党稍有宽容，政局就会翻转，元祐更化的成果会付诸东流。唯一的办法，就是严防死守，不能有丝毫温情。周穜虽是"虮虱小臣"，但"敢为大奸"，为了"消祸患于未萌", 必须严肃对待, 坚决处理, 绝不手软。[1]

在此前后, 担任邓州知州的蔡确也曾上书, 希望朝廷照顾他的个人困难, 将他从邓州调到颍昌府 (今河南许昌)。刘安世大为不满, 认为"(蔡) 确所以敢萌意外之望, 益肆无厌之求", 都是因为宰执姑息新党。和苏轼一样, 他强调后果会非常严重:"(蔡) 确之朋党大半在朝, 夙夕引领, 以俟复用。若使渐得亲近, 广为歧路, 异日盗权乱政, 无不由此而始。"[2] 蔡确的同党还有一大半留在中央, 天天盼他复出, 如果批准调动, 就中了他的诡计, 将来一定会变天。

狠狠敲打新党余孽与当今宰执后,[3] 元祐四年三月, 刘安世终于将枪口对准了言路同僚, 公开指认御史中丞李常和侍御史盛陶是潜伏的蔡党, 迈出了新党扩大化的关键一步。[4]

很快, "车盖亭诗案"就发生了。

这年四月, 因知汉阳军吴处厚揭发, 蔡确被贬后于元祐二年知安州 (今湖北安陆) 时所写的几首诗, 被深文周纳地认定恶毒攻击太后垂帘, 引发轩然大波, 这就是元祐年间最重要的"车盖亭诗案"。据方著考证, 很可能元祐二年吴处厚就已经看到蔡确诗作, 晚至两年后发难, 足见心思缜密。[5] 此说很有见地, 笔者拟加以补充。

如上所述, 尽罢新法后, 太后的权力欲成了决定元祐政治的首

[1]　《长编》卷418, 哲宗元祐三年十二月甲午, 第10140—10141页。

[2]　《长编》卷422, 哲宗元祐四年二月己巳, 第10222—10223页。

[3]　元祐三年二月任右正言后, 刘安世细大不捐, 强势插手大小官员任命, 句句不离朋党, 频频攻击宰执, 殊为恶劣。吕陶比之, 尚愧为小巫也。但太后有意利用台谏钳制宰执, 对其恩眷有加。另参王化雨:《吕公著与元祐政局》, 第18—20页。

[4]　《长编》卷424, 哲宗元祐四年三月, 第10260—10262页。

[5]　方诚峰:《北宋晚期的政治体制与政治文化》, 第77页。

要因素，她力图通过台谏与宰执的相互制约，并高调打压朋党，来巩固权力。但对高氏权力的最大威胁，既不是台谏，也不是宰执，而是日渐成年的哲宗。

元祐二年担任经筵讲官（负责给皇上讲解儒家经书）的程颐被罢免，固然是因为他在太后眼里有朋党之嫌，但更重要的原因是他对高氏的合法性进行了挑战。程颐去给皇上讲课，发现哲宗已病了好几天，退下来后去问宰相吕公著等人，知不知道皇上病了，吕氏等说不知道，于是他感叹："二圣临朝，上不御殿，太皇太后不当独坐。且上疾而宰相不知，可为寒心。"[1]在程颐看来，太后本身没有权力合法性，垂帘听政只是为了指导尚未成年的哲宗，如今皇上病了，太后不应当单独出来接见大臣，讨论国家大事。换言之，高氏的权力不仅是临时性的，而且是附属性的，不能独立行使。还有，程颐认为，哲宗有病，宰相不知情，这很糟糕，属于政治上的重大隐患。也就是说，他主张，对哲宗的看护，太后应当和宰执分享。这无疑是高氏无法容忍的，她要牢牢把哲宗掌握在自己手中，绝不容他人染指。

太后这样对待哲宗，引发了有识之士的担忧。毕竟，皇上一天天在长大。元祐四年，哲宗已经十四岁。历史上这样年纪的皇帝亲政，不乏先例。这年三月，"车盖亭诗案"发生的前一个月，已经升任中书侍郎的刘挚上了一封相当"奇怪"的奏章，值得细细分析。

刘挚提到，最近朝见太后和皇上时，太后专门教育哲宗，"它日还政之后"，要像现在这样，继续任用反对变法的正人君子，坚决排斥奸邪小人，否则很可能会被迷惑。显然，高氏明确意识到哲宗逐

---

[1] 《长编》卷404，哲宗元祐二年八月辛巳，第9831页。

渐成年，试图保护自己主导的元祐政治成果。

刘挚接着谈到自己的担忧："二三大臣之朋党，皆失意怏怏，自相结纳，睥睨正人，腹非新政，幸朝廷之失，思欲追还前日之人，恨不能攘臂于其间也。今布列内外搢绅之间，在职之吏，不与王安石、吕惠卿，则与蔡确、章惇者，率十有五六。"他认为，现在官场上的人，新法派党羽占半数以上，这些失意的喽啰背地里相互串联，诽谤朝政，对正人君子咬牙切齿，盼着朝廷决策出现重大失误，给他们的头目复出提供机会，恨不得主动搞破坏。对于政局隐患的这一诊断，刘挚似乎和苏轼、刘安世等人完全一致。

其实不然。刘氏话锋一转，"非欲陛下苦治朋党也"，并不希望太后对潜伏的新党中下层痛下杀手。那他担心的到底是什么？

层层铺垫后，刘挚终于说出了心里话：他最担心的，是日后哲宗亲政，小人"必为离间之计，此最易入易听，而其祸亦最大，不可不防其渐而深察之"。

离间，离谁和谁的间？为什么会有离间的可能？这时刘氏展现出了社稷之臣的风范，勇敢地说出了一个事实："怏怏之人，尚敢阴怀二心，潜藏恚恨，投隙害政，依违观望者，彼诚见皇帝陛下渊默谦恭，未甚可否朝政，不知圣意他时所属，将谓天下之事未大定也。"太后专制，哲宗只是傀儡，没有发言权。而这，恰恰是被赶下台的新党最乐意看到的局面。刘挚敏锐地觉察到，这给未来政局埋下了一颗足以改变走向的地雷。

于是他苦口婆心，试图调和太后和皇帝间隐蔽的矛盾。一方面，他告诉哲宗，"太皇太后陛下保佑辅翼之者，罔不备尽"，"虽皇帝陛下仁圣之德，出于天禀，而修心正身之道，宜深有资于太皇太后陛下母仪之训也"，强调太后揽事是出于对哲宗的爱护，是怕哲宗犯错误，是对祖宗江山负责。

另一方面，他举周公辅成王的例子，说周公结束摄政，"复辟（将权力还给天子）之后"，专门写了《立政》《无逸》两篇文章，作为对他的忠告，后来成王在这两篇文章指导下，成了明君中的典范。后世称颂三代之治，首先提到的就是成王铸就的盛世。接下来他开导太后："伏望太皇太后陛下深念周公所以戒成王之意，拥佑开导，以成就皇帝陛下之德。"刘挚点明"复辟"，强调"成就"哲宗，用意何在？难道不是暗示太后及早还政吗？

刘氏还谈到霍光："霍光有功于汉室，而奸臣上官桀与藩王等谋为奸变，上书诬光之罪。是时，孝昭帝年十四，察见忠之与诈，诛灭桀等，益信任光，于是汉室几危而复安。"[1]汉武帝托孤于霍光，他辅导幼主，为维护汉家天下呕心沥血。而意图篡位的燕王刘旦和对霍光不满的另一顾命大臣上官桀一拍即合，由刘旦上书诬告霍光，准备先除掉这位朝廷柱石。但昭帝虽然年轻，头脑非常清醒，看出了破绽，上官桀等被处决，皇帝对霍光更加信任，汉朝危而复安。有意思的是，汉昭帝恰恰也是十四岁，这是巧合吗？刘挚固然是在提醒哲宗不要被奸人迷惑，难道不也是对太后的警告吗？

这份奏疏煞费苦心，让人对刘氏的政治智慧刮目相看。太后真想保住元祐成果，办法只有一个：尽早还政，越快越好。还政越早，成果不被否定的可能性越大；还政越晚，成果被否定的可能性越大。不能指望一个长期被你压制的人挣脱枷锁后，会乖乖接受你为他设计的道路。尤其是，这个被压制的人是个血气方刚的少年。他一定会反叛。但被权力欲迷了眼的太后根本看不到这点，这封奏疏没收

---

[1]　《长编》卷423，哲宗元祐四年三月甲申，第10239—10245页。

到任何效果。

这年四月，与"车盖亭诗案"发生同时，谏院长官梁焘朝见太后时，直言不讳："望皇帝陛下时亲政事，将来临御独断，练熟机务。"话比刘挚直接，要求放权，让哲宗有机会参与决策。结果呢？太后宣称，最近政事裁决，常跟皇上一起商量，[1] 挡了回去。

刘挚在奏疏中特别要求，这份奏章不要下发，就留在宫中，供太后"省览"，吴处厚应当没有机会看到。而梁焘的奏对，发生时间已经排除了吴氏发难前知晓的可能。但意识到这一问题的，显然不会只有刘、梁二人，毋宁说他们代表了士大夫中悄悄滋长的不安情绪。京城中的这一微妙动向，多半有人与远在湖北的吴处厚暗通声气。吴氏极其敏锐地把握住机会，赌了一把，成功了。

如果太后是因为权力受到挑战，那些力主严惩蔡确的臣僚呢？仅仅是迎合？方著指出，太后的同谋是旧党中的激进派，代表是梁焘、刘安世、吴安诗三位谏官，他们得到了首相吕大防和中书侍郎刘挚的支持，此时以李常为首的御史台则趋向温和。[2] 笔者也拟稍作补充。梁焘过激不假，但似乎还有别的考虑。

如上所述，刘挚、梁焘都已敏锐地觉察到，太后紧抓权力不放，会造成她和哲宗间的致命裂痕，从而给新党可乘之机。在梁焘看来，"车盖亭诗案"的发生，证实了他的预感，蔡确在利用垂帘问题"离间两宫"。不仅如此，过于浓重的危机感甚至让他相信，潜伏的一大批蔡党，会乘机兴风作浪，为蔡确辩护，攻击吴处厚是阴险小人。如此一来，所有不主张严惩蔡确，意识到吴氏居心不良的人，都可

---

[1] 《长编》卷425，哲宗元祐四年四月乙巳，第10267页。

[2] 方诚峰：《北宋晚期的政治体制与政治文化》，第77—80页。

能被定性为蔡党！（后来事态也的确按照这一逻辑发展。）

为此，梁焘特别提出了"义干社稷，人主有不得自私"的说法。他解释说："陛下所当尊隆太皇之慈爱，行天下之公议，谨用祖宗之法，快慰臣民之心，此臣所谓'人主有不得自私'者也。"[1]他敦促哲宗用义正词严的态度，重惩蔡确，以此表明立场，以儆效尤，杜绝小人离间的觊觎。

梁焘对诗案的反应，彻底暴露了一个激进主义者的天真与无知，他的努力只会适得其反。在他看来，问题的根本是小人离间。他一厢情愿地相信，为了防止小人离间，必须坚决维护太后权威，甚至让皇帝本人现身说法，表明立场。他忘了，最重要的是安抚被高氏欺压的皇上——只有哲宗本人的内心感受，才是未来政局最关键的因素，才是问题的根本。哲宗无权是本，小人离间是末。梁焘没有想到，只要太后依然大权独揽，他的主张在哲宗看来，会变成旧党在太后与皇帝间彻底倒向前者的铁证。哲宗亲政后的绍圣四年（1097），皇上回忆此事，咬牙切齿地说，"当时贬蔡确意不在确，盖有倾摇之意"，认定对蔡确穷追猛打是为了动摇他的皇位，还直接点了王岩叟和梁焘的名，[2]应当就是这个缘故。正是梁焘等人方向性的错误，将哲宗进一步推向了新党。

梁焘能意识到太后专政的隐藏危机，已经算是激进派中的有识之士，至于刘安世之流，理性似乎已被彻底蒙蔽。中书舍人彭汝砺指出，如果因诗歌这样的疑似之辞治蔡确的罪，会带来非常恐怖的政治气氛，平常一言一笑，都可能被别有用心的人利用，造成人人

---

[1] 《长编》卷425，哲宗元祐四年四月壬子，第10273—10275页。

[2] 《长编》卷488，哲宗绍圣四年五月乙亥，第11589页。

自危的局面。[1] 但在刘安世看来，持类似言论的，就是"（蔡）确之朋党"。[2] 除了李常和盛陶，彭汝砺非常光荣地成了第一批被他明确指为蔡党的人。

有趣的是，梁焘、刘安世、吴安诗三位谏官反复强调，遍地是潜伏的新党，平时伪装得很好，"深情厚貌，未尝形见"，"今因蔡确事，尽见在廷之臣内怀向背"，"苟非今日确之事发，则其党与未易彰败"。蔡确案成了政治立场的试金石。刘安世甚至认为，蔡确"无故作为此诗，臣恐祖宗、神灵、天地眷祐，疾确贯盈，而以此机授陛下也"。换句话说，这是大宋社稷的大幸事，是祖宗、神灵、天地在护佑大宋江山，借蔡确之手，揭开众潜伏小人的真面目。

刘安世虽然只点了李常、盛陶、彭汝砺三个人的名，但同时极其霸气地说，"臣闻上自执政，下至堂吏，确之党与殆居其半"，矛头所向，直指最高层。梁焘也是如此，他说："窃虑大臣之间，亦有敢于附党，傲于玩法，专以护（蔡）确为计，无尊敬两宫意，此不可不戒也。"[3]

有了这样的舆论支持，在宰执面前，太后就理直气壮地说："（蔡）确党多在朝。"[4] 这时已升任次相的范纯仁又一次甘犯逆鳞，认为蔡确无党，但吕大防和刘挚站在太后一边。于是，第一批被认定混入旧党队伍的人诞生了，李常、盛陶调离御史台，中书舍人曾

---

[1] 《长编》卷 425，哲宗元祐四年四月壬子，第 10278 页。这年五月，彭汝砺上书，迫切希望哲宗尽早大婚，特别强调"太皇太后陛下留意毋忽"。（《长编》卷 426，哲宗元祐四年五月庚午，第 10297 页。）大婚无疑是成年的标志，彭氏此举，恐怕也在提醒太后还政。

[2] 《长编》卷 425，哲宗元祐四年四月壬子，第 10276 页。

[3] 《长编》卷 425，哲宗元祐四年四月戊午，第 10282—10285 页。

[4] 《长编》卷 426，哲宗元祐四年五月辛未，第 10298 页。

肇替彭汝砺受过，被贬官。[1]

如此温和的小范围处理，激进派虽不满意，但也受到鼓励，毕竟，局势发展方向和他们的期待一致。于是，刘安世一方面要求严惩以上三人，另一方面终于大胆说出了欲扳倒的核心人物的名字——范纯仁。他攻击范纯仁、李常、彭汝砺、曾肇四人结党，扬言等蔡确案了结后，要挨个弹劾，"乞行窜逐"，[2]张牙舞爪，气势熏天。

第一波清洗后八天，关于蔡确的处理公布了，处罚不重。[3]同时，盛陶被贬出京城，御史台剩下的殿中侍御史翟思与监察御史赵挺之、王彭年成了第二批受害者，遭遇了和盛陶同样的命运。至此，御史台全台"覆灭"。

蔡确处罚不重，关键是范纯仁和尚书左丞王存的抵制。范氏苦口婆心，坚持两点。其一，"不可以语言文字之间，暧昧不明之过，诛窜大臣"，不能因为疑似之辞上纲上线。其二，"朋党难辨，却恐误及善人"，"不必推治党人，旁及枝叶"，[4]就事论事，不搞株连。

激进派大怒，梁焘上书："若是大臣惑乱圣听，却致迟留行遣，即威柄动摇。大臣转强，为今日之患；奸人难制，为他时之忧。……今若行遣不当其罪，即便权去王室，恩归大臣，不可不察

---

[1] 这是因为"右司谏吴安诗论（曾）肇教彭汝砺救（蔡）确而不自言，其奸乃过于汝砺"。（《长编》卷426，哲宗元祐四年五月癸酉，第10299页。）即便如此，太后何以放过彭汝砺，尚待研究。彭氏为人行事，相当稳重，奏议平和中正，循循善诱，然极有风骨，明知自己危在旦夕，仍不懈上言。（《长编》卷426，哲宗元祐四年五月庚辰，第10308页。）

[2] 《长编》卷426，哲宗元祐四年五月庚辰，第10311页。

[3] 《长编》卷427，哲宗元祐四年五月辛巳，第10314页。

[4] 《长编》卷427，哲宗元祐四年五月丙戌，第10323—10325页。宰执中与范纯仁争论的，主要是吕大防。但吕氏远没有谏官激进，在范纯仁影响下，他承认追究朋党"须当子细"。

也。欲望出其不意，批降中旨，速赐施行。"[1] 在他看来，如果太后采纳范纯仁的意见，就意味着大臣专权，构成对皇权的致命威胁。这样荒唐的危言耸听，难得他振振有词地说出口。梁焘建议，剥夺宰执决策权，不经御前会议，太后"出其不意"，直接降旨，严厉处置蔡确。难怪哲宗日后回忆"车盖亭诗案"，对梁焘恨之入骨，全不念及梁氏曾劝太后还政。大概在他看来，那只是两面下注、欲盖弥彰的小人行径。

在谏官鼓励下，第二波清洗后六天，太后下诏，蔡确流放新州（今广东新兴）。因为蔡氏尚有老母在堂，吕大防、刘挚都有所不忍，但在高氏的强硬姿态前退缩了。只有范纯仁拉着王存，做了又一次也是最后的努力。

同一天，太后高调褒奖梁焘、吴安诗和刘安世，曰："卿等于此事极有功，言事每如此，天必祐之。"[2] 而最早的受害者李常、曾肇和十四天前侥幸逃过一劫的彭汝砺都被赶出了汴梁。

十七天后，范纯仁、王存被罢免，谏官大获全胜，"车盖亭诗案"总算落下了帷幕。

纵观此案发展过程，可以清晰地看到，太后和激进的谏官相互影响、相互促进，一步步将运动推向深入。太后的本意，未必要如此大动干戈（即便有意，也会顾忌朝臣的反对），局势的发展，最为激进的梁焘与刘安世起到了关键作用。[3]

---

[1] 《长编》卷427，哲宗元祐四年五月丙戌，第10321页。

[2] 《长编》卷427，哲宗元祐四年五月丁亥，第10327页。

[3] 据说后来梁焘屡次为蔡确求情，李焘已怀疑不可信，笔者可以再补充一点。传梁氏进言："吴处厚所笺诗章，乃安陆前古人物遗迹所在，章咏偶及之，至于怨谤君父，必不敢至此。"是说绝不可信，一目了然。（《长编》卷442，哲宗元祐五年五月庚寅条注，第10640页；卷474，哲宗元祐七年六月辛酉条注，第11302页。）

元祐六年（1091），蔡确的老母亲明氏亲自带着孙子上开封，遍拜诸衙门，甚至当街拦下太后的车驾，呈递申诉，苦苦哀求，希望能将蔡确的囚禁地从蛮荒海隅迁往内地。太后始终不松口。元祐八年（1093），蔡确死在新州，没能再见母亲一面。

正如王曾瑜指出的，"在优礼士大夫的北宋，蔡确流放岭南，是不可能再重的处分了"。[1] 蔡确的结局，标志着文斗的底线被突破，这让失势的新党惶惶不可终日，不知道明天会发生什么。日后新法派重新上台，一报还一报，就把旧党往死里整。蔡京次子蔡絛对此有明确说明："元祐始责蔡丞相确过重，且终元祐不内徙而死。及绍圣初，章丞相（惇）当国，则罪元祐之臣遂深惨。"[2] 更有甚者，哲宗亲政后，朝廷以元祐臣僚留下的章疏等文字为抓手，对整个官僚队伍拉网排查，检验忠诚度，[3] 其灵感恐怕就来自"车盖亭诗案"。

四、宵小之辈

太后再贪恋权力，终究会有撒手人寰的一天。哲宗亲政后，以"绍述"（继承神宗的政策）为口号，彻底否定元祐更化，短短八九年，政局再度转了个一百八十度的大弯。余英时指出，太后垂帘让哲宗备受委屈，这个"充满着反抗情绪的少年……亲政后改弦易辙，

---

[1] 王曾瑜：《洛、蜀、朔党争辨》，载《丝毫编》，保定：河北大学出版社，2009年，第126页。

[2] 《长编》卷498，哲宗元符元年五月辛亥条注引蔡絛《党籍篇》，第11842页。

[3] 方诚峰：《北宋晚期的政治体制与政治文化》，第128—141页。

尽复熙宁、元丰之旧，可以说是事理所必至"。[1] 此说甚为允当，笔者拟稍做补充。

如上所述，最晚到元祐四年（1089），垂帘已经成了笼罩北宋政坛的一个阴影，有识之士如刘挚、梁焘和彭汝砺，都在或明或暗地劝说太后还政。但直到元祐七年（1092），哲宗年已十七，并于五月大婚，太后仍丝毫没有还政的意思。于是时任翰林学士的梁焘又一次上言："政机之繁，久劳同听，归权人主，不可过时。"[2] 年末拜尚书左丞后，梁氏旧话重提："陛下每有宣谕，必以不喜管事为言，常欲安静，此圣意之本也。……伏望检会前奏，早赐诏音，断归人主，以全大功。"据说当时还有"布衣刘正叟上书论复辟事，宰执以为狂"，准备流放湖南，全仗梁焘缓颊，不了了之。还有此时已回朝出任吏部侍郎的彭汝砺，和梁氏的耿直无忌不同，他用一贯的委婉语气劝说太后："臣欲乞皇帝陛下同御前殿，**稍令**近臣及知州职司入对，**俾稍见**人才，察其邪正贤不肖之实，遂闻知天下之事。"[3] 希望高氏能稍微给哲宗点机会，允许他有时候和她一起召见臣僚，对这些人能稍微有点了解。

但太后到死，才不得不放手，哲宗一直看在眼里。绍圣元年（1094），他下诏清算元祐大臣，其中谈道："顾予左右前后，皆尔所亲；于时赏罚威恩，惟其所出。"[4] 我左右前后，都是你们的人，所谓决策，都是你们说了算。诏令虽然不是哲宗本人亲自撰写，但有

[1] 余英时：《朱熹的历史世界》，第 262 页。另参罗家祥：《朋党之争与北宋政治》，第 174—175 页。

[2] 《长编》卷 473，哲宗元祐七年五月壬子，第 11289 页。

[3] 《长编》卷 478，哲宗元祐七年十一月乙巳，第 11397—11398 页。

[4] 杨仲良：《续资治通鉴长编纪事本末》卷 101《逐元祐党上》，第 3235 页。

理由相信，这么重要的文书，他一定给过具体指示。作为孙子，他没法公开指责祖母，只有把满腔怨气发泄到司马光、吕公著一干人头上。[1] 后来更有奸人掀起大狱，高氏当初在神宗继承人问题上的立场受到严重质疑，人虽然不在了，但英宗皇后的身份一度面临被追废的危险。

　　神哲之际关于继承人的确立，到底发生了什么？此事在北宋晚期乃至南宋初期，一直是官方最重视的历史问题之一，颠来倒去，相关记载屡经审查、删改，今天要想弄清真相，难度很大。但有一点可以确认（也正是这一点，对后来的历史发展起到了决定性影响），那就是：哲宗自己相信，当年太后有过犹豫，并非从一开始就坚定支持自己；他更相信，"车盖亭诗案"是个阴谋，有人欲借蔡确动摇他的皇位。平心而论，即便高氏有过疑虑，毕竟最终支持的是哲宗，而哲宗即位后，她更不可能再有废立的念头。问题在于，她的权力欲、控制欲，让年少的哲宗如履薄冰、战战兢兢，留下了极大心理创伤。

　　哲宗出于这样的心态彻底否定元祐，那一大批力主"绍述"的臣僚又有什么动机呢？方著指出，首倡绍述的并非元祐时被打倒的熙丰旧僚，而是一批新进的"反复之徒"，其中尤以元祐言官居多。元祐政治放弃了对理想秩序的追求，打断、压制了神宗时代培养起

---

[1]　蔡絛《铁围山丛谈》卷一云："哲宗即位甫十岁，于是宣仁（高氏的谥号）高后垂帘而听断焉。及浸长，未尝有一言。宣仁在宫中，每语上曰：'彼大臣奏事，乃胸中且谓何，奈无一语耶？'上但曰：'娘娘已处分，俾臣道何语？'如是益恭默不言者九年。时又久已纳后。至是上年十有九矣，犹未复辟。……宣仁登仙，上始亲政焉。上所以衔诸大臣者，匪独坐变更，后数数与臣僚论昔垂帘事，曰：'朕只见臀背。'"（北京：中华书局，1983年，第5页）因为皇帝与太后面对面坐着，大臣奏事时面朝太后，屁股向着皇上。哲宗的愤怒，可见一斑。

来的政治热情，这股政治热情在元祐后期重新夺路而出，代表就是杨畏、来之邵等首倡绍述的元祐后期台谏。换言之，成长于神宗时代的杨畏等人，出于理想主义情怀，渴望回到熙丰路线。最重要的证据，就是元祐七年关于天地祭祀的争论。[1]

对于这一解释，笔者尚有疑虑。儒家经典中，南郊祭天、北郊祭地是毫无争议的三代之制。但汉朝以降，历代情况不一，有时采用南北郊分祭天地，有时则在南郊合祭天地。宋初实行合祭，神宗元丰间恢复古制。元祐七年朝廷又召集群臣就此展开大讨论，主张改回合祭共八人，主张维持分祭共二十二人，"合祭、分祭之间的分野，与所谓的'新旧'之分完全不是一回事，不是说所谓'新党'就支持神宗遗意，'旧党'就支持祖宗之制"。尽管如此，方著仍根据 22∶8 这一比例得出结论："在郊祀这个问题上，朝廷中高级官僚一边倒地支持神宗遗意"，"直接说明了神宗之政的号召力"，新法"对先王之政，对理想秩序追求，实是一代人的共同目标"。[2]

关于天地分祭还是合祭的争论，的确代表了理想和现实的冲突。但这是否意味着，在当时人的认识中，神宗变法等同于追求理想，反对新法就是死气沉沉的因陋就简呢？恐怕未必。天地祭祀的争论，所以非常明确地表现为理想与现实之争，是因为在儒家经典中，天地分祀是毫无争议的唯一方案。而新法的主要内容，并不具备这一特征。天地祭祀问题非常特殊，恐怕不能将时人在这个问题上的看法理解为他们对新法的基本认识。支持天地分祀，既不等于整体上支持新法，也不等于认同新法代表对理想秩序的追求。

---

[1] 方诚峰：《北宋晚期的政治体制与政治文化》，第 91—99 页。

[2] 方诚峰：《北宋晚期的政治体制与政治文化》，第 97、98 页。

　　　　　　　　　　　　　　忧患：边事、党争与北宋政治

而且，反对分祭，主张合祭，并非苟且因循、因陋就简。我们可举最不"安静"但又反对分祀最力的苏轼为例。苏氏有一篇脍炙人口的名作《上圜丘合祭六议札子》，就是这场大辩论的产物。在文章中，他巧言饰说，力图在学术上推翻分祀为古制的定论，但真正的重心，是两个现实考虑。第一，据经典记载，北郊祭地应当在夏至那天进行，正是天气热的时候。炎炎夏日，皇上全套礼服，领着同样全套礼服的百官，后面还跟着身披铠甲、全副武装的卫队，行走在路上，人和马都受不了。第二，宋代惯例，郊祭时要对大臣、士兵等进行非常丰厚的赏赐，数额巨大，合祭的情况下已经给国家造成极大负担，财政捉襟见肘，穷于应付。如果改成分祭，郊祭次数增加，可能会导致财政崩溃。[1]正是因为分祭的理想在现实中困难重重，哲宗亲政后，虽然下诏罢合祭，重新肯定北郊祭地，但最终也没有真正施行。[2]

如果说台谏首倡绍述和政治理想无关，那是何故呢？笔者以为，当时范纯仁已一语道破天机："今来言者，多是垂帘时擢归言路之臣，当时畏避，不即纳忠，今日观望，始有弹奏。"[3]意思是说，现在这些批判元祐更化的人，大多是太后垂帘时得到提拔，担任台谏的，太后在世时什么都没说（所谓"畏避""纳忠"是讽刺），现在风向变了，就开始发声了。言外之意，不过是些投机小人！绍圣四年，邢恕也提醒哲宗："若果终实主张先朝法度，须是当垂帘改更

---

[1] 《苏轼文集》卷35《上圜丘合祭六议札子》，第1004—1005页。上古帝王巡狩天下，儒家经典也有明文。但明清时，士大夫普遍反对帝王离京，原因与此相似。

[2] 此时新党中的头号人物宰相章惇，就"不以北郊为然"。（《长编》卷501，哲宗元符元年八月丙戌，第11934页。）

[3] 杨仲良：《续资治通鉴长编纪事本末》卷105《二苏贬逐》，第3412页。

之际曾有正论，乃可为凭。至于今日方以主张先朝法度为言者，皆迎合邀利之言，大抵阘冗之人，固无他长，惟藉此以希进，不足取也。"上曰："极是！"[1]

也就是说，最先反戈一击的，并不是刘挚、梁焘担忧的衷心维护新法、恶毒仇视更化的潜伏特务，而是元祐时期的新进"少年"。正是激进派标榜政治正确，深文周纳，党同伐异，不顾利害，惟胜之求，严重败坏了元祐时期的政治风气，稳重老成、有所不为的人扫荡出局，剩下的就是这些惯于把握风向的变色龙。台谏成为重灾区，良有以也！是可谓自食其果。

众所周知，元祐年间对待新党过于激进，为北宋晚期政治带来无穷祸患。以往的检讨，往往强调司马光的影响，神宗去世后在大批判浪潮中重新崛起的言官，没有得到应有重视。"安反侧诏"的起草，司马光至少没有表示反对。这说明，他比当时的台谏更理性、更缓和。真正激进，真正对元祐政治造成致命伤害的，是言官。

除了御史台和谏院长官外，一般的御史和谏官级别偏低，担任这些职务的自然是资历相对较浅的人。所谓资历相对较浅，主要不是指年轻，也不意味着做官时间短（相反，当事人甚至可能在中央不同部门和地方不同机构有过广泛的任职经历），而是指没有在重要行政部门担任过一把手。[2] 这样的人，缺少独立处理重要行政事务的经验，对个中甘苦缺少体会，容易冒进。

---

[1]   《长编》卷 493，哲宗绍圣四年十一月丁卯，第 11698 页。

[2]   这点在今天，依然是任命官员时的重要考量标准。

而言官的职责，偏偏又只是空谈，完全脱离实干。在风闻言事制度的保障下，甚至不需费心寻找证据。我们都知道，任何事情都不可能十全十美，挑错总是容易的。遗憾的是，越激进越容易占据舆论制高点。台谏的政治影响力，很大程度来自舆论。而要掌握舆论，必须不断展现超越前人的激进。当然，不是只有言官才激进，也不是言官一定激进，但站在言官的位置上，容易变得激进。

　　自仁宗朝开始，不论制度设计、舆论期许，还是台谏的自我定位，都非常高调。经历了熙丰年间的低潮，在大批判时代，言官们迫不及待地迎来了重新证明自己的机会。古今中外，政治清算，往往都要开放言路，通过大批判为夺权造势、正名。但如何有效管控陡然释放的政治能量，不使之矫枉过正，始终是个难题。这就是元祐初年朝局走向面临的最根本问题。

　　不幸的是，台谏势力急剧膨胀，成了脱缰野马。一任言官，万众瞩目，权力极大，远远超出了监督的正常范围，几乎可说全面介入决策环节。这些政治新贵黑白太过分明，凡事爱走极端。他们始终秉持"除恶务尽"的态度，痛打"落水狗"，实在有些欺人太甚。这导致后来新党重新上台，以其人之道还治其人之身，变本加厉，全力报复。[1]

　　不仅如此，"少年"们血气方刚，慷慨激昂，目空一切，往往在舆论上占据道德高地，高举政治正确的大旗，横扫一切绊脚石，包括身边的同伴。这是日后朝臣频繁内讧，斗得死去活来的重要原因。而旷日持久、无休无止的政治斗争，为小人提供了广阔的"用武之

---

[1]　笔者绝无意为新党开脱罪责。他们重新上台后对旧党的清洗，较之当日旧党之于新党，无疑残酷得多。

地"。政治风气败坏，当初的理想畸变成了私利的遮羞布。在这一意义上，哲宗亲政后的所谓绍述（抛弃元祐，拥抱熙丰），反而是元祐政治的延续。[1]

---

[1] 哲宗本人的执政风格，和对待党争相当慎重的父亲神宗没有共同点，而与激进的祖母如出一辙。

余　论

党争与历史书写

第八章

司马光制造汉武帝?

辛德勇于 2014 年在《清华大学学报》发表长文《汉武帝晚年政治取向与司马光的重构》,认为司马光为了宣扬自己的政治主张,在《资治通鉴》中刻意采用不可信的《汉武故事》,塑造出了不符合史实的汉武帝晚年政治形象。其后该文于 2015 年由三联书店出版(2018 年增订再版),题为《制造汉武帝:由汉武帝晚年政治形象的塑造看〈资治通鉴〉的历史构建》(下称"辛著")。笔者拜读是书,获益良多,但对书中观点,仍有困惑之处,特此拈出,以就教于方家。

一、班固的认识

辛著的核心观点,是《资治通鉴》所载汉武帝与戾太子政见分歧及武帝末年悔过诸事,出自《汉武故事》。而《汉武故事》并不可信,司马光心知肚明,但为了反对王安石变法,刻意建构出了与史实不符但符合其本人政治需要的汉武帝形象。[1]

首先要说明的是，司马光采用《汉武故事》应与王安石无关。梁太济据《资治通鉴》每卷卷首司马光的结衔，指出《前汉纪》三十卷进献神宗的时间为治平四年（1067）四月。[2]也就是说，此前相关部分已全部写定。[3]当时王安石尚未入朝，变法更无从谈起。可以肯定，这与王安石变法无关。

其次，辛著花了很大笔墨，论证单从《汉书》的记载中，根本看不出武帝晚年曾有悔过之举，以此说明这是司马光仅凭不可信的材料编造的故事。不过，辛著的论证还有可以商榷的地方。我们先来看《汉书》中的两处记载。

《汉书·西域传下》称汉武帝在贰师将军李广利投降匈奴后，"悔远征伐"，发布轮台诏，"深陈既往之悔"，"由是不复出军，而封丞相车千秋为富民侯，以明休息，思富养民也"，《传赞》遂称之为"仁圣之所悔"。[4]《食货志》亦云："武帝末年，悔征伐之事，乃封丞相为富民侯。"[5]两处明确提到，武帝晚年对大规模出兵征讨匈奴、西域等地有过批判性的自我反思，从根本上转变了政策。

---

[1]　辛德勇：《制造汉武帝》，第 111—121 页。

[2]　梁太济：《从每卷结衔看〈资治通鉴〉各纪的撰进时间》，《唐宋历史文献研究丛稿》，上海：上海古籍出版社，2004 年，第 3—5 页。

[3]　读者可能会有疑问，《资治通鉴》全书成于元丰七年（1084），有无可能《前汉纪》上进后做过修改，相关内容是后来增加的呢？这一可能可以排除。我们今天读到的《资治通鉴》，源自宫中降出的本子，而非直接得自司马光的书斋。如果司马光在治平四年后对《前汉纪》做过修改，那就必须重新上进，结衔也会相应改变，正如《晋纪》中的五卷、《梁纪》中的两卷与《隋纪》一卷所显示的那样。（参梁太济：《从每卷结衔看〈资治通鉴〉各纪的撰进时间》，第 8—9 页。）

[4]　《汉书》卷 96 下《西域传下》，北京：中华书局，1962 年，第 3912、3914、3929 页。

[5]　《汉书》卷 24 上《食货志上》，第 1135、1137—1138 页。

对此，辛著首先通过详细的考证指出："轮台诏所针对的内容，只是有关西域轮台地区军事部署的局部性问题，是因贰师将军李广利西征受挫所做的策略性调整，而不是朝廷根本性的大政方针。"[1]关于轮台诏在历史上的真实含义，这一解读确实很有道理，但问题在于，现代学者通过研究得出的结论，是否符合两千年前班固的认识呢？辛著这样论证：

> 事实上，班固只是将这道停罢轮台屯田的诏书载录于《汉书·西域传》中，而在记述一朝大政的《汉书·武帝纪》里，对此却未着一字。这已经从一个侧面，向我们提示，班固本人，似乎并没有明确的意识，要把它看作汉武帝政治取向转变的标志。特别是在《汉书·武帝纪》篇末的赞语里，班固还很委婉地评议说："如武帝之雄材大略，不改文景之恭俭以济斯民，虽《诗》《书》所称，何有加焉！"这显然是在指斥汉武帝暴虐子民的一生，值此盖棺论定之时，亦略无一语提及他在晚年对此行径有过罪己悔过的举措。这更进一步显示出，在班固的眼里，汉武帝并没有改变过他的基本政治取向。[2]

对于辛著的这一论证，李浩有所质疑。他以为，"古书本有互见之例"，《西域传赞》才代表了班固对武帝的盖棺定论。[3]

两位先生各取所需，强调的都是对自己有利的材料。平心而论，

---

[1] 辛德勇：《制造汉武帝》，第 22 页。

[2] 辛德勇：《制造汉武帝》，第 30—31 页。

[3] 李浩：《"司马光重构汉武帝晚年政治取向"说献疑——与辛德勇先生商榷》，《中南大学学报（社会科学版）》2015 年第 6 期，第 219 页。

《武帝纪》何以对悔过不着一字，值得深思。但因此否定班固认为武帝晚年曾改变大政方针，似乎又过于简单。为说明问题，现将《西域传赞》和《食货志》的相关内容详细抄录如下：

（孝武）遭值文、景玄默，养民五世，天下殷富，财力有余，士马强盛。故能睹犀布、瑇瑁则建珠崖七郡，感枸酱、竹杖则开牂柯、越嶲，闻天马、蒲陶则通大宛、安息。自是之后，明珠、文甲、通犀、翠羽之珍盈于后宫，蒲梢、龙文、鱼目、汗血之马充于黄门，巨象、师子、猛犬、大雀之群食于外囿。殊方异物，四面而至。于是广开上林，穿昆明池，营千门万户之宫，立神明通天之台，兴造甲乙之帐，落以随珠和璧，天子负黼依，袭翠被，冯玉几，而处其中。设酒池肉林以飨四夷之客，作《巴俞》都卢、海中《砀极》、漫衍鱼龙、角抵之戏以观视之。及赂遗赠送，万里相奉，师旅之费，不可胜计。

至于用度不足，乃榷酒酤，筦盐铁，铸白金，造皮币，算至车船，租及六畜。民力屈，财力竭，因之以凶年，寇盗并起，道路不通，直指之使始出，衣绣杖斧，断斩于郡国，然后胜之。是以末年遂弃轮台之地，而下哀痛之诏，岂非仁圣之所悔哉！[1]

（汉兴）至武帝之初七十年间，国家亡事，非遇水旱，则民人给家足，都鄙廪庾尽满，而府库余财。……是后外事四夷，内兴功利，役费并兴，而民去本。董仲舒说上曰……仲舒死后，

----

[1] 《汉书》卷96下《西域传下》，第3928—3929页。

功费愈甚，天下虚耗，人复相食。武帝末年，悔征伐之事，乃封丞相为富民侯。下诏曰："方今之务，在于力农。"以赵过为搜粟都尉。[1]

从这两段记载来看，班固认为武帝晚年改变了基本政策，恐怕没有疑问。此外，笔者以为，《汉书·武五子传赞》也体现了班固的这一看法，全文如下：

> 巫蛊之祸，岂不哀哉！此不唯一江充之辜，亦有天时，非人力所致焉。建元六年，蚩尤之旗见，其长竟天。后遂命将出征，略取河南，建置朔方。其春，戾太子生。自是之后，师行三十年，兵所诛屠夷灭，死者不可胜数。及巫蛊事起，京师流血，僵尸数万，太子子父皆败。故太子生长于兵，与之终始，何独一嬖臣哉！秦始皇即位三十九年，内平六国，外攘四夷，死人如乱麻，暴骨长城之下，头卢相属于道，不一日而无兵。由是山东之难兴，四方溃而逆秦。秦将吏外畔，贼臣内发，乱作萧墙，祸成二世。故曰"兵犹火也，弗戢必自焚"，信矣。
>
> 是以仓颉作书，"止""戈"为"武"。圣人以武禁暴整乱，止息干戈，非以为残而兴纵之也。《易》曰："天之所助者顺也，人之所助者信也。君子履信思顺，自天祐之，吉无不利也。"故车千秋指明蛊情，章太子之冤。千秋材知未必能过人也，以其销恶运，遏乱原，因衰激极，道迎善气，传得天人之

---

[1] 《汉书》卷24上《食货志上》，第1135—1138页。

祐助云。[1]

这里班固虽然没有明言武帝转变政策，但将戾太子父子之死和武帝征伐四夷联系在一起，称车千秋为太子讼冤乃"销恶运，遏乱原，因衰激极，道迎善气"，而在《车千秋传》中，班固称他上书后，武帝"大感寤"，"立拜千秋为大鸿胪"，[2] 言外之意，不正是武帝末年曾悔过吗？

那么，《武帝纪》的奇怪嘿声该如何解释呢？笔者以为，《武帝纪》不提轮台诏，确实像是班固有意为之，个中缘由，值得深究，但没有必要因此否定他在《西域传》《食货志》和《武五子传赞》中的看法。

附带要说明的是，关于《西域传》和《食货志》的这些记载，辛著以为，"可能是从刘向《新序》下面一段议论中，采录了相关内容，或是受到了这种看法的影响"。[3]《新序》的这段议论，出自《善谋下》：

> 孝武皇帝自将师伏兵于马邑，诱致单于。单于既入塞，觉之，奔走而去。其后交兵接刃，结怨连祸，相攻击十年，兵凋民劳，百姓空虚，道殣相望，槽车相属，寇盗满山，天下摇动。孝武皇帝后悔之，御史大夫桑弘羊请佃轮台，诏却曰："当今之务，在禁苛暴，止擅赋，今乃远西佃，非所以慰民也，朕不

---

[1] 《汉书》卷 63《武五子传赞》，第 2770—2771 页。

[2] 《汉书》卷 66《车千秋传》，第 2883、2884 页。

[3] 辛德勇：《制造汉武帝》，第 31 页。

忍闻。"封丞相号曰富民侯，遂不复言兵事，国家以宁，继嗣以定。[1]

对于班固采用《新序》或受其影响，辛著这样解释：

> 　　像《汉书》这样一部大书，在具体的记事中，采录一些不同来源的著述，是很自然的事情，然而，《新序》其书，本非纪事性史籍，而是藉事设喻，阐发作者想要讲述的治世主张。唐人刘知几早已指出，《新序》书中往往"广陈虚事，多构伪辞"……因而，不能简单据（《新序》）以推定历史事实。要想准确理解汉武帝轮台之诏的旨意，还是要以诏书本身的内容和诏书发布前后的具体事实为依据。[2]

　　姑且不论《新序》是否《西域传》《食货志》相关说法的唯一来源，即便确实如此，这不恰恰说明，班固相信武帝末年确曾悔过，否则为什么会采用这一说法呢？辛著举刘知几为例，指出《新序》并不可信，不能作为理解轮台诏本意的证据。这一观点非常正确，但和班固是否相信《新序》完全没有关系。历史真相是一回事，班固怎么看是另一回事。更何况，即便退一步讲，真像辛著所说，班固本人"并没有明确的意识，要把它（轮台诏）看作汉武帝政治取向转变的标志"，后人如何理解《西域传》《食货志》和《武五子传赞》的相关记载，又是另一回事。

---

[1]　　石光瑛：《新序校释》卷10，北京：中华书局，2009年第2版，第1398—1402页。
[2]　　辛德勇：《制造汉武帝》，第32—33页。

二、唐宋时代的普遍看法

事实上，唐宋时代人们普遍相信，汉武帝晚年曾悔过。

《旧唐书·李大亮传》记载李氏给唐太宗上书，提到："汉文养兵静守，天下安丰；孝武扬威远略，海内虚耗。虽悔轮台，追已不及。"[1] 褚遂良也曾谏阻太宗派兵远戍西域高昌，奏疏这样说：

> 汉武负文景之聚财，玩士马之余力，始通西域，将三十年。复得天马于宛城，采蒲萄于安息。而海内空竭，生人物故，所以租至六畜，算至舟车，因之年凶，盗贼并起。搜粟都尉桑弘羊复希主意，请遣士卒远田轮台，筑城以威西域。武帝翻然追悔，弃轮台之野，下哀痛之诏，人神感悦，海内乂康。向使不然，生灵尽矣。[2]

武则天时代，狄仁杰曾上疏曰：

> 昔始皇穷兵极武，以求广地，男子不得耕于野，女子不得蚕于室，长城之下，死者如乱麻，于是天下溃叛。汉武追高、文之宿愤，借四帝之储实，于是定朝鲜，讨西域，平南越，击匈奴，府库空虚，盗贼蜂起，百姓嫁妻卖子，流离于道路者万计。末年觉悟，息兵罢役，封丞相为富民侯，故能为天所祐也。[3]

---

[1] 《旧唐书》卷62《李大亮传》，北京：中华书局，1975年，第2388—2389页。

[2] 《通典》卷191《边防七》，北京：中华书局，1988年，第5206页。

[3] 《旧唐书》卷89《狄仁杰传》，第2890页。

此外，中唐名相陆贽有奏议谈道：

> 汉武帝遇时运理平之会，承文、景勤俭之积，内广兴作，外张甲兵，侈汰无穷，遂至殚竭；大搜财货，算及舟车，远近骚然，几至颠覆。赖武帝英姿大度，付任以能，纳谏无疑，改过不吝，下哀痛之诏，罢征伐之劳，封丞相为富民侯，以示休息。……秦、隋不悟而遂灭，汉武中悔而获存。[1]

而白居易在所作策问拟对中，也提到："臣闻狄者，一气所生，不可翦而灭也……若乃选将课兵，长驱深入之谋，自王恢始。……由王恢之谋，则殚财耗力，疲竭生人，祸结兵连，功不偿费。故汉武悔焉，而下哀痛之诏也。"[2]

到了晚唐宣宗大中三年（849），《收复河湟德音》这份诏书中也有"绝汉武远征之悔"的话。[3] 降至宋初，雍熙三年（986）赵普的《上太宗请（北伐）班师疏》同样援引汉武帝的例子："秦始皇之拒谏，终累子孙；汉武帝之回心，转延宗社。"[4]

既然唐宋时代人们普遍相信武帝悔过，那么司马光采信《汉武故事》的原因，显然需要重新检讨。不过，讨论《汉武故事》前，还需先澄清辛著关于司马光史观前后变化的两处误解。

---

[1] 《陆贽集》卷22《均节赋税恤百姓六条》之"其二请两税以布帛为额不计钱"，北京：中华书局，2006年，第750—751页。

[2] 《文苑英华》卷501白居易《御戎狄对》，北京：中华书局，1966年，第2570页。

[3] 《唐大诏令集》卷130，北京：中华书局，2008年，第709页。

[4] 赵汝愚：《宋朝诸臣奏议》卷129，第1420页。

三、不变的司马光

元丰八年（1085），宋神宗辞世后的第二个月，司马光上《乞去新法之病民伤国者疏》，提到"武帝作盐铁、榷酤、均输等法，天下困弊，盗贼群起，昭帝用贤良文学之议而罢之，后世称明"。[1] 辛著认为，这代表了司马光最初对汉武帝的认识和评价——既然司马光指出盐铁诸法晚至昭帝时方罢，而不是武帝末年被废除，那就意味着武帝末年不曾悔过。"不过，要是汉武帝自己能够翻然悔悟，一改前非，那样会更符合司马光的心意。因为从汉武帝本人身上揭示出来的这样一条治国路线转变的轨迹，对劝谏宋朝君王迁善改过会有更好的示范和借鉴意义。"因此，司马光编纂《资治通鉴》时改变看法，"从《汉武故事》和《赵飞燕外传》这样的小说家言中勉强择取相应的材料。经过这样一番苦心编排，司马光终于塑造出来合乎自己需要的汉武帝形象"。[2]

但是，司马光上《乞去新法之病民伤国者疏》时，不仅《资治通鉴》前汉部分早已成书，全书也已定稿，辛著认定疏中议论是司马光编纂《通鉴》前的观点，完全没有任何依据。上述观点真和武帝末年悔过说无法兼容，自相矛盾吗？武帝悔过，必然意味着立即废除盐铁诸法吗？据苏轼所撰《司马温公行状》，熙宁初年司马光和王安石在朝堂上争论时，说过："至其（汉武）末年，盗贼蜂起，几至于乱。若武帝不悔祸，昭帝不变法，则汉几亡。"[3] 而《资治通

---

[1] 《司马光集》卷46，第991页。

[2] 辛德勇：《制造汉武帝》，第117—118、121页。既然司马光元丰八年上疏时尚持旧观点，只能理解为辛著认为编纂《资治通鉴》是其后发生的事。

[3] 《苏轼文集》卷16，第484页。

鉴》"武帝崩"条的"臣光曰"这样评价武帝:"晚而改过,顾托得人。"[1]换言之,司马光认为,武帝悔过并不代表马上拨转方向,而是把任务留给了昭帝和霍光,昭帝变法正是秉承武帝遗志。不论这一认识是否符合历史事实,逻辑上是自洽的。以此证明司马光的观点发生过变化,不能成立。

辛著的另一误解,是司马光关于戾太子地位动摇的原因的看法。宋仁宗庆历五年(1045),司马光撰写《史赞评议》,其中"戾太子败"条曰:"钩弋夫人之子十四月而生,孝武以为神灵,命其门曰'尧母'。当是时,太子犹在东宫,则孝武属意固已异矣。是以奸臣逆窥上意,以倾覆冢嗣,卒成巫蛊之祸,天下咸被其殃。然则人君用意,小违大义,祸乱及此,可不慎哉!"[2]辛著认为,"这也就意味着按照司马光在仁宗庆历五年时原有的看法,后来成为昭帝的刘弗陵甫一出生,汉武帝就萌生了废黜戾太子而令其取而代之的意图","戾太子就实实在在地落入了随时会被废除储位的凶险境地","(这)与戾太子的治国理念是否契合于汉武帝本人,没有丝毫关系"。[3]换言之,司马光编纂《资治通鉴》时采纳《汉武故事》中有关武帝与戾太子政见分歧的记载,属于曲学阿世。

关于巫蛊之祸的起因,后宫争宠和政见分歧真的不能兼容吗?司马光的看法,真的如此黑白分明、截然两分吗?事实上,正如辛著指出的,《史赞评议》中的这段话,经过修饰,也出现在《通鉴》中的"臣光曰":"为人君者,动静举措不可不慎,发于中必形于外,

---

[1] 《资治通鉴》卷22,汉武帝后元二年二月丁卯条"臣光曰",第748页。

[2] 《司马光集》卷73《史赞评议》"戾太子败"条,第1477页。写作年份见第1474页校勘记一。

[3] 辛德勇:《制造汉武帝》,第78、79页。

第八章　司马光制造汉武帝?　　　　　　　　　　　　　　　279

天下无不知之。当是时也，皇后、太子皆无恙，而命钩弋之门曰尧母，非名也。是以奸人逆探上意，知其奇爱少子，欲以为嗣，遂有危及皇后、太子之心，卒成巫蛊之祸，悲夫！"[1] 辛著以为："这样的认识，与前述《资治通鉴》称汉武帝因戾太子'性仁恕温谨'而心生厌意的说法，存在明显的冲突，实际上是司马光早期看法的残留。"[2] 问题是，既然司马光采纳《汉武故事》是有意作假，他应当特别留神抹去作伪的痕迹，为何偏偏在最敏感的地方，主动留下自相矛盾的评论？

笔者以为，在司马光这样的在现实政治中经历过风风雨雨的政治家看来，巫蛊之祸这样的大事，恐怕很难用单一原因作完整的解释。后宫争宠和政见分歧都是造成父子破裂的原因，两说并不矛盾，并非鱼与熊掌的关系。《通鉴》追溯巫蛊之祸起源时，这样说："初，上年二十九乃生戾太子，甚爱之。及长，性仁恕温谨，上嫌其材能少，不类己；而所幸王夫人生子闳，李姬生子旦、胥，李夫人生子髆，皇后、太子宠浸衰，常有不自安之意。"[3] 这里显然把"不类己"和后宫新宠列为卫皇后、戾太子"宠浸衰"的两大原因。武帝虽然"奇爱少子，欲以为嗣"，不代表他一定会易储，正是"奸人逆探上意"，加上武帝与太子政见存在分歧，使得父子不和得以发酵，最终酿成悲剧。《史赞评议》所谓"人君用意，小违大义""小违"云云，正说明司马光不认为后宫争宠必然导致巫蛊之祸。如果"尧母门"的命名已经决定了戾太子难逃厄运，那就不是"小违"，而是直接挑

---

[1] 《资治通鉴》卷22，汉武帝太始三年"是岁皇子弗陵生"条"臣光曰"，第723页。

[2] 辛德勇：《制造汉武帝》，第80页。

[3] 《资治通鉴》卷22，汉武帝征和二年七月壬午，第726页。

战天理人伦了。

　　南宋朱熹所持的，也是类似看法。《朱子语类》记载了他对汉武帝的评价："（汉武）末年海内虚耗，去秦始皇无几。若不得霍光收拾，成甚么？轮台之悔，亦是天资高，方如此。尝因人言太子仁柔不能用武，答以'正欲其守成。若朕所为，是袭亡秦之迹！'可见他当时已自知其非。"[1] 关于太子，朱熹引用的，正是《资治通鉴》的记载，他认同父子政见分歧的说法。但在其他地方，朱熹又说过："汉武帝溺于声色，游燕后宫，父子不亲，遂致戾太子之变，此亦夫妇无别而父子不亲之一证。语在《戾太子传》，可检看。然亦非独此也。"[2] 认为后宫问题是父子不和的原因。

　　以上论述，不是要证明司马光或朱熹的看法符合历史事实，只是说明，所谓司马光史观发生过变化的说法，没有坚实的证据。

四、《汉武故事》

　　关于《汉武故事》，辛著指出："此书本属驾神托仙的小说故事，内容怪异离奇，实在不宜当做纪事的史料来使用。"[3] 由此推论，司马光采用《汉武故事》是刻意扭曲历史。

　　但是，辛著同时承认："不过（《汉武故事》）书中记述的故事，

---

[1]　《朱子语类汇校》卷135，第3199页。"非"原作"罪"，据校勘记改。关于武帝悔过和昭帝变法的关系，这里朱熹所持的，也正是和司马光"晚而改过，顾托得人"相同的看法。

[2]　朱熹：《晦庵先生朱文公文集》卷64《答林易简》，《朱子全书（修订本）》第23册，上海：上海古籍出版社，2010年，第3114页。

[3]　辛德勇：《制造汉武帝》，第60—61页。

有些或有更早传承，这也是此等著述当中往往会出现的情况。"[1] 那么，有无可能司马光恰恰认为《汉武故事》中关于武帝和戾太子政见分歧的记载，有所传承，可信度较高呢？[2]

我们先来看辛著所引南宋吕祖谦、王益之及明人王祎批评司马光采信《汉武故事》的三个例子。

吕祖谦《大事记解题》武帝征和二年（前91）"秋七月使者江充掘蛊太子宫"条曰：

> 按《江充传》："充为水衡都尉，坐法免。会朱安世告公孙贺巫蛊，连及阳石、诸邑公主，皆坐诛。后上幸甘泉，疾病，充因是为奏，言上疾崇在巫蛊。"此《公孙贺传》所谓"起自朱安世，成于江充"者也。余并见《通鉴》。（《通鉴》引《汉武故事》诸书，戾太子及巫蛊事甚详。如言："是时，方士及诸神巫多聚京师，率皆左道惑众。女巫往来宫中，教美人度厄，每屋辄埋木人祭祀之。因妒忌恚詈，更相告讦，以为祝诅上。心既以为疑，因是体不平。"此理之必然，盖可信也。如载："太子曰：'吾人子，安得擅诛！不如归谢，幸得无罪。'太子将往之甘泉，而江充持太子甚急。太子计不知所出，遂从石德计。苏

---

[1] 辛德勇：《制造汉武帝》，第134页。

[2] 本章曾在《文史哲》刊发，有幸承一位评审专家赐教："《资治通鉴》是集体编纂共同讨论的成果。这不仅从《资治通鉴》编纂者之一刘恕的儿子刘羲仲所撰述的《通鉴问疑》可以看出，从司马光自撰《稽古录》与主编之《资治通鉴》在避讳等方面的差异上亦可观察到。因此说《资治通鉴》所反映的并非百分之百是司马光的历史认识。"此处司马光云云，难逃偏颇之嫌。但要具体区分《通鉴》操作中的集体意见和司马光的个人认识，笔者尚无此学力，为行文方便计，姑且仍以司马光为责任人，敬希读者垂谅。

文进走，得亡归甘泉，说太子无状。上曰：'太子必惧，又忿充等，故有此变。'乃使使召太子。使者不敢进，归报云：'太子反已成，欲斩臣，臣逃归。'上大怒。"以《汉书》考之，《戾太子传》载石德画矫节捕江充之策，止云"太子急，然德言"而已，未尝有自归谢罪之说也。江充特扬声言太子宫得木人帛书，当奏闻耳，非敢如狱吏治庶僚，禁止其朝谒也。籍使充果持太子甚急，太子不得往甘泉，则亦何由能发兵乎？《刘屈氂传》："戾太子杀充，发兵入丞相府，屈氂挺身逃。是时上避暑甘泉宫，丞相长史乘疾置以闻。上问：'丞相何为？'对曰：'丞相秘之，未敢发兵。'上怒曰：'事籍籍如此，何谓秘也？丞相无周公之风矣。周公不诛管、蔡乎？'"长史既乘疾置，必先苏文至甘泉。武帝闻变之始，其怒如此，必不能亮太子之无他，遣使召之事也。凡此类，皆不可尽信。）[1]

首先要说明，《解题》正文云"余并见《通鉴》"，恰恰表明吕祖谦整体认可《通鉴》相关记载，注文只是补充说明其中出自《汉武故事》等书的材料，有"可信"的，也有"不可尽信"的。第二，吕氏没有明确说武帝与戾太子政见分歧的记载出自《汉武故事》，"《汉武故事》诸书"云云，显示还存在其他的可能来源。第三，关于《通鉴》所引《汉武故事》等书的材料，可信和不可信的，《解题》仅各举一例，武帝与戾太子政见分歧的记载不在其中。吕祖谦的考辨方法，从两个例子看，不外乎两种：是否符合情理；是否能

---

[1] 吕祖谦：《大事记解题》卷12，《吕祖谦全集》第8册，杭州：浙江古籍出版社，2008年，第873—874页。

在《汉书》中找到相矛盾或相佐证的材料。武帝与戾太子政见分歧说没有不合情理之处，而《汉书》中固然找不到佐证，但也没有和它明显矛盾的记载。从这两点来看，我们没有理由断定，吕氏认为这一说法不可信。

更何况，即便吕祖谦不认同武帝和戾太子存在政见分歧，也不代表他相信武帝晚年没有悔过。遗憾的是，《大事记》止于征和三年（前90），是未完稿，我们无从得知吕氏对轮台诏的明确看法，但线索并非完全不存在。

《解题》征和三年"以高寝郎田千秋为大鸿胪"条引用了班固《武五子传赞》："《易》曰：'天之所助者顺也，人之所助者信也。君子履信思顺，自天祐之，吉无不利。'故千秋指明蛊情，章太子之冤。千秋材智未必能过人也，以其消恶运，遏乱原，因衰激极，道迎善气，传得天人之祐助云。"[1] 如上所述，"消恶运"云云正暗示武帝悔过，吕祖谦引用这一说法，难道完全没有意识到班固的用意吗？

我们再看王益之《西汉年纪》关于巫蛊之祸的记载：

> 初，上晚得戾太子，甚爱之。及长，上嫌其材能少，不类己。**会女巫往来官中，教美人度厄，埋木人祭祀之。**上乃使江充入官，掘地求蛊。充云："于太子官得木人尤多。"太子惧，斩江充，发兵与丞相刘屈氂战。（《考异》曰：吕氏《解题》曰："《通鉴》引《汉武故事》诸书，载其始末甚详。如言：'是时，方士及诸神巫多聚京师……'此理之必然，盖可信也。如载：

---

[1] 吕祖谦：《大事记解题》卷12，《吕祖谦全集》第8册，第876页。

忧患：边事、党争与北宋政治

'太子曰：吾人子……'……凡此类，皆未尽信。"今删去之。)

太子兵败，南奔覆盎城门。(《汉武故事》)……上怒甚，群下忧惧，不知所出。壶关三老茂上书曰：……书奏，天子（原讹作"下"）感悟，然尚未显言赦之也。(《考异》曰：《荀纪》以为令狐茂，《汉武故事》以为郑茂，二者不同。《汉书》不载姓，今从之。)

……巫蛊之祸，起自朱安世，成于江充，遂及公主，皇后、太子皆败。(《公孙贺传》)

班固赞（鹄按：《武五子传赞》）曰：巫蛊之祸，岂不哀哉！此不惟一江充之辜，亦有天时，非人力所致焉！建元六年，蚩尤之旗见，其长竟天。遂命将出征，而戾太子生。自是师行三十年，兵所诛屠夷灭，死者不可胜数。及巫蛊事起，京师流血，僵尸数万，太子父子皆败。故太子生长于兵，与之终始，何独一嬖臣哉！故曰："兵犹火也，弗戢，必自焚。"信矣。是以仓颉作书，"止""戈"为"武"。圣人以武禁暴整乱，止息兵戈，非以为残，而兴纵之也。[1]

《西汉年纪》援引吕祖谦"《汉武故事》诸书"的说法，可见武帝与戾太子政见分歧事出自《汉武故事》的观点，还不能算定论。同样，和吕氏相似，王益之也只是认为《汉武故事》不可尽信，而非全不可信，因此《西汉年纪》也有采用《故事》的地方。如上引

---

[1] 王益之：《西汉年纪》卷17，《国学基本丛书》排印本，上海：商务印书馆，1937年，第257—259页。引文与中华书局2018年版点校本略有出入。中华本底本为《四库全书》本，商务本底本为《金华丛书》本，源出武英殿本。辛著引用《西汉年纪》采用了商务本。

"女巫往来宫中，教美人度厄，埋木人祭祀之"，就出自《故事》。另外，根据王氏的注文，"太子兵败，南奔覆盎城门"也出自《故事》。李浩曾指出，这句话见于《汉书·刘屈氂传》，[1]恰可证明王益之判断精审。再如壶关三老茂的姓氏，荀悦《汉纪》和《汉武故事》不同，王氏也没有因为《汉武故事》的性质而简单否定后者。

不过，武帝与太子政见分歧的记载，确实没有出现在《西汉年纪》中。辛著以为，注文所谓"今删去之"，正是指的这一记载。[2]笔者认为这是误读。整体而言，《西汉年纪》比《通鉴》简略得多。上引文末提到"巫蛊之祸，起自朱安世，成于江充，遂及公主"，但朱安世告发丞相公孙贺的儿子公孙敬声行巫蛊，牵连到诸邑、阳石公主，相关记载分别见于《通鉴》征和元年（前92）、二年（源自《汉书》），[3]却不见于《西汉年纪》。这说明，见于《通鉴》而不见于《西汉年纪》的内容，不一定意味着王益之否认其可靠性。事实上，王氏因怀疑不可信而"今删去之"的部分，除了吕祖谦明确提到的太子拟归谢不得及武帝曾遣使召太子这两件事，不清楚是否包括其他内容。值得注意，上引文一开始就抄录了出自《汉武故事》诸书的"上嫌其（戾太子）材能少，不类己"这句，如果王益之不相信武帝和太子政见有分歧，这该如何解释？笔者怀疑，武帝与太子政见分歧的记载，不是因为不可信而不见于《西汉年纪》。

我们且来仔细考察《通鉴》关于巫蛊之祸"太子兵败"前的相关记载（粗体是和《西汉年纪》相同或相近的文字，下划线处代表

[1] 李浩：《"司马光重构汉武帝晚年政治取向"说献疑——与辛德勇先生商榷》，《中南大学学报（社会科学版）》2015年第6期，第216—217页。

[2] 辛德勇：《制造汉武帝》，第51—52页。

[3] 《资治通鉴》卷22，汉武帝征和元年，第725页；征和二年闰四月，第726页。

吕祖谦明确认为不可信的文字）：

　　初，上年二十九乃生戾太子，甚爱之。及长，性仁恕温
谨，上嫌其材能少，不类己；而所幸王夫人生子闳，李姬生子
旦、胥，李夫人生子髆，皇后、太子宠浸衰，常有不自安之意。
上觉之，谓大将军青曰："汉家庶事草创，加四夷侵陵中国，朕
不变更制度，后世无法；不出师征伐，天下不安；为此者不得
不劳民。若后世又如朕所为，是袭亡秦之迹也。太子敦重好静，
必能安天下，不使朕忧。欲求守文之主，安有贤于太子者乎！
闻皇后与太子有不安之意，岂有之邪？可以意晓之。"大将军顿
首谢。皇后闻之，脱簪请罪。太子每谏征伐四夷，上笑曰："吾
当其劳，以逸遗汝，不亦可乎！"

　　上每行幸，常以后事付太子，宫内付皇后。有所平决，还，
白其最，上亦无异，有时不省也。上用法严，多任深刻吏；太
子宽厚，多所平反，虽得百姓心，而用法大臣皆不悦。皇后恐
久获罪，每戒太子，宜留取上意，不应擅有所纵舍。上闻之，
是太子而非皇后。群臣宽厚长者皆附太子，而深酷用法者皆毁
之；邪臣多党与，故太子誉少而毁多。卫青薨，臣下无复外家
为据，竟欲构太子。

　　……

　　是时，方士及诸神巫多聚京师，率皆左道惑众，变幻无所
不为。女巫往来宫中，教美人度厄，每屋辄埋木人祭祀之；因
妒忌恚詈，更相告讦，以为祝诅上，无道。上怒，所杀后宫延
及大臣，死者数百人。上心既以为疑，尝昼寝，梦木人数千持
杖欲击上，上惊寤，因是体不平，遂苦忽忽善忘。江充自以与

太子及卫氏有隙，见上年老，恐晏驾后为太子所诛，因是为奸，言上疾祟在巫蛊。于是上以充为使者，治巫蛊狱。充将胡巫掘地求偶人，捕蛊及夜祠、视鬼，染污令有处，辄收捕验治，烧铁钳灼，强服之。民转相诬以巫蛊，吏辄劾以为大逆无道；自京师、三辅连及郡、国，坐而死者前后数万人。

是时，上春秋高，疑左右皆为蛊祝诅；有与无，莫敢讼其冤者。充既知上意，因胡巫檀何言："宫中有蛊气，不除之，上终不差。"**上乃使充入宫**，至省中，坏御座，**掘地求蛊**；又使按道侯韩说、御史章赣、黄门苏文等助充。充先治后宫希幸夫人，以次及皇后、太子宫，掘地纵横，太子、皇后无复施床处。**充云："于太子宫得木人尤多**，又有帛书，所言不道；当奏闻。"太子惧，问少傅石德。德惧为师傅并诛，因谓太子曰："前丞相父子、两公主及卫氏皆坐此，今巫与使者掘地得征验，不知巫置之邪，将实有也，无以自明。可矫以节收捕充等系狱，穷治其奸诈。且上疾在甘泉，皇后及家吏请问皆不报；上存亡未可知，而奸臣如此，太子将不念秦扶苏事邪？"太子曰："吾人子，安得擅诛！不如归谢，幸得无罪。"太子将往之甘泉，而江充持太子甚急；太子计不知所出，遂从石德计。秋，七月，壬午，太子使客诈为使者，收捕充等；按道侯说疑使者有诈，不肯受诏，客格杀说。太子自临**斩充**，骂曰："赵虏！前乱乃国王父子不足邪！乃复乱吾父子也！"又炙胡巫上林中。

太子使舍人无且持节夜入未央宫殿长秋门，因长御倚华具白皇后，**发中厩车载射士**，出武库兵，**发长乐宫卫卒**。长安扰乱，言太子反。**苏文**迸走，得亡归甘泉，说太子无状。上曰："太子必惧，又忿充等，故有此变。"乃使使召太子。使者不敢进，归报云："太子反已成，欲斩臣，臣逃归。"上大怒。丞相屈氂闻变，挺身逃，亡其印绶，使长史乘疾置以闻。上问："丞相何为？"对曰："丞相秘之，未敢发兵。"上怒曰："事籍籍如此，何谓秘也！丞相无周公之风矣，周公不诛管、蔡乎！"乃赐丞相玺书曰："捕斩反者，自有赏罚。以牛车为橹，毋接短兵，多杀伤士众！坚闭城门，毋令反者得出！"太子宣言告令百官云："帝在甘泉病困，疑有变；奸臣欲作乱。"上于是从甘泉来，幸城西建章宫，诏发三辅近县兵，部中二千石以下，丞相兼将之。太子亦遣使者矫制赦长安中都官囚徒，命少傅石德及宾客张光等分将；使长安囚如侯持节发长水及宣曲胡骑，皆以装会。侍郎马通使长安，因追捕如侯，告胡人曰："节有诈，勿听也！"遂斩如侯，引骑入长安；又发辑濯士以予大鸿胪商丘成。初，汉节纯赤，以太子持赤节，故更为黄旄加上以相别。

太子立车北军南门外，召护北军使者任安，与节，令发兵。安拜受节；入，闭门不出。太子引兵去，驱四市人凡数万众，至长乐西阙下，**逢丞相军，合战**五日，死者数万人，血流入沟中。民间皆云太子反，以故众不附太子，丞相附兵浸多。[1]

《通鉴》这么长的几段文字，在《西汉年纪》中仅仅是上引文的第一段，总共七十六个字。可以明显看出，所不取的文字，绝大多数不是因为不可信，而是《西汉年纪》力求简略的缘故。比如上引《通鉴》首二句为："初，**上年二十九**乃生戾太子，甚爱之。及长，**性仁恕温谨**，上嫌其材能少，不类己。"应当出自《汉武故事》诸

---

[1] 《资治通鉴》卷22，汉武帝征和二年，第726—731页。

书。《西汉年纪》沿袭《通鉴》，这样记载："初，上**晚**得戾太子，甚爱之。及长，上嫌其材能少，不类己。"将"年二十九"改为"晚"，是为了节省文字。删去"性仁恕温谨"，也是如此，并非认为此句不可信。

再如上引《通鉴》第三段开头说："是时，方士及诸神巫多聚京师，率皆左道惑众，变幻无所不为。女巫往来宫中，教美人度厄，每屋辄埋木人祭祀之。"这部分出自《汉武故事》诸书，吕祖谦明确认为可信，王益之赞同其说。但《西汉年纪》仅仅记载："会女巫往来宫中，教美人度厄，埋木人祭祀之。"删去了一多半文字。至于"埋木人祭祀之"之后的文字，显然也不是因为不可信而不取。总之，《西汉年纪》这一句，相当于《通鉴》整段内容的概括。

上引《通鉴》第四、五、六段，包含了出自《汉武故事》诸书而被吕祖谦判定为"不可尽信"的内容，但主体来自《汉书》，而《西汉年纪》也仅仅记载："上乃使江充入宫，掘地求蛊。充云：'于太子宫得木人尤多。'太子惧，斩江充，发兵与丞相刘屈氂战。"寥寥三句，共三十七字，相当于三段内容的概括。

综上所述，我们不能因为武帝与太子政见分歧的记载不见于《西汉年纪》，武断地认为王益之不相信这一说法。更可能的是，王氏用"上嫌其材能少，不类己"一句，概括了上引《通鉴》前两段内容。换言之，王益之恰恰认可《汉武故事》这部分记载。《西汉年纪》注文引用吕祖谦《解题》关于《汉武故事》诸书的考证，且强调"今删去之"，只是为了提醒大家，见于《通鉴》但不见于《西汉年纪》的内容，并不全是出于简略删削，其中有些并不可信；而非声明，《通鉴》采用的《汉武故事》诸书内容，凡是不见《西汉年纪》的，都不可信。

而且，不管王益之是否接受武帝与太子存在政见分歧的说法，他都相信武帝晚年曾悔过。《西汉年纪》征和三年（前90）载："高寝郎长陵田千秋上急变，讼太子冤。上怜太子无辜，乃作思子宫，为归来望思之台于湖，天下闻而悲之。"下引班固《武五子传赞》："《易》曰：'天之所助者，顺也；人之所助者，信也。'君子履信思顺，自天祐之，吉无不利也。故田千秋指明蛊情，彰太子之冤。千秋材知未必能过人也，以其销恶运，遏乱原，因衰激极，道迎善气，传得天人之祐助云。"[1]也就是说，王益之将班固《武五子传赞》分作两处（另一处就是上引巫蛊之祸记载的末尾），全文抄录。

此外，《西汉年纪》征和四年轮台诏条云：

> 帝初通西域，置校尉，屯田渠犁。是时军旅连出，师行三十二年，海内虚耗。及贰师以军降匈奴，上既悔远征伐，而搜粟都尉桑宏羊与丞相御史奏言……（鹤按：全文抄录见于《西域传》的这份奏章，共二百二十字。）上乃下诏，深陈既往之悔曰：……（鹤按：摘抄《西域传》所载轮台诏，共三百零五字。）由是不复出军，而封丞相田千秋为富民侯，以明休息，思富养民也。（《西域传》）

其下又全文抄录了上引《西域传赞》，接着抄录《食货志》"以赵过为搜粟都尉"一句及代田法，光是后者就长达三百余字。[2]

如上所述，《西汉年纪》文字相对较俭省，如此大篇幅抄录《西

---

[1] 王益之：《西汉年纪》卷17，第260—261页。

[2] 王益之：《西汉年纪》卷17，第261—264页。

域传》《食货志》和《武五子传赞》，只能说明王益之受班固影响，认为轮台诏及代田法代表了武帝悔过这一事关西汉国运的转折点。

最后我们来检讨为吕祖谦《大事记》作续书的明代人王祎对《汉武故事》的态度。《通鉴》于征和四年轮台诏前，记载了一件大事：

> 三月，上耕于钜定。还，幸泰山，修封。庚寅，祀于明堂。癸巳，禅石闾，见群臣，上乃言曰："朕即位以来，所为狂悖，使天下愁苦，不可追悔。自今事有伤害百姓，糜费天下者，悉罢之。"田千秋曰："方士言神仙者甚众，而无显功，臣请皆罢斥遣之。"上曰："大鸿胪言是也。"于是悉罢诸方士候神人者。是后上每对群臣自叹："向时愚惑，为方士所欺。天下岂有仙人，尽妖妄耳！节食服药，差可少病而已。"[1]

辛著指出，"禅石闾"以下，出自《汉武故事》，并谈到王祎《大事记续编》因此对《通鉴》提出批评。[2] 辛著没有说明，《续编》并非彻底否定这一记载。现将相关内容详细抄录如下：

> 汉孝武皇帝征和四年春正月，帝幸东莱，欲浮海求神仙，群臣谏弗听，大风海涌而止。（以《通鉴目录》《稽古录》修）……三月，帝耕于钜定。（以本纪、荀悦《汉纪》、《稽古录》修）

---

[1] 《资治通鉴》卷22，汉武帝征和四年三月，第738页。

[2] 辛德勇：《制造汉武帝》，第52—55页。

解题曰：武帝一纪，征伐、宫室、祭祀、诗乐之事，无岁无之，独农桑之务未尝及焉。至是，始亲耕钜定，是殆悔心之萌乎？轮台悔过之诏，富民、搜粟之封，兆于此矣。

还幸泰山。庚寅，祀明堂。癸巳，禅石间。大鸿胪田千秋白斥遣方士候神人者。（同上）

解题曰：《通鉴》载上每对群臣自叹曰："向时愚惑，为方士所欺。天下岂有仙人，尽妖妄耳！节食服药，差可少病而已。"此出《汉武故事》，其言绝不类西汉，《通鉴》误取尔。

夏六月，还幸甘泉。丁巳，以千秋为丞相。先是，搜粟都尉桑弘羊与丞相御史请田轮台。帝乃下哀痛之诏，不复出军，而封千秋为富民侯，以赵过为搜粟都尉，教民代田。（同上）

解题曰：自武帝初通西域……（鹄按：大幅抄录《西域传》，尤其是全文抄录轮台诏六百二十五字，又接《食货志》代田法三百十一字。不计注文，正文共一千零七十七字，加注则为一千五百八十七字。）[1]

《大事记续编》"禅石间"下明明白白记载"大鸿胪田千秋白斥遣方士候神人者"，显然是对《汉武故事》的概括。王祎所谓"《通鉴》误取"的，只是武帝"向时愚惑"那几句话。而且，"耕于钜定"之上，还有条记载："帝幸东莱，欲浮海求神仙，群臣谏弗听，

---

[1] 王祎：《大事记续编》卷1，《景印文渊阁四库全书》第333册，台北：台湾商务印书馆，1986年，第10—12页。

大风海涌而止。"注文说明出自司马光的著作，据辛著研究，司马光抄录的还是《汉武故事》，和田千秋主张斥遣方士属于同一则。[1] 看来，对于《汉武故事》叙事本身，王祎没有怀疑。

还值得注意的是，"帝耕于钜定"条解题云："亲耕钜定，是殆悔心之萌乎？轮台悔过之诏，富民、搜粟之封，兆于此矣。"王祎显然相信武帝晚年曾悔过，认为轮台诏和代田法都与此有关。所以，他在轮台诏条的解题中，对这两件事大书特书，解题之长出人意料，极为罕见。

综合本节和第一、第二节的分析可以看出，至少唐宋时期，学界主流笃信武帝悔过说，源头正是班固《汉书》。对于《汉武故事》，固然学者有所警惕，但并未断然摒弃，而是就事论事，加以考辨，认为可信和不可信的内容都有。具体到武帝与戾太子政见分歧的记载，没有证据可以坐实吕祖谦、王益之否定这一说法。恰恰相反，至少就王益之而言，相信这一记载的可能性更大。

我们再回到司马光。对于《汉武故事》中的可疑史料，司马光有充分认识。《通鉴》汉武帝元光四年（前131）十二月晦"论杀魏其于渭城"条《考异》云："班固《汉武故事》曰……按《汉武故事》语多诞妄，非班固书，盖后人为之，托固名耳。"[2] 翌年七月"女巫楚服等教陈皇后祠祭厌胜"条《考异》："《汉武故事》曰：'陈皇后废处长门宫，窦太主以宿恩犹自亲近。后置酒主家，主见所幸董偃。'按《东方朔传》：'爱叔为偃画计，令主献长门园，更名曰长门

---

[1] 辛德勇：《制造汉武帝》，第 52—53 页。

[2] 《资治通鉴》卷 18，汉武帝元光四年十二月晦"论杀魏其于渭城"条《考异》，第 585 页。

宫。'则偃见上在陈后废前明矣。"[1]元封五年（前106）"长平烈侯卫青薨"条《考异》："《汉武故事》云：'大将军四子皆不才，皇后每因太子涕泣请上削其封。上曰："吾自知之，不令皇后忧也。"少子竟坐奢淫诛。上遣谢后，通削诸子封爵，各留千户焉。'按青四子无坐奢淫诛者，此说妄也。"[2]又征和二年（前91）八月辛亥"吏围捕太子"条《考异》曰："《汉武故事》云：'治随太子反者，外连郡国数十万人。壶关三老郑茂上书，上感寤，赦反者，拜郑茂为宣慈校尉，持节徇三辅赦太子。太子欲出，疑弗实。吏捕太子急，太子自杀。'按上若赦太子，当诏吏弗捕，此说恐妄也。"[3]

如果司马光明知武帝与太子政见不合是无稽之谈，却刻意采用《汉武故事》以歪曲事实，他为何一而再、再而三地展示《汉武故事》种种不合情理之处？尤其是上引最后一处，直接涉及巫蛊之祸，是最敏感的地方，司马光却明确说《汉武故事》"恐妄"，难道他不担心后人因为这一提示看破他做的手脚吗？

事实上，即便是吕祖谦认定不可信的《汉武故事》中太子欲归谢而不得的说法，司马光所以写入《通鉴》，也并非没有理由。《汉书·戾太子传》载壶关三老上书曰："江充，布衣之人，闾阎之隶臣耳。陛下显而用之，衔至尊之命以迫蹴皇太子，造饰奸诈，群邪错谬，是以**亲戚之路隔塞而不通**。**太子进则不得上见**，退则困于乱臣，

---

[1] 《资治通鉴》卷18，汉武帝元光五年七月"女巫楚服等教陈皇后祠祭厌胜"条《考异》，第591—592页。

[2] 《资治通鉴》卷21，汉武帝元封五年"长平烈侯卫青薨"条《考异》，第693页。

[3] 《资治通鉴》卷22，汉武帝征和二年八月辛亥"吏围捕太子"条《考异》，第733页。

独冤结而亡告，不忍忿忿之心，起而杀充。"[1] 如上所述，辛著承认《汉武故事》中某些记载可能有更早的来源，而不论是吕祖谦、王益之还是王祎，都没有全盘否定《汉武故事》，相反都对其中某些记载表示肯定。那么，不管壶关三老的分析是否符合历史事实，司马光因为《汉武故事》这一记载可以得到《汉书》印证，在《通鉴》采用了这一说法，完全可以理解，无需制造阴谋论。

不过，武帝与太子政见分歧的记载确实得不到《汉书》印证，司马光（甚至包括王益之）为何"相信"（姑且用引号）这一说法呢？笔者以为，辛著已经给出了答案："在这（鹄按：指《汉武故事》的神怪记载）当中，也有一些似乎稍显另类的记述，这就是《通鉴》所采有关巫蛊之乱的发生缘由以及对汉武帝与戾太子之间不同治国理念的描摹，这些相对比较平实自然的记述，在全书神云仙雾的背景之下，颇为引人注目。"[2] 大概在司马光看来，这正表明其渊源有自。而且这恰好和唐宋时人笃信的武帝悔过说相互呼应，司马光将其写入《通鉴》，容有不够严谨之嫌，但因此斥责他"不惜曲意横行，不惜改变历史的本来面目"，即便加上限定词"一定程度上"，[3] 仍不免有失公允。

更何况，武帝与太子政见分歧事出自《汉武故事》说，尚非定论！

---

[1] 《汉书》卷 63《武五子传》，第 2744—2745 页。

[2] 辛德勇：《制造汉武帝》，第 136 页。

[3] 辛德勇：《制造汉武帝》，第 128 页。

第九章

反对派李焘如何书写王安石

李焘《续资治通鉴长编》是北宋政治史最重要的史料来源。对于王安石这一笼罩了北宋中后期历史的关键人物，李氏有着鲜明的价值判断，因此《长编》相关部分的史料取舍，往往为人诟病。研究者甚至认为李焘明知不可信，依然采用了诬蔑王安石的记载。

笔者以为，李焘的政治立场的确影响了他的判断，使他在一些问题上得出错误结论，但说他刻意诽谤，似乎证据不足。本章拟就此问题，对《长编》编撰的一些特点，略加探讨。

一、保存不利材料

严格来说，《长编》只是资料汇编，而非定稿成书。[1]裴汝诚、许沛藻指出了《长编》两大编撰原则：第一，"宁失之繁，无失之略"；第二，"以实录、国史等官修史书为史文，旁采异闻，如果纪事与正史、实录不合，则兼存以求是"。同时，《长编》还有一个重

---

[1]　裴汝诚、许沛藻：《续资治通鉴长编考略》，北京：中华书局，1985年，第21—22、74—78页；李裕民：《长编并非谦称》，载《宋史考论》，第223页。

要特点，就是注明出处："正文多是实录、国史、会要等官修史册和文书档案，大凡据他书为正文者，则于注文中说明。"[1]

此外，笔者想强调，对于有争议的问题，李焘一般都有考辨，会在注文中说明取舍原因。不仅如此，对于他认为不可信的材料，李焘也不是简单摈弃，而是在阐述疑点后照样加以抄录，供后人参考。

李焘这些做法，涉及王安石等人时，没有改变。[2] 李华瑞曾举出李焘被政治立场蒙蔽的两个典型案例：轻信王安石在宋辽河东边界纠纷中主张割地，轻信所谓王安石"勿令上知"的话。[3] 我们可以对这两个例子略作分析。

关于边界纠纷，《长编》有如下记载：

> 王安石白上曰："契丹无足忧者，萧禧来是何细事，而陛下连开天章、召执政，又括配车牛驴骡，广籴河北刍粮，扰扰之形见于江、淮之间，即河北、京东可知，契丹何缘不知？臣却恐契丹有以窥我，要求无已。"
>
> 上曰："今中国未有以当契丹，须至如此。"
>
> 安石曰："惟其未有以当契丹，故不宜如此。凡卑而骄之，能而示之不能者，将以致敌也。今未欲致敌，岂宜卑而骄之，示以不能？且契丹四分五裂之国，岂能大举以为我害？方未欲举动，故且当保和尔。"

---

[1] 裴汝诚、许沛藻：《续资治通鉴长编考略》，第74—75页。

[2] 燕永成：《〈续资治通鉴长编·神宗朝〉取材考》，《史学史研究》1996年第1期，第63—67页。

[3] 李华瑞：《王安石变法研究史》，北京：人民出版社，2004年，第135—137页。

上曰："契丹岂可易也，以柴世宗之武，所胜者乃以彼睡王时故也。"

安石曰："陛下非睡王，契丹主非柴世宗，则陛下何为忧之太过。忧之太过，则沮怯之形见于外，是沮中国而生外敌之气也。"

安石又言："萧禧不当满所欲，满所欲则归而受赏，是开契丹之臣以谋中国求赏，非中国之利也。"

又言："外敌强则事之，弱则兼之，敌则交之。宜交而事之则纳侮，纳侮而不能堪则争，争则启难，故曰示弱太甚，召兵之道也。"

然安石本谋，实主弃地，虽对语云尔，竟弗克行。（邵伯温《闻见录》云："敌争河东地界，韩琦、富弼、文彦博等答诏，皆主不与之论。会王安石再入相，独言'将欲取之，必固与之'，以笔画地图，命韩缜悉与之，盖东西弃地五百余里。韩缜承安石风旨，视刘忱、吕大忠诚有愧。"苏氏《龙川别志》亦云："安石谓咫尺地不足争，朝廷方置河北诸将，后取之不难。"据此，则弃地实安石之谋。今《日录》四月二日对语，乃谓许萧禧不当满其欲，与苏、邵所记持异，疑蔡卞等后来增加，实非当日对语也。今姑存之，仍略著安石本谋，庶后世有考云。《吕惠卿家传》载惠卿议，亦与安石略同，今附注在五日丙寅萧禧入辞下，合并考。）[1]

李焘相信《邵氏闻见录》和苏辙《龙川别志》，反而怀疑《日

---

[1]　《长编》卷262，神宗熙宁八年四月癸亥，第6372—6373页。

录》，当然是错误的。不过，他依然在正文中详细抄录《日录》，只在注中质疑，而且把推断依据和盘托出，没有丝毫隐瞒。不仅如此，他甚至提到《吕惠卿家传》记载的吕惠卿在这件事上的主张和王安石相同，并且在《长编》另一处抄录了《家传》原文。我们今天能够替王安石洗刷恶名，几乎完全依赖李焘在《长编》中一以贯之的光明正大的做法。

再来看第二个典型案例：

> 先是，吕惠卿悉出安石前后私书、手笔奏之，其一云："勿令齐年知。"齐年者，谓京也，与安石同岁，在中书多异议，故云。又有一云："勿令上知。"由是上以安石为欺，故复用京，仍诏京抚定蕃部讫，乃赴阙。（朱史签贴云："缴书事，已奉朝旨下逐官取会，并无照据，删去。"今本《实录》仍复存之。《陆佃集》有《实录院乞降出吕惠卿元缴进王安石私书札子》云："臣等勘会昨来御史弹奏吕惠卿章疏内称，惠卿缴奏故相王安石私书，有'毋使上知''毋使齐年知'之语。齐年，谓参知政事冯京。且称安石由是罢政。大臣出处之由，史当具载，欲乞圣慈特赐指挥，降出惠卿元缴安石之书，付实录院照用，所贵笔削详实。"……《佃集》又自注札子下云："黄庭坚欲以御史所言入史，佃固论其不可，庭坚恚曰：'如侍郎言，是佞史也。'佃答曰：'如鲁直意，即是谤书。'连数日，议不决，遂上此奏。后降出安石书，果无此语，止是属惠卿言练亨甫可用，故惠卿奏之，庭坚乃止。"按：《佃集》为安石辨如此，盖佃尝从安石学故也。佃称庭坚乃止，然《元祐实录》虽不于安石罢相时载缴书事，仍于冯京《参政记》载之。佃称庭坚乃止，诚

耄昏矣。兼疑此札子实不曾上，佃所称"降出安石书果无此语，
止是属练亨甫可用"，若诚如此，则绍圣史官何以不明著其事
乎？且安石与惠卿私书，何但如此，但其一耳。《佃集》要不可
信，姑存之，庶后世有考焉。）[1]

李焘的确被立场遮蔽了眼睛，但似乎可以相信，他绝无混淆是
非、诬蔑王安石的主观意图，否则原原本本抄录朱史签贴和陆佃札
子，详细交代推理过程，该如何解释？

二、为王安石辩护

李焘的政治立场的确影响了他对史实的判断，但至少他没有让
立场完全淹没理性和对真相的追求。

对于攻击王安石的记载，李焘没有丧失理智地一律采信。熙宁
三年（1070）五月，在王安石与韩绛提议下，"别置审官西院"，剥
夺了原属枢密院的权力。《长编》云："议者谓绛及安石协谋，欲沮
（文）彦博（时任枢密使），且夺其权，因建此议。然先时大使臣差
遣皆属枢密院，无先后名次，时人亦颇患其不平也。"李焘注："'颇
患其不平'，此据《司马光日记》。"[2]

审官西院的设置，不是出于行政合理性考虑，而是王安石和韩
绛打击政治对手的策略，这一说法并非李焘臆造。当时知谏院胡宗

---

[1]　《长编》卷278，神宗熙宁九年十月丙午，第6804—6805页。

[2]　《长编》卷211，神宗熙宁三年五月丁巳，第5138—5139页。

愈上书反对设置审官西院，就持这种说法。[1]值得注意，李焘居然为王安石辩护，而依据恰恰出自反对王安石最力的司马光！

再如本书第三章提到过，魏泰《东轩笔录》有条记载，说王安石目无君主，独断专行，擅自同意司农寺把普天下祭祀神灵的庙宇定价承包给个人，引起神宗警惕和不满。《长编》多处引用《东轩笔录》，偏偏放过了如此"理想"的抹黑对手的材料。魏泰的说法并不可信，李焘大概也看出了这一点。

又如熙宁六年冬至七年春大旱，反变法派韩维上书，建议神宗下罪己诏，鼓励士大夫批评朝廷。神宗采纳了他的意见，命令韩维起草诏书。《长编》云："诏出，人情大悦。"李焘注："维本传云：'诏出，人情大悦，是日乃雨。'然《实录》不载是日雨，恐本传或有润饰，今不取。"[2]所谓维本传，是指官方编撰的包括神宗、哲宗、徽宗、钦宗四个时期的《四朝国史》中的《韩维传》。"是日乃雨"，一场大旱，因为罪己诏的颁布，立竿见影，马上迎来了大家期盼已久的雨水，无疑是上苍在表明否定新法的立场。但李焘坦言这并不可信。

而且，对于反变法派的不当行为，李焘并不讳言，哪怕材料来自王安石本人。《长编》熙宁六年四月甲午条记载对武将种谔处罚的变更时，特别提到："王安石私记云：'上批初付中书、密院，而密院独进呈。退，安石问何独进呈，**文彦博乃阳为不审**。安石曰："上有何指？"曰："令与中书进呈。"'"李焘注："此据王安石《日录》

---

[1]　《长编》卷212，神宗熙宁三年六月丙戌，第5159页。

[2]　《长编》卷251，神宗熙宁七年三月乙丑，第6137—6138页。

增入。"[1] 神宗批示，要求负责军事的枢密院和宰相机构中书门下共同商讨此事，枢密使文彦博却撇开王安石，不让他参与。王安石问他，就装糊涂。李焘选择将此事公之于众，不会不知道，这不仅会损害文彦博的个人形象，也会给反对变法的集体事业蒙上一层阴影。

甚至对王安石父子的长处，李焘也没有刻意淹没。比如关于熙河开边，《长编》记载详细，不乏对王安石的赞美之辞。熙宁六年七月，王安石对王韶的策略提出修正意见，《长编》称"既而（王）韶果以兵穿露骨山破贼，**如安石所料**"。[2] 熙宁七年三月，形势一度非常危急，新收复的岷州（今甘肃岷县）可能失守。宰执有不同意见，王安石和王珪为情况可控，旧党冯京"独不谓然"，后来前线传来消息，"**果如安石等所料**"。李焘注云："安石、珪言岷州保亡虑，据安石《日录》。"依据的还是王安石本人的说法！这条记载后不远，《长编》又一次称赞王氏："上言韶若入熙州，坚守为得计，安石曰：'恐韶不得坚守，必择要害地据而扼之，候其师老人饥，然后讨击，乃为得计。'已而韶报安石书，**所计悉与安石同**。"[3]

熙宁六年六月，成立军器监。李焘有一段长注：

> 《兵志》："国朝军器，旧领于三司胄案，三司事丛，判案者又数易，仅能谨簿帐而已。先是，**王雱尝言曰**：'汉宣帝号称中兴之贤主，而史之所叙，独以为技巧工匠皆精于元、成之时。然则此虽有司之事，而上系于朝廷之政，为政者所宜留意也。

[1] 《长编》卷244，神宗熙宁六年四月甲午，第5940页。

[2] 《长编》卷246，神宗熙宁六年七月己未，第5983页。

[3] 《长编》卷251，神宗熙宁七年三月壬寅，第6110页；甲辰，第6112页。

方今外御两边之患，而内虞剽盗之变，征伐擒捕之策，未尝不以为首务，而至于戎器则独不为之恤。盖今天下岁课弓弩、甲胄之类，入充武库之积以千万数，而无坚完轻利真可为武备者。臣尝观于诸州将作院，至有兵匠乏缺而拘市人以备役，所作之器，但形质既具，则精窳之实一切无所问。武库吏亦惟计多寡之数以藏，而未有责其实用者，故所积虽多，大抵敝恶不可复举。夫为政如此，而犹用抗威决胜，外摄邻敌之强犷，内沮奸凶之窃发，臣愚未见其可也。倘欲废弛武备，观天下以无事，则金木、丝枲、筋角、胶漆、竹羽之材，一出于民力，而无故聚工以毁之，此可惜也。臣私计其便，莫若更制其法度，敛数州之所作而聚以为一处，若今钱监之比，而每监择知工事之臣，使专于其职；且募天下之良工，散为匠师于诸监，而朝廷亦当内置工官以总制其事，然后察其精窳之实，而重为赏罚，则人人各求胜，不饬而皆精矣。或闻今武库太祖时所为弓尚有弓弦如新者，而近世所造往往不可用。审如此，则又有以见法禁之张弛也。昔者，垂为共工，而历代资其竹矢，所以为至治，此其一事也。'上颇采雱说。六年，始案唐令，置军器监。……"志所载，大抵以神宗政事一切并归之安石父子，其诬甚矣，今不取。然**雱言亦似有可采者，姑附注于此**。[1]

如此大段抄录王雱奏疏，不以人废言，李焘当得起"雅量"二字吧？

---

[1] 《长编》卷245，神宗熙宁六年六月己亥，第5973—5974页。

三、还原真实历史

众所周知，《神宗实录》随着政局变迁几度重修。最初的元祐本成于旧党之手，史称"墨本"。新党上台后有绍圣本，在墨本之上用朱笔增删修改，史称"朱本"。后来高宗恢复旧党名誉后又有绍兴本，史称"新本"。如果李焘是个立场压倒一切的人，可想而知，来自朱本的材料在《长编》中出现的机会恐怕极小。但据燕永成统计，《长编》正文部分，李焘注明采用墨本、朱本、新本的地方分别为107、125、75处。[1]

我们来看一个李焘如何理解史书的具体例子。熙宁九年五月，《长编》有这样一段记载：

> 上又论范仲淹欲修学校贡举法，乃教人以唐人赋体《动静交相养赋》为法，假使作得《动静交相养赋》，不知何用？且法既不善，即不获施行，复何所憾！仲淹无学术，故措置止如此而已。
>
> 安石曰："仲淹天资明爽，但多暇日，故出人不远。其好广名誉，结游士，以为党助，甚坏风俗。"
>
> 上曰："所以好名誉，止为识见无以胜流俗尔。如唐太宗亦英主也，乃学庾信为文，此亦识见无以胜俗故也。无以胜俗则反畏俗，俗共称一事为是，而己无以揆知其为非，则自然须从众，若有以揆其为非，则众不能夺其所见矣。"
>
> 安石曰："不易乎世，大人之事，故于《乾卦》言之。"

---

[1]　燕永成：《〈续资治通鉴长编·神宗朝〉取材考》，第64—65页。

上又论："道必有法，有妙道斯有妙法，如释氏所谈妙道也，则禅者其妙法也。妙道不可以智知，不可以识识，然尚有法可以诠之，则道之粗者固宜有法也。"

安石曰："陛下该极道术文章，然未尝以文辞奖人，诚知华辞无补于治故也。风俗虽未丕变，然事于华辞者亦已衰矣，此于治道风俗不为小补。"

上因言读经者须知所以纬之，则为有用，不然则不免为腐儒也。（新本云："此一段无所照据，假神宗论答之语，实寓安石之私，以范仲淹好名，败坏风俗，岂不惑后世？并删去。"今复存之，后世亦安可惑也？）[1]

从李焘所录新本批语看，这段对话应当出自王安石《日录》，故有"无所照据"云云。就政治立场而言，李焘与新本编者相同，不认可对范仲淹的批评。但他对史书的理解，与新本编者有相当大差异。在新本编者看来，既然《日录》对范仲淹的批评是错的，就应当删去，以免贻误后世。当然，新本编者还找了个理由，认为这段对话可能是王安石伪造的。但从李焘注所引新本其他情况看，大量与编者不同立场的言论，即便真实性无可置疑，也往往被删除。也就是说，新本编者力图屏蔽所有历史上真实存在过的"错误"言论。

李焘的态度截然相反。《日录》的记载是否可信，他未必没有怀疑，但他认为，史家的首要责任是记录真实发生过的言行，不管这些言行是对是错，即便不可信的材料，也不妨留存下来，供后人

---

[1] 《长编》卷 275，神宗熙宁九年五月癸酉，第 6732—6733 页。

忧患：边事、党争与北宋政治

参考、评判。他相信，是非对错有一个绝对标准，并非个人的主观臆断。李焘不是因为个人利益反对王安石，他真诚地相信王安石的主张祸国殃民。在他看来，王安石祸国殃民是一个客观事实，只要把王氏的言行原原本本呈现出来，后人自然会得出正确结论，不应该也没必要造假。他追求的是真相、真理，而非党同伐异。这点在《长编》另一处注文中有更明确的表述。

哲宗元祐二年（1087）八月，程颐被免去了经筵讲官，《长编》收录了当时谏官孔文仲弹劾程颐的奏疏，其中百般攻击，洋洋洒洒近千言。注云：

> 此据旧录稍删润之……新录辨诬云："颐知上疾而告于宰臣，斯未为过，而乃以腾口为罪，又取市井闲语以加之，甚矣！今删去。"按：**史官但当录其实耳**。当时孔文仲实以劾颐，颐亦坐是黜，安可没而不书？**若辨其是非，则付来者可也**。[1]

所谓旧录，指成书于徽宗大观年间的《哲宗实录》，正是新党掌权的时候。而新录也是高宗绍兴年间重修的，政治立场、修订原则和新本《神宗实录》相同，因此以诽谤为由，删去了孔文仲的奏疏。对此李焘不以为然，他强调，不论孔文仲是否诬蔑程颐，他上过这样的奏章，程颐随后被罢免，是铁一样的事实，不能因为对其内容持有不同看法，就将其抹杀，仿佛不曾存在过一般。"史官但当录其实耳"，"若辨其是非，则付来者可也"，可以理解为《长编》一书编

---

[1] 《长编》卷404，哲宗元祐二年八月辛巳，第9831页。

撰的基本精神。[1]

当然，李焘并非主张，史学家应当保持中立，无须辨别是非。对于王安石的负面评价，他从不讳言。李焘只是强调，史家不能因为自己的立场，去遮蔽历史中曾经发生过的事实。正是因为坚持真实是史家的第一原则，对于他有所怀疑的众多史料，出于让后人参考的目的，《长编》同样记录了下来。李焘的这一态度，和导言中提到的英国学者柴恩伍德勋爵的立场非常相似。

事实上，《长编》最重要的价值之一，正体现在"对变乱祖宗法度的各项新法之出台始末，变法派的活动，开边战争作了巨细无遗的详尽描述"，"不仅保留了有利于反变法派的各种资料，而且兼存了大量以供'厉阶可鉴'的变法派活动的历史资料，其中许多散失的资料，因《长编》才得以保存些许片段，如《王安石日录》。就研究王安石变法的资料的丰赡而言，在今传宋人资料中无出其右者"。[2]

李焘不可能没意识到这么做的风险，上引"后世亦安可惑""辨其是非，则付来者"云云，就是证明。如果以维护政治立场为第一乃至唯一原则，绍兴本《神宗实录》《哲宗实录》的做法无疑安全得多。《长编》详细记载了王安石等人对反变法派的反驳，很多时候，反驳合情合理。兹举二例。

熙宁七年三月庚戌条载：

---

[1] 李焘推重范仲淹、司马光、苏轼等（参《宋史》卷388《李焘传》，第 11917 页），可能对程颐没有好感。孤立看待这里对有关程颐史料的处理，或者可以理解为李焘暗地挖程颐的墙脚。但我们注意到，同样的原则也适用于王安石，就没有理由怀疑李焘的真诚。

[2] 李华瑞：《王安石变法研究史》，第 148、149 页。

诏:"闻镇、定州民有拆卖屋木以纳免役钱者,令安抚、转运、提举司体量,具实以闻。"其后逐司奏,体量得诸县去秋旱灾,以故贫下户亦有拆屋卖钱以给己家粮及官中诸费者,非专为纳免役钱也。王安石白上:"百姓卖屋纳役钱,臣不能保其无此,缘以今之官吏行今之法,必多轻重不均之处。然论事有权,须考问从前差役卖屋纳役钱孰多孰少,即于役法利害灼然可见。在远或难遽见,但问郑、滑,则天下事理可知矣。"

《长编》明白记载,攻击免役法的流言并不真实,王安石的辩白滴水不漏,无懈可击。王氏首先承认,执行过程可能存在问题。其次,他强调,不能只盯着贫户是否为了交纳免役钱而拆房子,还要弄清楚此前实行差役法时是否有类似现象,情况是好点还是更糟。

也是在这个月,神宗和王安石谈到市易法,说太后与皇后家的人"无不言不便",王氏回答:

后族即向经自来影占行人,因催行免行新法,遂依条收入。经尝以牒理会,不见听从。又曹佾赊买人木植不还钱。太后殿内勾当修曹佾宅,内臣却伪作曹佾宅干当人状云,被市易强买已定下木植。及勾到客人,乃云但有曹侍中已赊买过木植不还钱,即无曹侍中已定木植却卖与市易司。吕嘉问具此牒送开封府勾曹佾干当人,乃云元不曾过状。根究得此状,乃是太皇太后阁臣伪作姓名过状,诬告市易司官员,开封府但牒市易司照会而已,元不曾行遣此内臣等罪过。陛下试观此两事,即后族何缘不结造语言？[1]

这段话对仁宗曹皇后的弟弟曹佾、神宗向皇后的父亲向经的非法行径做了无情揭露，指出他们攻击市易法别有用心。

《长编》汇总、编排并详细抄录各家《日录》及奏议，节取详略得当，让朝廷决策过程中君臣讨论的详细内容、争论各方的分歧及往复过程，原原本本、清清楚楚地展现在后人面前。北宋政治史的重要史料，《长编》几乎已搜罗殆尽，并做过大量辨析，为研究者提供了极大便利。北宋一百六十多年的历史，至少就高层政治而言，一书在手，几可一览无遗，这样的成就或许称得上空前绝后。[2]

四、传播中的畸变——评《邵氏闻见录》

每个人都有自己的政治倾向和立场，学者也不例外。但是否所有人都会为此不择手段，完全不讲道德？在政治中，不存在卑劣与正直的区别？政治就是不择手段的代名词？

李焘有立场，现代学者也有各自的立场。立场会影响李焘的判断，也会影响现代学者的判断。李焘会犯错误，现代学者也可能犯错误。现代学者的骄傲在于，我们不隐瞒不利材料，我们清楚展现自己的证据和论证逻辑，等待世人评判，这就是史家的公正。而就这点而言，我们跟李焘，本质并没有区别。

当代学界重视书写者的立场，这是史学发展的重要推动力。不

[1] 《长编》卷251，神宗熙宁七年三月庚戌，第6116页；戊午，第6124—6125页。

[2] 当然，《长编》之为长编，与《资治通鉴》的最大不同，是过于琐碎、详细，缺乏可读性，只是资料汇编，而非真正意义的史书。

过，有些时候，我们会不自觉地假设所有书写者都会不择手段、肆无忌惮地以手中的笔为自己的立场或利益服务，恐怕就有简化历史、过犹不及之嫌。

早在王安石还没有成为举足轻重的政治人物前，苏洵写过一篇《辨奸论》，认定王氏是大奸大恶。这篇文章的真伪，自清代以来，聚讼纷纭，不少学者认为是北宋大儒邵雍的儿子邵伯温——一个坚定的王安石反对派——假造的。孔凡礼有过这样一段评论：

> 说邵伯温伪作《辨奸论》，说不过去。邵伯温的父亲邵雍，是著名的理学家，从小就接受圣人正心诚意之教，正心诚意是他安身立命之本。邵伯温从小秉承家教，人们公认为他"以学行起元祐，以名节据绍圣"（《宋史》卷433《邵伯温传》）。邵伯温不满王安石，无论如何也不会堕落到以制作伪作来达到反对的目的。在邵伯温所处的那个时代，伪作不管出于什么目的，都是不光彩的，都是接受过儒家诗礼之教的一般正直的读书人所不敢想的，更不用说做了。能说邵伯温会这样做吗？况且，苏洵的时代很近，知情者大有人在。作假，被揭穿的危险会接踵而来。一旦被揭发，"学行"、"名节"皆付之流水，尚有何面目立世。[1]

孔先生的说法确实太过"天真"，自我标榜正心诚意、实则无所不为的大有人在。但若走向另一极端，认为诚实守信、坚持原则的

---

[1] 孔凡礼：《序》，载王昊编《〈辨奸论〉真伪考信编》，长春：吉林人民出版社，2001年，第1—2页。

正人君子根本不存在，恐怕也不妥当。

有学生问程颐："荆公（王安石）'勿使上知'之语，信乎？"程颐回答："须看他当时因甚事说此话。且如作此事当如何，更须详审，未要令上知之。又如说一事，未甚切当，更须如何商量体察，今且勿令上知。若此类，不成是欺君也？凡事未见始末，更切子细，反复推究方可。"[1] 他认为不能简单判定王安石欺君。

又如邵伯温，《宋史》本传载："伯温尝论元祐、绍圣之政曰：'公卿大夫，当知国体，以蔡确奸邪，投之死地，何足惜！然尝为宰相，当以宰相待之。范忠宣（范纯仁）有文正（范仲淹）余风，知国体者也，故欲薄确之罪。言既不用，退而行（蔡）确词命，然后求去，君子长者仁人用心也。（蔡）确死南荒，岂独有伤国体哉！刘挚、梁焘、王岩叟、刘安世忠直有余，然疾恶已甚，不知国体，以贻后日缙绅之祸，不能无过也。'"[2] 他认为蔡确之死"有伤国体"，批评刘挚等人对绍圣时正人君子受害负有不可推卸的责任。

行文至此，笔者想附带谈谈《邵氏闻见录》。关于这本书，学界主流意见认为，其中关于王安石的记载，几乎全是诬蔑之辞，出于邵伯温伪造。这一观点，似乎还有可以商榷的余地。

《闻见录》的确收入了众多对王安石不利的记载，但这只是事情的一面，对于王安石的优点、反变法派的缺陷，书中没有隐瞒。20世纪 80 年代，中华书局出版了此书点校本，点校者有这样的评论：

> 其记事与议论，从形式上看，对双方（鹄按：变法派与反

---

[1] 《二程集·河南程氏遗书》卷 18，北京：中华书局，2004 年，第 198 页。

[2] 《宋史》卷 433《邵伯温传》，第 12853 页。

变法派）的优缺点都有列举，而从根本说，其政治的褒贬是极鲜明的。例如对于反变法派，书中偶亦作点批评和反省，如认为反变法派对王安石有时过火，逼得王无路可走，只得任用章、吕辈来行新政，以致把情况弄得更糟，又如认为在某些具体问题上，像差役、雇役之争，双方都有错误，司马光与王安石一样，"皆早贵，少历州县，不能周知四方风俗"，故一主差役，一主雇役都有偏执之处，等等。然而总的来说，则备加赞扬反变法派的政治立场、政治远见，以及其道德情操等等。此等文字，文中甚多，不具录。对于王安石，邵伯温却也记载了他个人道德品质上的一些优点，如好学深思、廉洁奉公、友爱兄弟、不好女色等等。但真实的意图却是欲抑先扬，要将他描写成一个"外示朴野，中怀狡诈"的、大奸似忠的两面派人物。[1]

对此，笔者不免有些困惑。似乎在点校者看来，既然邵伯温旗帜鲜明反对王安石，只有刻意埋没王氏的一切优点和反变法派的所有不足，才是诚实的？否则，一定是心怀叵测、"欲抑先扬"的阴谋？

回到《闻见录》关于王安石的负面记载，我们真有足够证据，指认邵氏作伪吗？

卷三有则记载，认为变法开始后，太皇太后（仁宗曹皇后）对王安石不满，[2] 学界普遍认为不可信。本书第三章已经证明，虽然《闻见录》在时间等细节上有问题，基本事实非常可靠。

---

[1] 李剑雄、刘德权：《点校说明》，载《邵氏闻见录》，北京：中华书局，1983年，第3页。

[2] 《邵氏闻见录》卷3，第25页。

关于王安石复相，《闻见录》有这样的记载："公不辞，自金陵溯流七日至阙，复拜昭文相。"[1] 这也被认为是邵伯温编造出来诽谤王安石的。虽然"七日"确实太过夸张，但的确王安石接到诏书后，倍道兼程，以最快的速度赶到了汴京（参第三章）。

又如卷四云："神宗天资节俭，因得老宫人言'祖宗时，妃嫔、公主，月俸至微'，叹其不可及。王安石独曰：'陛下果能理财，虽以天下自奉可也。'"[2] 他居然鼓动神宗"以天下自奉"，这也像是诬蔑。但我们在《长编》中看到了这样一段对话：

> 上谕执政曰："人主举动，不当有欲以害政。"
> 安石曰："欲亦不能害政。如齐桓公亦多欲矣，而注厝方略，不失为霸于天下，能用人故也。"[3]

这和《闻见录》的记载基本一致。[4]

再如第三章附记讨论过的王雱的言论"枭韩琦、富弼之头于市，则新法行矣"，见于卷十一。[5] 清代以来，这则记载极为人诟病，都说邵氏胡编乱造得太离谱了。笔者也已经指出，王雱说出这样的话，并非没有可能。

而聚讼纷纭的《辨奸论》，是关于《闻见录》最大的争议，邵伯

---

[1] 《邵氏闻见录》卷9，第92页。

[2] 《邵氏闻见录》卷4，第36页。

[3] 《长编》卷233，神宗熙宁五年五月壬辰，第5656页。

[4] 王安石并非鼓励神宗纵欲，只是借此强调改革的重要性。类似的语言艺术是他在论辩中使用的一贯策略。

[5] 《邵氏闻见录》卷11，第121页。

温一度被认定是可耻的谎言制造者。但事实表明，最早记载苏洵作《辨奸论》的并非《闻见录》，不论《辨奸论》是真是假，捏造事实的罪名扣不到邵氏的头上。[1]

与此类似的是《闻见录》所载河东割地时王安石的言行："王荆公再入相，曰：'将欲取之，必固与之也。'以笔画其地图，命天章阁待制韩公缜奉使，举与之，盖东西弃地五百余里云。"[2] 从王安石的主张到弃地的规模，邵伯温都被认为在造谣。本书第五章也已就此作过分析。

总之，我们没看到哪怕一条证据，能说明邵伯温伪造史料。所有论证，仅仅只是指出《闻见录》中的记载不可信而已。如上所述，即便仅就《闻见录》内容是否可信而言，主流意见仍有不小的商榷余地。更何况，作为一部记录当时人说法而非严格考订史实的著作，即使《闻见录》中的记载全都不可信，就能证明邵伯温造假吗？证据与结论之间，存在不小的距离，我们并不能排除另一种可能：邵氏只是记录了不准确的流言。

笔者以为，李焘的态度更可取。《长编》元祐六年（1091）十月癸酉条载："御史中丞郑雍、殿中侍御史杨畏对甚久，论右仆射刘挚及右丞苏辙也。"李焘注："邵伯温云：'杨畏击刘挚、苏颂，皆为苏辙。'按辙与挚实同被劾，挚逐而辙留，盖挚别有与章惇交通事耳。

---

[1] 笔者赞同王昊的意见，倾向于认为《辨奸论》确为苏洵所作。伪作说唯一真正有力的证据，是张方平《文安先生墓表》中"其命相制"四字带来的困惑，但曾枣庄已就此给出过合乎情理的解释。相比之下，如果伪作说成立，意味着不仅《辨奸论》是后人羼入《老苏集》的，且张方平《文安先生墓表》、苏轼《谢张太保撰先人墓碣书》也是伪作，也是后人分别羼入《乐全集》《东坡集》的。这一庞大工程如何够实现而又没有引起时人怀疑，迄今尚无人给出过合乎情理的解释。参王昊：《前言》，载《〈辨奸论〉真伪考信编》，第1—13页。

[2] 《邵氏闻见录》卷4，第36页。

伯温所云恐不足信。绍圣元年（1094）六月五日，上官均章云云，伯温盖本此，必当时有是说。"[1] 绍圣元年上官均的奏疏，今见《续资治通鉴长编纪事本末》，攻击杨畏等人是吕大防、苏辙的鹰犬。[2] 李焘推断，邵氏只是被上官均误导了。

为流言所误，还可以举司马光为例。熙宁五年（1072）正月，因为军队改革触动士兵利益，军营中骂声一片，甚至有人扬言要造反，于是神宗在王安石建议下，让掌管皇城出入的皇城司派出七十人暗中调查。[3] 当消息从京城传到洛阳，"七十"变成了"七千"，调查对象也从有怨言的士兵变成了诽谤新法的普通百姓。于是退居洛阳的司马光先将这件事写入日记，后来又上疏斥责王安石搞特务政治。[4]

众所周知，流言的产生、演变机制极其复杂。有些是赤裸裸的无中生有、刻意诽谤。另一些则事出有因，但传播过程中由于情感导向等种种原因，往往添油加醋，最后甚至面目全非。后者固然可鄙，终究与前者有别。不实流言的传播者，当然有轻信的嫌疑，要承担相应责任（所以轻信，往往确与立场密切相关），但总不能和恶意造谣的人相提并论。笔者以为，在没有较坚实证据的情况下，指认某人刻意伪造或篡改史料，需要谨慎。对于历史书写者的立场对书写内容的影响，固然要保持高度警惕，但也不能仅凭立场来推断内容的可信度。

---

[1] 《长编》卷467，哲宗元祐六年十月癸酉，第11151页。

[2] 杨仲良：《续资治通鉴长编纪事本末》卷101《逐元祐党上》，第3222页。

[3] 《长编》卷229，神宗熙宁五年正月丁未，第5579—5580页。人数见陈均：《皇朝编年纲目备要》卷19，神宗熙宁五年正月，第451页。

[4] 《长编》卷229，神宗熙宁五年正月，第5583页；卷252，神宗熙宁七年四月乙酉，第6162页。详参吴钩于2021年6月6日发布的微博文章《一个小考据》，见 https://weibo.com/1668244557/KiW8i2nx8?type=comment。

附　录

回到人的历史：可能性和社会科学的误区

一、必然性质疑

"在老牌的历史学家眼里，发生的都是必然的。"这是一句流传甚广的话。

所谓"老牌"，容易产生歧义，实际上指的是些思维相对僵化、教条的现代历史学家。历史研究除了澄清历史事实外，更重要的任务是解释历史事实为什么会发生。但一些教条的现代历史学家，在探究历史事实的起因时，会有意无意地从"发生的都是必然的"这样一种假设出发，在其支配下寻找所谓证据，来"证明"发生的都是必然的。事实上这是循环论证。

有趣的是，不仅职业历史学家，即便是普通人，很多时候也能一眼看出老牌历史学家的荒唐。因为这违背常识，违背日常生活经验。现实生活中，我们不停地做选择，也不停地检讨、反思我们的选择。比如：如果当年大学志愿填的不是 A 而是 B 专业，人生或许会很不一样。常识和日常生活经验告诉我们，现实充满了可能性和偶然性。

历史不就是曾经的现实吗？历史和现实难道会有本质区别？可以想象一下，与历史事件相似的事，如果发生在现实中，发生在我们自己身上，我们会有什么反应，会怎么做？作为当事人，难道我们会认为自己的选择无关紧要，命运最终由一只看不见的手来塑造？

关于标志拿破仑政治生涯转折点的 1812 年俄法战争，托尔斯泰曾这样批评历史学家：

> 在关于 1812 年的历史著作中，法国学者很愿意说拿破仑感觉到了战线拉得太长的危险，他在寻求决战，他的元帅们建议在斯摩棱斯克停止前进；很愿意做出类似的声明以显示法军甚至在那时（鹄按：进入莫斯科前）已经明白战争陷入了危险的境地。而俄国学者则以比法国人还要痴迷的态度告诉我们，战争一开始俄军就有意采取边打边跑的策略，以引诱拿破仑进入俄国腹地，有些人把这一计划归功于普菲尔，另一些则将其归功于某个法国人（鹄按：受雇担任俄军重要职务的法国人，当时类似现象在欧洲很普遍），也有人认为是陶耳的功劳，甚至有人认为是亚历山大本人（鹄按：年轻的沙皇）的主意，并提供了包含指向这一行动方案的征兆的笔记、文案和信件。但所有法俄双方提供的关于当时发生的历史事实的征兆，仅仅是因为它们和后来发生的事情相吻合才被注意到。
>
> 如果后来事情不这么发展，这些征兆会被忘掉，正如我们已经忘掉了事情进行过程中曾经出现的成千上万与之相反的征兆和期盼，因为后来事情的发展与之不符。关于任何事件，总

是会有足够多的猜测，以至于不管结果如何，总有人站出来宣称，"我早就说过，就会这样的"，完全忘了自己的无数猜测中很多都完全落空了。[1]

这让笔者想起汶川地震时，有所谓的地震监测爱好者在网上指责国家地震局玩忽职守，没有重视自己早就发出的预警——他早就算准了要发生这次地震。众所周知，世界上相当多的人类居住地坐落于容易发生地震的地震带，中国境内有不少，汶川是其中之一。这是常识。没有国家因此禁止人们在这些地点生活，也没有国家能精确预判地震的发生，提前疏散居民。这位"爱好者"没有说明，多年来他给地震局递交过多少无效预警。

三十多年前，何兆武就曾指出：

> 可能性是潜在，现实性是实现。构成历史学整体的是它们两者，而不仅仅是现实。……历史的客观存在性，就包括它一切物质上的可能性在内。……历史研究决不应只限于已经成为既成事实的东西。……只有逾越现实并穷尽现实之外的一切可能，才能走向真正地认识现实。
>
> ……
>
> 历史事件作为经验中的事实，并不表明必然性。历史事实，至少在大多数的情况下，决不表明它非如此不可。以认定

---

[1] Leo Tolstoy, *War and Peace,* ed. George Gibian, New York: W. W. Norton & Company, 1996, p. 608.

它非如此不可的那种思想方式，去思想并不是非如此不可的历史事件——从其中所得出的就不是真正的历史知识而是虚构的历史知识。……以往那种根据必然性进行推论的方式，就应该让位给一种新的推论方式；这种新的推论方式既包括以往那种根据必然性的推论方式，但同时（或许更为重要的是）又包括根据非必然性进行推论的思维方式，也就是非决定论的思维方式。[1]

遗憾的是，三十多年来，何先生的真知灼见似乎并没有在学界引起多少反响。

也许，困境在于：到底如何研究可能性？必然性好研究，因为已经发生的历史事实是确定的。可能性既然只是潜在，最终绝大多数没有实现——成为现实的永远只是众多可能性中的一种，我们该如何捕捉历史中真实存在的这些"潜在"呢？

也许，途径之一是耐心倾听、观察当事人对身处其中的历史进程的认识，包括事前的预测、事中的抉择，及事后的反思。固然，"不识庐山真面目，只缘身在此山中"，当事人可能缺乏全局性的宏观视野，认识不尽准确。但另一方面，作为"事后诸葛亮"的历史学家，常常会犯另一种错误——忽视历史的复杂性、可能性和偶然性，陷入历史必然性的窠臼。[2]

---

[1]　何兆武：《可能性、现实性和历史构图》，原刊《史学理论》1988年第1期，收入《历史与历史学》，武汉：湖北人民出版社，2007年，第34、40—41页。

[2]　有意思的是，离我们越近的历史，研究者越重视个人作用，越注意检讨决策的成败得失。显然，这是因为历史和现实血肉相连。那么，这种血肉相连究竟是遮蔽了我们的眼睛，还是赋予了我们更为深刻的洞察力？

很多在现代人看来顺理成章、完全可以归结为历史潮流的重大事件，在当事人看来远非如此。

举个例子。魏蜀吴三分天下，先是魏灭蜀，而后魏晋禅代，西晋吞吴，天下重归一统。这似乎是历史的必然。从魏到晋，中原政权所据有的土地、人口等资源远远超过偏处一隅的吴、蜀，结局看起来没有任何悬念。不过，如果历史如此简单，战争的频繁爆发就显得非常奇怪了——冲突双方各自亮出 GDP，胜负一目了然，还打什么？

且回到历史现场。公元 276 年，晋武帝咸宁二年，长期坐镇襄阳、和吴军对峙的荆州都督羊祜上疏建议伐吴，他拿吴蜀比较，说明时机已经成熟："今江淮之难，不过剑阁；山川之险，不过岷汉；孙皓之暴，侈于刘禅；吴人之困，甚于巴蜀。而大晋兵众，多于前世；资储器械，盛于往时。"羊祜列出了吴国状况不如灭亡时的蜀国的四条证据，一、二条说的是吴国地理险要不如蜀国，三、四条是说吴国君主孙皓比蜀汉末代君主刘禅更为暴虐猜忌，吴国人才得不到提拔的现象比蜀国末期还严重。另一方面，比起灭蜀时的魏军，晋国军队不论数量，还是装备和物资储备都要胜一筹，更为强大。

接着羊祜提醒晋武帝："今不于此平吴，而更阻兵相守，征夫苦役，日寻干戈，经历盛衰，不可长久。"如果不趁现在平定吴国，固守僵持局面，就必须维持一支庞大的常备军，长期征召百姓入伍，会闹得民怨沸腾，而且事物从来有盛有衰，力量对比大大有利我方的状况不可能长期延续下去。

虽然武帝司马炎对羊祜很器重，但大臣中支持羊祜的人极少，武帝下不了决心。得知消息后，羊祜慨叹道："天与不取，岂非更事者恨于后时哉！"这么好的机会，一旦失去，以后经历过这件事的人会后悔的。

两年后，羊祜得了重病，自知不久人世，带病亲赴洛阳，当面向司马炎建议伐吴。他说："吴人虐政已甚，可不战而克。……如舍之，若孙晧不幸而没，吴人更立令主，虽百万之众，长江未可而越也，将为后患乎！"[1] 因为孙晧暴虐荒淫，现在吴国人心解体，此时出兵，大军所到之处，可以不战而克。如果现在不行动，万一不幸孙晧死了，继任的是位贤明君主，那时就算出动百万雄师，恐怕也没法渡过长江。这会给后人留下祸患呀！

羊祜没有明说，错过机会，吴国可能由衰转盛，而晋国未必不会由盛转衰，因为没有什么可以保证晋国现在君明臣贤、国力强盛的状况可以长久保持——这绝非危言耸听，已经得到了历史的证明。西晋的全盛时期没有维持几年，司马炎的白痴儿子惠帝，不仅彻底改变了大晋王朝的命运，也彻底改变了中国历史。

但除了寥寥两三人，满朝文武都认为羊祜发神经了。这年年底，羊祜就死了。

他死后的第二年，镇守长江上游的益州刺史王濬也向朝廷发出了伐吴的呼吁："孙晧荒淫凶逆……宜速征伐。……令晧卒死，更立贤主，文武各得其所，则强敌也。臣作船七年，日有朽败。又臣年已七十，死亡无日。三者一乖，则难图也。诚愿陛下无失事机。"[2] 所谓英雄所见略同，王濬也意识到，一旦孙晧死了——此时孙晧还不到四十岁，羊祜和王濬大概是担心吴国发生政变——，吴国局面可能大大改观。此外，王濬还提了两点：第一，他在四川为顺流而

---

[1] 《晋书》卷34《羊祜传》，北京：中华书局，1974年，第1018—1021页。

[2] 《晋书》卷42《王濬传》，第1208页。

下讨伐吴国而准备的战船，随着时间推移不断损耗；第二，他自己已经七十，离死不远了，而能代替他统领上游大军的人不容易找。结论是必须马上行动。于是武帝终于下定决心伐吴。

但就在出兵前夕，朝廷得到情报，孙晧可能有军事动向，又决定静观待变，推迟到明年伐吴。这时，接替羊祜出镇襄阳的杜预上书指出，晋国为了伐吴，已经进行了动员，不可能瞒得过吴国。如果推迟行动，万一孙晧清醒过来，做出种种抵抗安排，明年大举出师未必能成功。这促使司马炎下了最后的决心。[1]

西晋大军一到，所向披靡，如秋风扫落叶般席卷吴国。自从东汉献帝延康元年（220）曹丕代汉，天下正式三分，经过整整一甲子，重归一统。

在当事人看来，这一过程充满了艰难的抉择和不同的历史可能。其中最关键的因素，是人，是吴国君主孙晧这个独特的个体。[2]

《战争论》中，克劳塞维茨特别强调：

> 战争是充满偶然性的领域。人类的任何活动都不像战争那样给偶然性这个不速之客留有这样广阔的活动天地，因为没有一种活动像战争这样从各方面和偶然性经常接触。偶然性会增加各种情况的不确定性，并扰乱事件的进程。[3]

---

[1] 《晋书》卷 34《杜预传》，第 1029 页。

[2] 克劳塞维茨在《战争论》中说过："在人类交往的哪一个领域中不迸发着超越一切物的关系的个人特点的火花呢？"（第 38 页）

[3] 克劳塞维茨：《战争论》，第 52 页。

这不是说人类其他活动没有偶然性，此其一。其二，和平是战争的结果。在这一意义上，人类历史主要是由战争塑造的。

克劳塞维茨接着说："要想不断地战胜意外事件，必须具有两种特性：一是在这种茫茫的黑暗中仍能发出内在的微光以照亮真理的智力；二是敢于跟随这种微光前进的勇气。前者在法语中被形象地称为眼力，后者就是果断。"所谓"眼力"，也就是"洞察力"，"一种迅速辨明真相的能力，这种真相普通人完全不能辨别，或者要经过长时间的观察和思考才能辨别"。[1] 眼力和果断的结合，就产生了"在智力和感情方面有特殊的禀赋"、"通过非凡的成就表现出来"的"天才"。[2]

就像"老牌历史学家"不理解历史的偶然性和不确实性，局外人往往不理解"战争中的各种困难在哪里，统帅所必须具备的天才和非凡的精神力量究竟起什么作用。在他们看来，战争中的一切都那么简单，所需要的各种知识都那么一般，各种行动都那么平常，同这一切相比，就连高等数学中最简单的问题也能以其一定的科学价值使人感到惊奇"。

实际情况复杂得多：

> 在战争中，由于受到预先考虑不到的无数细小情况的影响，一切都进行得不理想，以致原定的目标远远不能达到。只有钢铁般的坚强意志才能克服这些阻力，粉碎各种障碍……将帅的坚强意志，就像城市主要街道汇集点上的方尖碑一样，在军事艺术中占有十分突出的地位。

---

[1]　克劳塞维茨：《战争论》，第 52—53 页。

[2]　克劳塞维茨：《战争论》，第 49 页。

阻力大体上可以说是区别实际的战争和纸上的战争的唯一概念。军事机器，即军队和属于军队的一切，基本上都很简单，因此看来也是容易使用的。但要考虑到，这部机器的任何部分都不是一个整块，而是由许多个人组成的，其中每个人在各个方面产生各自的阻力。营长负责执行上级的命令，既然营是通过纪律结成整体的，而营长又必然是公认的勤勉的人，那么，全营行动起来，就应该像轴套围绕轴心转动一样，阻力很小。从理论上讲，这种说法是很动听的，但实际上并非如此。这里面包含的一切**夸大和虚假**的成分，在战争中会立刻暴露出来。营总是由一定数量的人组成的，如果机会凑巧，他们中间甚至最不重要的人，也能造成障碍甚至混乱。……

这种可怕的阻力，不像在机器中那样集中在少数几个点上，而是**处处同偶然性接触并且会引起一些根本无法预测的现象**，这些现象所以难以预测，正是因为它们大部分都是偶然性引起的。……

每次战争都有许许多多的特殊现象，它好比是一个未经航行过的、充满暗礁的大海，统帅可以凭智力感觉到这些暗礁，但是不能亲眼看到，并且要在漆黑的夜里绕过它们。如果再突然刮起一阵逆风，也就是再发生某种对他不利的重大的偶然事件，那么，就要求他有最高超的技巧和机智，做出极大的努力。而在站在远处的人看来，这一切都好像进行得很顺利。[1]

"站在远处的人"的短视，司汤达则从相反但又相通的角度进行

---

[1]　克劳塞维茨：《战争论》，第80—83页。

了揭示："有什么伟大的行为在最初开始时不被认为是在走极端呢？只有当目标实现后，在普通人眼里它才变得可能。"[1]

老牌历史学家所做的，恰恰是完美地颠覆了这句话。[2]

二、历史的主角之一——主观努力

拿破仑说过："[毫厘之]差可以改变一切。"[3]

结构上的优势，哪怕巨大，也禁不起挥霍。下围棋，一招不慎，

---

[1] Stendhal, *The Red and The Black*, trans. Burton Raffel, New York: Modern Library, p. 298.

[2] 世纪之交，反事实历史研究在英美颇为流行。比如研究者会讨论，如果英国在 1940 年或 1941 年和纳粹德国单独媾和，世界局势会怎么发展。对于这类研究，英国史学家埃文斯出版了一部专著加以批评（Richard J. Evans, *Altered Pasts: Counterfactuals in History,* Waltham: Brandeis University Press, 2013）。他指出，这些著作精心描绘的历史的不同结局，往往只是研究者一厢情愿而已。

反事实历史研究和这里探讨的可能性研究不是一回事。反事实历史研究是截取某个特定时间点，设想一个当时没有实现的行动，然后在此基础上详细推演、描述和已知历史事实不同的另一种历史图景，甚至给出了非常具体的长期历史发展画面。

这样的反事实研究，依然笼罩在必然性的阴影之下——它们仅仅认为，某个特定历史时刻某个特定行为发生与否，是影响历史发展唯一存在不确定性的因素。在这样的前提下，才能以特定行动发生与否为基点，进行一连串的沙盘推演，明确宣称历史会如何发展。也就是说，一旦这个不确定性因素确定了，发生的就是必然的。

笔者思考的可能性研究，关注导致历史事实发生的种种非必然因素，而非具体想象某种特定的没有实现的历史可能。比如我们只能确定，暴虐的孙皓这个偶然因素是西晋能够顺利平定吴国的关键原因。如果没有孙皓，历史会如何发展，永远不可能知道确切答案。也许吴国迎来了一个明君，也许是另一个孙皓，甚至可能比孙皓更糟。即便迎来了明君，也不能保证吴国不会因为其他偶然因素亡国。好比喝了脏水会肚子疼，但不喝脏水不代表永远不会肚子疼。

[3] 《论军事科学——和德雷米扎夫人的谈话》，《拿破仑书信文件集》，王养冲、陈崇武选编，上海：上海人民出版社，1986 年，第 246 页。

满盘皆输，苦苦建立起的大好优势顷刻间付诸东流。

中国有句老话："时势造英雄，英雄造时势。"历史发展当然受到时势的极大制约，但结构性限制只是限制了选择范围，或者加大了某些选项的实现难度，不能直接决定结果。在结构性限制下，决定结果的最主要因素，还是关键人物在关键时刻的表现。甚至英雄会带来结构性变化，塑造新的时势。

在《历史哲学》的导言中，黑格尔就"历史中的伟人"评论说："俗谚云：'仆人眼中无英雄'。对这句话我做过补充——歌德十年后重复了我的话：'但并非因为后者不是英雄，而是因为前者是仆人。'"[1]

我们永远需要英雄。因为未来无法预料，永远会有意外，比如2020年爆发的新冠疫情。

拜登当选美国总统后，哈佛大学国际关系教授斯蒂芬·沃尔特发文对其进行忠告：

> 正如英国前首相哈罗德·麦克米伦一句俏皮话所说的：让政府偏离正轨的是"事件，亲爱的孩子，是事件"。没有一个政府能预见到所有它将要解决的问题，某人上任第一天制定的周密计划往往会被意外事件打乱。美国前总统小布什在2000年竞选时反对民族建构计划，并承诺奉行"谦逊"的外交政策，但"9·11"恐怖袭击打了他一个措手不及，使他的一整套外交政策偏离了正轨。前总统奥巴马没有预见到"阿拉伯之春"会发生，但该事件最终消耗了美国大量的时间、精力、金钱、生命

---

[1] G.W.F. Hegel, *Introduction to The Philosophy of History*, trans. Leo Rauch, Indianapolis: Hackett, 1988, p. 34.

和政治资本，而他的外交手腕却没有为他赢得任何声誉。即将卸任的特朗普总统绝未料到自己会遇上一场全球性疫情，而他应对无方导致自己无法连任。无论拜登团队认为他们将执行怎样的外交政策，成功都不可能取决于他们的计划，而是取决于他们如何处理那些意外事件。[1]

不知目睹美军在阿富汗的结局，沃尔特有何感想？

足球比赛，两队实力差距当然是基础，但队员的临场发挥、场上的种种意外至关重要。很多时候，终场哨响前，我们不知道会发生什么。

我们可以通过针对性训练，帮助球员提高技战术水平、心理素质和应变能力，可以打造高水平的联赛和青少年培养体制。但归根到底，我们不可能事先掌控足球场上的事态发展——贿赂裁判除外。球场上，最关键的往往还是关键球员在关键时刻的表现。

历史中，现实生活中，当事人都需要随机应变，需要根据不断变化的形势不断调整自己的策略。这样的过程中，判断失误经常发生。另一方面，并非所有人都面对相同的挑战。

克劳塞维茨就军事活动对不同职位的军人的不同要求，做过如下区分：

> 职位越低，自我牺牲的勇气就更为需要，而在智力和判断

---

[1] 斯蒂芬·沃尔特：《拜登团队任重而道远，但愿他能证明我错了》，https://www.guancha.cn/StephenMWalt/2020_12_27_575907.shtml，观察者网由冠群译自美国"外交政策"网站。

方面遇到的困难就小得多，接触的事物就比较有限，追求的目的和使用的手段就比较少，知道的情况也比较确切，其中大部分甚至是亲眼看到的。但是，职位越高，困难就越大，到最高统帅的地位，困难就达到了顶点，以致几乎一切都必须依靠天才来解决。[1]

一个在重要历史关头站在重要位置上的人，他的判断、选择，是历史发展的关键。

三、规律与必然性

作为广义的现代社会科学的分支，现代史学的根本目的，是探求人类社会发展的基本规律。具体来说，就是一步步建立历史进程中的因果关系，最后找到最终的、最根本的运行机制。在很大程度上，这是受现代科学影响的结果。

现代史学寻找规律取得了哪些成就呢？

首先，原本应当经过严格证明才能接受的必然性，悄悄变成了很多研究者无意识的思考前提——在研究中，必然性往往经历了从前提到结论的循环论证。

其次，迄今为止，现代学术未能证明历史进程的必然性，没有公认答案，众说纷纭。关于必然规律的种种主张，都只是假说，不是严格意义的科学结论。

我们再以社会科学中最为科学化的经济学为例，看看关于人类

---

[1]　克劳塞维茨：《战争论》，第 110 页。

社会的研究提供的是些什么样的规律。

打个简单比方，经济学可能告诉我们，某项措施有99%的可能会带来某种后果。但实际结果永远是唯一的，可能恰恰落在例外的1%。一旦这1%的例外成了100%的现实，会带来多米诺骨牌效应，让接下来的发展呈现完全不同的面貌。更何况，经济学提供的规律离99%太远了。换句话说，经济学告诉我们的这些规律不是真正意义的规律，不具备必然性。

现实经济生活，经济学当然很重要，必须参考，但经济学只能提供一些选项、一些建议。很多时候，一个成功的经济决策依赖的还是克劳塞维茨推崇的"眼力"。

明白了这点，我们很自然就明白，经济学教授，即是诺贝尔奖获得者，也不见得有实战能力，否则这些教授早开公司去了。谁不想做巴菲特、索罗斯这样的大亨？[1]

的确，数学模型非常精妙，是高智商的门萨俱乐部成员才有资格玩的游戏。但智商不代表智慧。这个时代，我们很容易陷入没有灵魂的技术崇拜。

当拿破仑丢盔弃甲，仓皇撤出莫斯科后，俄军主帅库图佐夫只是命令部队在溃退的法军后面不紧不慢跟着，没有理会众多叫嚷堵截法军、活捉拿破仑的嘈杂声音。托尔斯泰这样评论：

> 因为他们（鹄按：建议者）不理解他（鹄按：库图佐夫），

---

[1] 克劳塞维茨在《战争论》中打过一个比方："战争不像长满庄稼的田地，而像长满大树的土地。收割庄稼时不需要考虑每棵庄稼的形状，收割的好坏取决于镰刀的好坏；而用斧头砍伐大树时，就必须注意到每棵大树的形状和方向。"（第130页）最理想的情况，经济学能提供一把好的斧子。

所有这些人认定跟这个老头没什么可谈的，他永远无法领会他们的计划的深刻内涵……所有他说的——比如必须等待补给跟上来，或者人们（鹊按：俄国士兵）没有靴子——是那么简单，而他们的方案是那么复杂而巧妙，很显然他又老又笨，而他们虽然没有掌握权力，却是天才统帅。[1]

现代经济学所以彻底数学化，不是窥破了人类社会的本质，而是因为现代人给自己戴上了一副精密枷锁。现代经济学，尤其是金融的诞生，史无前例地制造出了一个精密运转却极其脆弱的庞然怪物。

现代经济学发现的所谓规律不是一直以来默默掌控人类命运的看不见的手，和现代科技一样，只是人为制造的又一陷阱。令人惊叹、闻所未闻的种种技术（尤其是虚拟技术）把我们彻底包围了，生活在这样一个世界里，确实需要非常专业、完全依赖数学模型的经济学家。但这样的命运是我们自己的选择。我们对现代经济学的需要不是必然的。

当然，必须承认，尽管经济学也罢，其他社会科学也罢，提供不了必然规律，但的的确确，它们对我们认识自身的历史和现在，以及塑造我们的未来，有非常大的参考价值和帮助。

四、人必须为自己负责——泛滥的社会原因论可以休矣

不过，另一方面，社会科学的某些倾向也给我们带来了巨大

---

[1]　Leo Tolstoy, *War and Peace*, p. 971.

灾难。

每个人都渴望自由。自由意味着什么？意味着责任，意味着为自己的行为负责。

与对自由的追求紧密相连，现代人崇尚个性。什么是个性？个性能用社会原因解释吗？

追求自由、个性的现代社会，存在一个悖论：个人往往拒绝承担对自己的责任，要求社会背锅。这一点和中国传统正好相反：律己宽，责人严。得到的好处，都是自己应得的，不需要感谢社会，感谢政府。稍有不如意，就觉得社会不公，政府无能。当某人犯错，当某个案件或悲剧发生时，舆论的第一反应，往往是追究社会责任，往往痛心疾首地指责，我们的社会哪儿哪儿出了问题。

与此相呼应，翻开史学著作，我们看到的往往只是所谓历史趋势，只有各种超越个人的力量在起作用。讨论历史上的个人影响，追究个人责任，认为某种历史格局的形成，某些关键人物的表现起到了决定性作用，甚至会被认为不懂历史。

这不是今天才有的新现象，至少 19 世纪就已经出现了。

陀思妥耶夫斯基提道："据说在欧洲罪犯几乎不会悔过，因为最新理论使他确信，自己的罪行完全算不上罪行，而仅仅只是对不公正的压迫势力的反抗而已。"[1]

陀老对此有非常尖锐的评论："我们早就该放弃被环境腐蚀的冷酷抱怨。毫无疑问，环境确实会摧毁我们身上很多东西，但不是全部，一个狡诈而世故的恶棍，尤其如果他能言善辩或者会写一手好

---

[1] Fyodor Dostoevsky, *The Brothers Karamazov*, trans. David McDuff, London: Penguin Books, 2003, p. 89.

文章，不仅常常会拿被'环境'影响为自己的弱点辩护，而且往往会以此洗白真正的卑劣行径。"[1]

如果穷人抢劫是出于社会原因，环境所致，那贪官受贿，乃至独裁统治，又何尝不可以说是出于社会原因，环境所致？

这点，古人看得很清楚。方苞曾这样批评清初的官僚："先己而后民，枉下以逢上，其始皆曰：'吾不获已。'其既皆曰：'吾心恻焉，而无可如何。'"[2]贪官污吏也是人，人前人后都需要心理安慰。他们只考虑自己，不考虑百姓，欺压下面的人，逢迎上面的人，一开始都无奈地说："我也是没办法，只能这么做，现在官场就是这么糟糕。"事情过后，又会说："我心里也很难过，可实在没办法呀！"

北宋仁宗庆历三年，驻扎沂州（今山东临沂）的士兵王伦带领几十个兄弟发动叛乱，杀害军官，被武官傅永吉带人击败，南下江淮。所到之处，"江淮官吏或敛物献送，或望贼奔迎，或献其兵甲，或同饮宴"，不仅没有抵抗，反而纷纷主动行贿或投降。最后这支发展到几百人的小部队在和州（今安徽和县）被李熙古剿灭。

事后处理这些无耻官吏时，有人提出，平时朝廷没有采取相应预防措施，使得地方政府没有信心对付叛军，不能全怪地方官吏，不应当处罚他们。欧阳修坚决反对。他说，按照这样的逻辑，假如有人杀害父兄，能说朝廷平时教化工作做得不好，就放过杀人犯吗？"李熙古岂独是朝廷素有备之州？傅永吉岂独是朝廷素练之兵？"难道朝廷单独在李熙古的和州采取过预防措施？难道傅永吉

---

[1] Fyodor Dostoevsky, *The House of the Dead*, trans. Constance Garnett, New York: Barnes & Noble, 2004, p. 186.

[2] 《方苞集》"集外文"卷8《送冯文子序》，上海：上海古籍出版社，2008年，第757页。

附　录　回到人的历史：可能性和社会科学的误区　　　　333

统帅的是朝廷特别训练过的士兵？"盖用命则破贼矣。"不同的只是，他们真心为国家出力，所以能平定叛乱。欧阳修批评建议者："迂儒不可用，可笑如此！"[1]

德国理论家克拉考尔也在一本史学理论专著中指出："过去提供了足够多的例子，证明精神力量可以洞穿习惯的坚硬外壳并克服社会制度中的固有惰性。"[2]

表面上以所谓不偏不倚的中立态度研究人的行为模式的社会科学，往往赋予了种种卑劣行为以合理性。

多数人遵循的行为模式不能证明这是合理的。恰恰相反，面临道德困境的绝大多数时候，大部分人选择的即便不是卑劣的，至少不会是最高尚的行为。

假如99%的人严刑逼供后会屈服、做叛徒，按照社会科学的逻辑，这就是合理的。严刑逼供和做叛徒构成了因果关系。1%不屈服的人，在社会科学中几乎可以忽略不计。

陀思妥耶夫斯基的看法正相反：

> 一个与众不同的怪物不仅"并不总是"一个无关紧要的细枝末节和一个孤立的事例——相反，有时可能在他身上，恰恰蕴藏着全体（鹄按：人类）最最核心的品质，因为出于某种原因，他那个时代所有其他人好像都被某阵大风摇晃得暂时脱离

---

[1]　《欧阳修全集》卷97《论江淮官吏札子》，北京：中华书局，2001年，第1503页。

[2]　齐格弗里德·克拉考尔：《历史：终结之前的最终事》，杜玉生、卢华国译，上海：上海人民出版社，2022年，第53页。

了它。[1]

真正值得重视的，恰恰是那 1%，哪怕是绝无仅有的单个案例！

不断强调所谓社会原因，某种意义上是为坏人辩护，为卑劣辩护，否认上进的可能性和正当性。

恰恰是社会科学的某些倾向，鼓励、促成了人的堕落。

有这样一个故事。疫情防控期间，某地一所大学不让学生出校门，一位女学生只能天天去研究所看书，天天面对导师。结果老师出轨，和这个女学生产生了你情我愿的婚外恋。据说疫情被判定为这场婚外恋的罪魁祸首。

疫情和婚外恋真构成因果关系吗？

社会科学提供的因果链，很多时候属于类似情况。

洛克说："一切德行与价值的重要原则及基础在于：一个人要能克制自己的欲望，要能不顾自己的倾向而纯粹顺从理性所认为的最好的指导，虽则欲望是在指向另外一个方向。"[2]

毕达哥拉斯说，不能制约自己的人，不能称之为自由的人。

道德，意味着对欲望的克制。如果只在没遇到挑战时才能谈道德，道德还有意义吗？道德意味着对社会科学重视的所有那些社会因素的超越。没有超越，何来道德可言？

---

[1] Fyodor Dostoevsky, *The Brothers Karamazov*, p. 9-10.

[2] 约翰·洛克：《教育漫话》，傅任敢译，北京：教育科学出版社，2014 年，第18 页。

任何国家，任何时代，普通人都是大多数。但我们这个时代的特殊性在于，庸人理直气壮，以庸为美，拒绝上进，以人性化的名义赞扬平庸乃至卑劣，甚至从根本上否认存在"上进"这一可能——所谓"上进"不就是粉饰权力的意识形态吗？庸人和伟人是平等的，一切差异都是平等的，都是多元的体现。

任何时代，任何国家，文天祥都是少数，极少数。但在宋代，投降元朝的人不会理直气壮地宣称，是人性而不是自身的懦弱，决定了他去投降。[1] 在这一意义上，现代是一个全新的时代。

---

[1]　虽然南宋晚期统治阶层腐朽不堪，但在大蒙古国横扫欧亚大陆的征服史中，南宋还是展现出了极其顽强的抵抗精神。如果不是刘整、吕文焕等重要将领的投诚，大元铁骑要想灭亡南宋，没那么容易。可尽管忽必烈绝不吝啬给予这些立下大功的降将以高官厚禄，但也毫不掩饰对他们的鄙夷与不屑。忽必烈平定南宋后，专门召集投降的宋朝将领，问他们："尔等何降之易耶？"你们怎么这么轻易就投降了呢？宋将七嘴八舌，控诉南宋末年的权臣贾似道，说他附庸风雅，优待文人，蔑视武将——这的确是事实。由于受到不公正待遇，所以投降大元了。没想到，忽必烈这样回答他们："即便贾似道对不起你们，也只是他一人的过错，国家有什么对不起你们的？如果你们说的是实话，恰恰证明，贾似道蔑视你们是对的！"（《元史》卷9《世祖纪六》，北京：中华书局，1976年，第180页。）——此处笔者使用的"国家"，原文是"汝主"，即大宋皇帝。对古人来说，皇帝是政权的代表，国家的化身。

参考文献

一、古籍

《史记》，（西汉）司马迁　撰，北京：中华书局，1959年。

《汉书》，（东汉）班固　撰，北京：中华书局，1962年。

《晋书》，（唐）房玄龄　等撰，北京：中华书局，1974年。

《旧唐书》，（后晋）刘昫　等撰，北京：中华书局，1975年。

《宋史》，（元）脱脱　等撰，北京：中华书局，1985年。

《辽史》，（元）脱脱　等撰，北京：中华书局，2016年。

《元史》，（明）宋濂　等撰，北京：中华书局，1976年。

《新序校释》，（西汉）刘向　编著，石光瑛校释，北京：中华书局，2009年。

《通典》，（唐）杜佑　撰，北京：中华书局，1988年。

《陆贽集》，（唐）陆贽　撰，王素点校，北京：中华书局，2006年。

《文苑英华》，（北宋）李昉　等编，北京：中华书局，1966年。

《儒林公议》，（北宋）田况　撰，储玲玲整理，《全宋笔记》第一编第5册，
　　　郑州：大象出版社，2003年。

《欧阳修全集》，（北宋）欧阳修　撰，李逸安点校，北京：中华书局，2001年。

《安阳集》，（北宋）韩琦　撰，《北京图书馆古籍珍本丛刊》第85册，北京：

书目文献出版社，1998 年。

《嘉祐集笺注》，（北宋）苏洵　撰，曾枣庄、金成礼笺注，上海：上海古籍
出版社，1993 年。

《曾巩集》，（北宋）曾巩　撰，陈杏珍、晁继周点校，北京：中华书局，
1984 年。

《资治通鉴》，（北宋）司马光　撰，北京：中华书局，1956 年。

《司马光集》，（北宋）司马光　撰，李文泽、霞绍辉校点，成都：四川大学
出版社，2010 年。

《涑水记闻》，（北宋）司马光　撰，邓广铭、张希清点校，北京：中华书局，
1989 年。

《唐大诏令集》，（北宋）宋敏求　编，北京：中华书局，2008 年。

《王安石全集》，（北宋）王安石　撰，王水照主编，上海：复旦大学出版社，
2016 年。

《范忠宣奏议》，（北宋）范纯仁　撰，《景印文渊阁四库全书》第 1104 册，
台北：台湾商务印书馆，1986 年。

《净德集》，（北宋）吕陶　撰，《景印文渊阁四库全书》第 1098 册，台北：
台湾商务印书馆，1986 年。

《梦溪笔谈校证》，（北宋）沈括　著，胡道静校证，上海：上海古籍出版社，
1987 年。

《二程集》，（北宋）程颢、程颐　著，王孝鱼点校，北京：中华书局，
2004 年。

《苏轼文集》，（北宋）苏轼　撰，孔凡礼点校，北京：中华书局，1986 年。

《龙川略志》，（北宋）苏辙　撰，俞宗宪点校，北京：中华书局，1982 年。

《东轩笔录》，（北宋）魏泰　撰，李裕民点校，北京：中华书局，1983 年。

《陶山集》，（北宋）陆佃　撰，《景印文渊阁四库全书》第 1117 册，台北：

台湾商务印书馆，1986 年。

《邵氏闻见录》，（北宋）邵伯温　撰，李剑雄、刘德权点校，北京：中华书局，1983 年。

《王安石年谱三种》，（北宋）詹大和　等撰，裴汝诚点校，北京：中华书局，1994 年。

《铁围山丛谈》，（北宋）蔡絛　撰，冯惠民、沈锡麟点校，北京：中华书局，1983 年。

《续资治通鉴长编》，（南宋）李焘　撰，北京：中华书局，2004 年。

《太平治迹统类》，（南宋）彭百川　撰，《景印文渊阁四库全书》第 408 册，台北：台湾商务印书馆，1986 年。

《续资治通鉴长编纪事本末》，（南宋）杨仲良　编，北京：北京图书馆出版社，2003 年。

《宋朝事实类苑》，（南宋）江少虞　撰，上海：上海古籍出版社，1981 年。

《朱子全书》，（南宋）朱熹　撰，朱杰人等主编，上海：上海古籍出版社，2010 年。

《吕祖谦全集》，（南宋）吕祖谦　撰，黄灵庚等编，杭州：浙江古籍出版社，2008 年。

《宋朝诸臣奏议》，（南宋）赵汝愚　编，上海：上海古籍出版社，1999 年。

《朱子语类汇校》，（南宋）黄士毅　编，徐时仪、杨艳汇校，上海：上海古籍出版社，2014 年。

《名臣碑传琬琰集》，（南宋）杜大珪　编，北京：北京图书馆出版社，2003 年。

《西汉年纪》，（南宋）王益之　撰，上海：商务印书馆，1937 年。

《皇朝编年纲目备要》，（南宋）陈均　编，北京：中华书局，2006 年。

《宋史全文》，汪圣铎点校，北京：中华书局，2016 年。

《大事记续编》，（明）王祎　撰，《景印文渊阁四库全书》第 333 册，台北：台湾商务印书馆，1986 年。

《历代名臣奏议》，（明）黄淮、杨士奇　编，上海：上海古籍出版社，1989 年。

《船山全书》，（清）王夫之　撰，长沙：岳麓书社，2011 年。

《方苞集》，（清）方苞　著，刘季高校点，上海：上海古籍出版社，2008 年。

《穆堂初稿》，（清）李绂　撰，《清代诗文集汇编》第 232 册，上海：上海古籍出版社，2010 年。

《宋会要辑稿》，（清）徐松　辑，北京：中华书局，1957 年。

《宋会要辑稿·蕃夷道释》，（清）徐松　辑，郭声波点校，成都：四川大学出版社，2010 年。

《西夏纪》，（民国）戴锡章　编撰，罗矛昆校点，银川：宁夏人民出版社，1988 年。

二、中文著作

程龙：《北宋西北战区粮食补给地理》，北京：社会科学文献出版社，2006。

程民生、郑传斌：《熙丰时期的兵制改革及启示》，《河南大学学报（社会科学版）》1996 年第 3 期。

戴建国：《"东坡乌台诗案"诸问题再考析》，《宋代法制研究丛稿》，上海：中西书局，2019 年。

邓广铭：《北宋政治改革家王安石》，北京：生活·读书·新知三联书店，2007 年。

邓小南：《祖宗之法：北宋前期政治述略》，北京：生活·读书·新知三联书店，2006年。

杜乐：《宋真宗朝中后期"神圣运动"研究——以"天书"和玉皇、圣祖崇拜为切入点》，硕士学位论文，北京大学历史学系，2011年。

方诚峰：《北宋晚期的政治体制与政治文化》，北京：北京大学出版社，2015年

方震华：《和战之间的两难：北宋中后期的军政与对辽夏关系》，北京：社会科学文献出版社，2020年。

高纪春：《关于吕惠卿与王安石关系的几点考辨》，《河北大学学报（哲学社会科学版）》1997年第3期。

古丽巍：《宋神宗元丰之政的形成及展开》，博士学位论文，北京大学历史学系，2011年。

顾全芳：《宋神宗与熙丰变法》，《学术月刊》1988年第8期。

何冠环：《论宋初功臣子弟马知节（955—1019）》，《严耕望先生纪念论文集》，台北：稻乡出版社，1998年。

何兆武：《可能性、现实性和历史构图》，《历史与历史学》，武汉：湖北人民出版社，2007年。

黄纯艳：《"汉唐旧疆"话语下的宋神宗开边》，《历史研究》2016年第1期。

黄纯艳：《宋神宗开边的战争责任与政治解说——兼谈古代东亚国际关系研究中的历史逻辑与现代话语》，《厦门大学学报（哲学社会科学版）》2016年第6期。

江小涛：《元丰政局述论》，《隋唐辽宋金元史论丛》第七辑，上海：上海古籍出版社，2017年。

孔学：《绪言》，《王安石日录辑校》，成都：四川大学出版社，2015年。

李浩：《"司马光重构汉武帝晚年政治取向"说献疑——与辛德勇先生商榷》，《中南大学学报（社会科学版）》2015年第6期。

李华瑞：《宋夏关系史》，石家庄：河北人民出版社，1998 年。

李华瑞：《王安石变法研究史》，北京：人民出版社，2004 年。

李华瑞：《林希与〈林希野史〉》，《宋夏史研究》，天津：天津古籍出版社，
　　　2006 年。

李华瑞：《宋神宗与王安石共定"国是"考辩》，《文史哲》2008 年第 1 期。

李裕民：《宋神宗制造的一桩大冤案——赵世居案剖析》，《庆祝邓广铭教授
　　　九十华诞论文集》，石家庄：河北教育出版社，1997 年。

李裕民：《宋史考论》，北京：科学出版社，2009 年。

李之勤：《熙宁年间宋辽河东边界交涉研究》，《山西大学学报（哲学社会科
　　　学版）》1980 年第 1 期。

李之勤：《最早污蔑王安石弃地的不是邵伯温而是苏辙》，《西北大学学报
　　　（哲学社会科学版）》1980 年第 3 期。

梁太济：《从每卷结衔看〈资治通鉴〉各纪的撰进时间》，《唐宋历史文献研
　　　究丛稿》，上海：上海古籍出版社，2004 年。

林鹄：《南望：辽前期政治史》，北京：生活·读书·新知三联书店，
　　　2018 年。

林鹄：《宋哲宗即位初的政局》，《隋唐辽宋金元史论丛》第十辑，上海：上
　　　海古籍出版社，2020 年。

刘成国：《新见史料与王安石生平行实疑难考》，《文学遗产》2017 年第 1 期。

刘浦江：《辽朝国号考释》，《松漠之间——辽金契丹女真史研究》，北京：中
　　　华书局，2008 年。

刘祚昌：《论王安石的政治品质与政治作风》，《东岳论丛》1986 年第 2 期。

罗家祥：《朋党之争与北宋政治》，武汉：华中师范大学出版社，2002 年。

裴汝诚：《论宋元时期的三个〈王安石传〉》，《半粟集》，保定：河北大学出
　　　版社，2000 年。

裴汝诚、许沛藻：《续资治通鉴长编考略》，北京：中华书局，1985 年。

彭向前：《党项西夏名物汇考》，兰州：甘肃文化出版社，2017 年。

漆侠：《王安石变法（增订本）》，石家庄：河北人民出版社，2001 年。

尚小明：《宋案重审》，北京：社会科学文献出版社，2018 年。

孙方圆：《宋夏战争中的水资源》，博士学位论文，首都师范大学历史学院，
　　2017 年。

陶晋生：《宋辽关系史研究》，北京：中华书局，2008 年。

王广林：《试论王安石两次罢相》，《史学集刊》1986 年第 3 期。

王昊编：《〈辨奸论〉真伪考信编》，长春：吉林人民出版社，2001 年。

王化雨：《政争影响下的北宋黄河治理——以元祐回河之争为例》，《宋史研
　　究论丛》第 25 辑，北京：科学出版社，2019 年。

王化雨：《从"慰反侧之诏"看元祐时期宋廷调和新旧的尝试》，《北京社会
　　科学》2019 年第 2 期。

王化雨：《吕公著与元祐政局》，《宋史研究论丛》第 21 辑，北京：科学出版
　　社，2018 年。

王化雨：《北宋元祐后期政局探析——以刘挚事迹为中心》，《四川师范大学
　　学报（社会科学版）》，2017 年第 6 期。

王化雨：《政事、政争与政局：北宋元祐吏额事件发微》，《史林》2016 年第
　　1 期。

汪圣铎：《宋真宗》，长春：吉林文史出版社，1996 年。

王曾瑜：《王安石变法简论》，《中国社会科学》1980 年第 3 期。

王曾瑜：《洛、蜀、朔党争辨》，《丝毫编》，保定：河北大学出版社，2009 年。

吴钩：《一个小考据》，https://weibo.com/1668244557/KiW8i2nx8?type=comment。

吴泰：《熙宁、元丰新法散论》，中国社会科学院历史研究所宋辽金元史研究
　　室编：《宋辽金史论丛》第一辑，北京：中华书局，1985 年。

吴铮强:《君主个人生活的政治呈现与政治根本动力的迷思——方诚峰〈北宋晚期的政治体制与政治文化〉略议》,《中外论坛》2020 年第 4 期。

吴铮强、杜正贞:《北宋南郊神位变革与玉皇祀典的构建》,《历史研究》2011 年第 5 期。

辛德勇:《制造汉武帝:由汉武帝晚年政治形象的塑造看〈资治通鉴〉的历史构建》,北京:生活·读书·新知三联书店,2015 年。

许维勤:《王安石的品格作风与熙宁变法的失败》,《福建论坛（文史哲版）》1986 年第 5 期。

燕永成:《〈续资治通鉴长编·神宗朝〉取材考》,《史学史研究》1996 年第 1 期。

杨浣:《辽夏关系史》,北京:人民出版社,2010 年。

杨卫东:《辽朝梁颖墓志铭考释》,《文史》2011 年第 1 辑。

余英时:《朱熹的历史世界》,北京:生活·读书·新知三联书店,2012 年。

曾瑞龙:《经略幽燕:宋辽战争军事灾难的战略分析》,北京:北京大学出版社,2013 年。

曾瑞龙:《拓边西北:北宋中后期对夏战争研究》,北京:北京大学出版社,2013 年。

曾枣庄:《苏轼〈与滕达道书〉是"忏悔书"吗?》,《苏轼论集》,成都:巴蜀书社,2018 年。

张呈忠:《论司马光时代的新法改废与新旧党争——兼与赵冬梅教授商榷》,《清华大学学报（哲学社会科学版）》2021 年第 3 期。

张海滨:《苏轼〈与滕达道书〉系年、主旨之探讨——与王水照先生商榷》,《宁夏大学学报（社会科学版）》1981 年第 2 期。

张其凡:《宋真宗"天书封祀"闹剧之剖析——真宗朝政治研究之二》,《宋代政治军事论稿》,合肥:安徽人民出版社,2009 年。

张维玲：《经典诠释与权力竞逐——北宋前期"太平"的形塑与解构（960—1063）》，博士学位论文，台湾大学历史学系，2015 年。

赵冬梅：《和解的破灭：司马光最后 18 个月的宋朝政治》，《文史哲》2019 年第 5 期。

赵涤贤：《试论北宋变法派军事改革的成功》，《历史研究》1997 第 6 期

仲伟民：《宋神宗》，长春：吉林文史出版社，2004 年。

周立志：《宋朝外交运作研究》，博士学位论文，河北大学宋史研究中心，2013 年。

祝启源：《青唐盛衰：唃厮啰政权研究》，西宁：青海人民出版社，2010 年。

朱义群：《"绍述"压力下的元祐之政——论北宋元祐年间的政治路线及其合理化论述》，《中国史研究》2017 年第 3 期。

贾志扬：《天潢贵胄：宋代宗室史》，赵冬梅译，南京：江苏人民出版社，2005 年。

克劳塞维茨：《战争论》，中国人民解放军军事科学院译，北京：解放军出版社，2005 年。

拿破仑：《拿破仑书信文件集》，王养冲、陈崇武选编，上海：上海人民出版社，1986 年。

尼采：《历史学对于生活的利与弊》，《不合时宜的沉思》，李秋零译，上海：上海人民出版社，2020 年。

齐格弗里德·克拉考尔：《历史：终结之前的最终事》，上海：上海人民出版社，2022 年。

斯蒂芬·沃尔特：《拜登团队任重而道远，但愿他能证明我错了》，观察者网由冠群译，https://www.guancha.cn/StephenMWalt/2020_12_27_575907.shtml。

约翰·洛克：《教育漫话》，傅任敢译，北京：教育科学出版社，2014 年。

三、英文著作

Charnwood, Lord, *Abraham Lincoln,* Mineola: Dover Publications, 1997.

Dostoevsky, Fyodor, *The Brothers Karamazov*, trans. David McDuff, London: Penguin Books, 2003, p. 89.

Dostoevsky, Fyodor, *The House of the Dead*, trans. Constance Garnett, New York: Barnes & Noble, 2004.

Evans, Richard J., *Altered Pasts: Counterfactuals in History*, Waltham: Brandeis University Press, 2013.

Hegel, G.W.F., *Introduction to The Philosophy of History*, trans. Leo Rauch, Indianapolis: Hackett, 1988.

Hobbes, Thomas, *Leviathan*, ed. Richard Tuck, Cambridge, UK: Cambridge University Press, 1996.

Stendhal, *The Red and The Black*, trans. Burton Raffel, New York: Modern Library.

Tolstoy, Leo, *War and Peace,* ed. George Gibian, New York: W. W. Norton & Company, 1996.

后　记

感谢吴铮强兄、张祎兄、方诚峰兄！写作过程中，屡屡向三位仁兄讨教，受益匪浅。

感谢彭刚老师、应星兄、饶胜文兄、潘星辉兄、范广欣兄、何晓涛兄、张呈忠兄、周永杰兄对部分书稿提出的修改意见！因为我的愚钝与执拗，没能全部采用他们的睿见卓识，文责自负。

感谢文景诸同仁的付出！

感谢李零老师、虞云国老师、姚念慈老师、李开元老师、曹家齐老师的鼓励！

感谢朱凤瀚老师、楼劲老师、卜宪群老师、陈爽老师、张帆老师、刘晓老师的关心与提携！

感谢康鹏兄的支持！

感谢古代史所的众师友！

感谢清蓉与进进！

感谢父母！

林鹄

2022 年 3 月 28 日

文景
Horizon

社 科 新 知　文 艺 新 潮

忧患：边事、党争与北宋政治

林鹄　著

出 品 人：姚映然
特约策划：李二民
责任编辑：佟雪萌
营销编辑：胡珍珍
封扉设计：浮生 · 华涛

出　　　品：北京世纪文景文化传播有限责任公司
　　　　　　（北京朝阳区东土城路8号林达大厦A座4A　100013）
出版发行：上海人民出版社
印　　　刷：山东临沂新华印刷物流集团有限责任公司
制　　　版：北京大观世纪文化传媒有限公司

开 本：890mm×1240mm　1/32
印 张：11　　字 数：230,000　　插页：2
2022年5月第1版　　2022年5月第1次印刷
定 价：59.00元
ISBN：978-7-208-17667-6/K · 3197

图书在版编目（CIP）数据

忧患：边事、党争与北宋政治 /林鹄著. -- 上海：
上海人民出版社，2022
　ISBN 978-7-208-17667-6

　Ⅰ.①忧… Ⅱ.①林… Ⅲ.①政治制度史-中国-北
宋-文集 Ⅳ.①D691.21-53

中国版本图书馆CIP数据核字（2022）第057741号

本书如有印装错误，请致电本社更换　010-52187586